MW01714388

I VERBI INGLESI

JOHN BOHANNAN

I VERBI INGLESI

REGOLARI, AUSILIARI, MODALI, IRREGOLARI

EDITORE ULRICO HOEPLI MILANO

via Hoepli 5, 20121 Milano (Italy)

ISBN 88-203-2059-2

Ristampa:

4 3 2 1996 1997 1998

Copertina di Lamberto Menghi
Progetto grafico di Marina Atteritano

Composto da Pragma S.c.r.l., Rimini-Milano

Stampato da Legoprint S.r.l., Trento

Printed in Italy

to Enrico, with a big hug

INDICE

PREFAZIONE

Questo volume si rivolge a tutti coloro che nello studio della lingua inglese avvertono il bisogno di una chiara, precisa e semplice guida all'uso del verbo inglese, in particolare dei verbi irregolari e dei loro cosiddetti *phrasal verbs.*

L'opera è suddivisa in tre parti tra loro strettamente correlate. La prima fornisce una dettagliata *grammatica del verbo* in cui sono analizzate tutte le principali strutture verbali (nelle loro diverse forme base e nel loro corretto uso, il tutto sempre corredato da numerosi esempi e relative traduzioni).

La seconda parte costituisce di fatto il nucleo del volume, con le sue tabelle di coniugazione di ben 101 verbi irregolari. Di ogni verbo sono forniti: il paradigma e la relativa trascrizione fonetica, il significato italiano, la coniugazione dei tempi principali (*Simple Present; Present Continuous; Simple Past; Past Continuous; Present Perfect; Past Perfect; Future* con *will* e *going to;* le strutture verbali con *used to* e *to be used to + verbo in -ing; First, Second* e *Third Conditional*) corredati di esempi e relative traduzioni in italiano, nonché, quando esistano, i principali *phrasal verbs*, anch'essi accompagnati dal significato italiano e da esempi tradotti.

Infine nell'ultima parte del volume è dato un esaustivo elenco dei verbi irregolari presenti nella lingua inglese. Anche qui di ciascun verbo sono forniti: il paradigma e la trascrizione fonetica, brevi note sull'uso, il significato in italiano corredato di esempi e relative traduzioni.

Desidero innanzi tutto ringraziare la dott.ssa Claudia Savino per la sua paziente collaborazione alla traduzione in italiano della parte grammaticale e degli esempi contenuti nel volume, nonché tutti coloro che mi hanno variamente aiutato con i loro consigli e incoraggiamenti: i miei colleghi dell'Istituto d'Inglese della Facoltà di Economia e commercio dell'Università di Bergamo, in particolare la prof.ssa Maria Caffarella e il dott. Richard Prescott; la dott.ssa Giuliana Gori e il dott. Remo Pellegrini per aver riletto la sezione grammaticale; Gabriella Bass per i suoi suggerimenti sull'elenco finale dei verbi irregolari e Jennifer Cullerton Johnson per aver rivisto la parte centrale del lavoro quando era già in bozze.

ottobre 1993

JOHN BOHANNAN

Grammatica del verbo inglese

Il verbo inglese

I verbi inglesi si distinguono in:

- **regolari**
- **irregolari**
- **ausiliari modali**

A loro volta i verbi sia regolari sia irregolari possono essere:

- **attivi** e/o **passivi**
- **transitivi** e/o **intransitivi**

Verbi regolari

I verbi inglesi sono in maggioranza *regolari*.

I verbi regolari formano il *Simple Past* e il *Past Participle* aggiungendo alla *forma base* del verbo(*) la desidenza -**ed** per tutte le persone. Come esempio di verbo regolare vedi la coniugazione di *walk* p. 50 s.

Le regole di pronuncia dei verbi regolari si possono così riassumere:

1 -**ed** si pronuncia /t/ nei verbi la cui forma base termina con uno dei seguenti suoni:

/f/ → puff (pʌf) – **puffed** (pʌft)
/k/ → walk (wɔːk) – **walked** (wɔːkt)
/p/ → clap (klæp) – **clapped** (klæpt)
/s/ → miss (mɪs) – **missed** (mɪst)
/ʃ/ → wash (wɒʃ) – **washed** (wɒʃt)
/tʃ/ → watch (wɒtʃ) – **watched** (wɒtʃt)

2 -**ed** si pronuncia /id/ nei verbi la cui forma base termina con uno dei seguenti suoni:

/d/ → land (lænd) – **landed** (lændid)
/t/ → pat (pæt) – **patted** (pætid)

3 -**ed** si pronuncia /d/ in tutti gli altri casi:

→ join (dʒɔɪn) – **joined** (dʒɔɪnd)
→ live (laɪv) – **lived** (laɪvd)

(*) Con il termine *forma base* del verbo si intende la forma non coniugata del verbo, che corrisponde all'infinito senza *to*.

Verbi irregolari

Molti dei verbi inglesi più comuni sono *irregolari* sia nel *Simple Past* sia nel *Past Participle.*

La coniugazione dei principali verbi irregolari – corredata, quando esistono, dei relativi *phrasal verbs* – costituisce la sezione centrale di questo volume.

Per un elenco esaustivo dei verbi irregolari vedi pp. 333 ss.

Verbi ausiliari modali

Nella lingua inglese ci sono 14 verbi *ausiliari modali.*

• **be**	29 s. e 60 s.	• **may**	40 s.	• **should**	44 s.
• **can**	32 s.	• **might**	40 s.	• **used (to)**	24
• **could**	32 s.	• **must**	42 s.	• **will**	20 s.
• **do**	34 s. e 122 ss.	• **ought (to)**	44 s.	• **would**	46 s.
• **have**	37 s. e 186 s.	• **shall**	22		

Tranne *be*, *have*, *do* (che possono essere sia verbi ausiliari sia verbi principali), i verbi ausiliari modali presentano la particolarità di non cambiare struttura. Perciò:

1 non prendono la **-s** della 3ª persona singolare del presente: *he* ***must~~s~~****, she* ***must~~s~~****, it* ***must~~s~~***

2 non hanno la forma in **-ing**: ***must~~ing~~***

3 non prendono il suffisso **-ed** del passato: ***must~~ed~~***

4 sono sempre seguiti dalla forma base del verbo

Verbi attivi/passivi

Come in italiano i verbi inglesi possono avere la *forma attiva* e/o la *forma passiva.*

Quando il verbo è *attivo* il soggetto compie l'azione:

> *Laurence* ***kissed*** *Claudia.*
> Lorenzo baciò Claudia.

Quando il verbo è *passivo* il soggetto subisce l'azione:

*Claudia **was kissed** by Laurence.*
Claudia fu baciata da Lorenzo.

COSTRUZIONE DEL PASSIVO

soggetto + **be** + **Past Participle** (+ **by/from**)

*The cat **was chased** by the dog*
Il gatto fu inseguito dal cane.

Come esempio di verbo passivo vedi la coniugazione di *build* p. 52 s.

USO DEL PASSIVO

1 Quando non si conosce oppure non è rilevante chi o che cosa compia l'azione.

2 Quando non si vuole rivelare il soggetto dell'azione.

3 Per enfatizzare un soggetto invece di un altro.

Verbi transitivi/intransitivi

I verbi *transitivi* hanno bisogno di un oggetto per completare il loro significato:

*The doctor **treated** the patient.*
Il medico curò il paziente.

È impossibile, in quanto privo di senso, scrivere:

*The doctor **treated**.*
Il medico curò.

I verbi *intransitivi* invece non hanno bisogno di un complemento oggetto:

*The baby **cried**.*
Il bambino pianse.

attenzione

Certi verbi possono essere sia *transitivi* sia *intransitivi*:

forma transitiva: *The girl **sang** a song.*
La ragazza cantò una canzone.

forma intransitiva: *The girl **sang**.*
La ragazza cantò.

Simple Present

FORMA AFFERMATIVA

■ Esempio del verbo *to think* = pensare:
I think, you think, we think, they think, he thinks, she thinks, it thinks

*He **thinks** too much.*
Lui pensa troppo.

La 3ª persona singolare del *Simple Present* prende sempre il suffisso **-s**; fanno eccezione a questa regola:

1 i verbi esclusivamente *ausiliari modali*, per i quali vedi p. 4;

2 i verbi che terminano con *-ss* (*kiss*), *-sh* (*push*), *-ch* (*catch*), *-x* (*mix*), *-o* (*do*), i quali modificano il suffisso in **-es**; *watch* → *watches*

3 i verbi che terminano con una consonante + *y* (*carry*), i quali modificano il suffisso in **-ies**; *fly* → *flies*

> **attenzione**
> Si segnala che in tutto il testo è stata sottolineato il suffisso della terza persona singolare del presente (*he thinks, she thinks, it thinks* ecc.), poiché la sua omissione costituisce un errore frequentissimo fra gli studenti.

FORMA INTERROGATIVA

do/does + soggetto + **forma base del verbo**

L'ausiliare *does* si usa con la 3ª persona singolare: *Does he...?*, *Does she...?*, *Does it...?*

***Does** it often **rain** here?*
Piove spesso qui?

L'ausiliare *do* si usa con tutte le altre persone (I, you, we, they): *Do I...?*, *Do you...?*, *Do we...?*, *Do they...?*)

***Do** they **understand** English?*
Capiscono l'inglese?

FORMA NEGATIVA

soggetto + **do/does** + **not** (= **don't/doesn't**) + **forma base del verbo**

*That machine **does not (doesn't) work** very well.*
Quella macchina non funziona molto bene.

USO DEL SIMPLE PRESENT

1 Per esprimere il carattere atemporale di un fatto, p. es. per parlare di leggi, fenomeni o condizioni naturali.

*The Earth **goes** round the Sun.*
La Terra ruota attorno al Sole.

2 Per esprimere azioni abituali o abitudini personali.

*He **smokes** 30 cigarettes a day.*
Fuma 30 sigarette al giorno.

3 Per riferirsi a condizioni o eventi stabili o fissi.

*It often **rains** heavily in Ireland.*
In Irlanda piove spesso molto forte.

4 Come presente narrativo nei libri, nei documenti, nelle rappresentazioni teatrali e cinematografiche e nella cronache sportive.

*Brown **shoots** but the goalie saves it!*
Brown tira, ma il portiere para!

5 Per descrivere sensazioni, sentimenti o desideri con verbi di percezione.

*This food **tastes** disgusting.*
Questo cibo ha un sapore disgustoso.

Nell'uso del *Simple Present* le enunciazioni possono essere modificate dagli avverbi di frequenza:

always = sempre
frequently = frequentemente
generally = generalmente
mainly = principalmente
normally = normalmente
occasionally = occasionalmente
often = spesso
rarely = raramente
regularly = regolarmente
sometimes = talvolta
never = mai
usually = di solito

USI PARTICOLARI DEL SIMPLE PRESENT

1 Per indicare un'azione futura stabilita e certa.

*According to the brochure we **are** in London on Tuesday.*
Secondo la brochure saremo a Londra martedì.

2 Nelle costruzioni grammaticali con *if* e *when*. Vedi la sezione relativa al *First Conditional* p. 26.

3 Con i verbi che non ammettono la forma progressiva e pertanto non utilizzano il *Present Continuous*. Per un elenco di questi verbi vedi p. 9.

Present Continuous

FORMA AFFERMATIVA

soggetto + **am/is/are** + **verbo in -ing**

■ Esempio del verbo *to write* = scrivere:
I am writing, you are writing, we are writing, they are writing, he (she, it) is writing

James ***is writing*** *a book.*
Giacomo sta scrivendo un libro.

FORMA INTERROGATIVA

am/is/are + soggetto + **verbo in -ing**

Are *you* ***sleeping****?*
Stai dormendo?

FORMA NEGATIVA

soggetto + **am/is/are** + **not** (= **'m not/isn't/aren't**) + **verbo in -ing**

He ***is not (isn't) smoking****.*
Non sta fumando.

USO DEL PRESENT CONTINUOUS

attenzione

Nella maggior parte dei casi le forme continuative (o progressive) inglesi qui considerate, vale a dire *Present Continuous, Past Continuous* e *Present Perfect Continuous*, vengono rese in italiano con la forma fraseologica *stare + gerundio.*

1 Per descrivere un'azione in corso di svolgimento.

What ***are*** *you* ***doing****?*
Cosa stai facendo?

2 Per indicare uno stato o una condizione temporanee.

It ***is raining*** *now but the forecast says the weather will change.*
Ora sta piovendo, ma le previsioni dicono che il tempo cambierà.

3 Per esprimere un'azione futura già programmata.

We ***are going*** *to Moscow tomorrow.*
Andiamo a Mosca domani.

4 Per mostrare dei cambiamenti, degli sviluppi o dei progressi.

*The students **are** slowly **improving**.*
Gli studenti stanno migliorando piano piano.

5 Per esprimere irritazione o stupore. In questo caso si utilizza un avverbio che specifica la frequenza dell'azione, conferendo una connotazione negativa.

*He **is** always **drinking** beer.*
Sta sempre bevendo birra.

VERBI CHE GENERALMENTE NON AMMETTONO LA FORMA CONTINUATIVA

to appear = apparire
to astonish = sbalordire
to believe = credere
to belong to = appartenere
to concern = riguardare
to consist of/in = consistere
to contain = contenere
to depend on = dipendere
to deserve = meritare/meritarsi
to dislike = non piacere
to doubt = dubitare
to feel = sentire
to fit = adattarsi
to guess = indovinare
to hate = odiare
to hear = udire
to imagine = immaginare
to impress = impressionare
to include = includere
to involve = coinvolgere
to know = conoscere
to lack = mancare
to like = piacere
to love = amare
to matter = importare
to mean = significare
to measure = misurare
to need = aver bisogno
to owe = dovere, essere debitore
to own = possedere
to please = far piacere
to possess = possedere
to prefer = preferire
to realize = rendersi conto
to recognize = riconoscere
to remember = ricordare
to resemble = assomigliare
to satisfy = soddisfare
to see = vedere
to seem = sembrare
to smell = odorare
to sound = suonare
to suppose = supporre
to suprise = sorprendere
to taste = gustare
to think = pensare
to understand = capire
to want = volere
to weigh = pesare
to wish = desiderare

Simple Past

attenzione

Il *Simple Past* traduce sia l'imperfetto sia il passato remoto indicativi. Nelle varietà settentrionali dell'italiano il passato remoto è praticamente assente dal discorso parlato ed è sostituito dal passato prossimo; il *Simple Past* corrisponde in questi casi al passato prossimo. Pertanto molti esempi nel testo saranno tradotti in italiano con il passato prossimo.

FORMA AFFERMATIVA

■ Esempio del verbo regolare *to walk* = camminare:
I walked, you walked, we walked, they walked, he (she, it) walked

*He **walked** to the station yesterday evening.*
Camminò fino alla stazione ieri sera.

Per un elenco dei *Simple Past* dei verbi *irregolari* vedi la lista a pp. 333 ss.

FORMA INTERROGATIVA

did + soggetto + **forma base del verbo**

***Did** she **play** tennis yesterday?*
Giocò a tennis ieri?

FORMA NEGATIVA

soggetto + **did** + **not** (= **didn't**) + **forma base del verbo**

***I did not (didn't) talk** to him on Sunday.*
Domenica non gli parlai.

USO DEL SIMPLE PAST

1 Per indicare un fatto in un preciso momento del passato.

*Parliament **approved** tax reforms on 25th January.*
Il Parlamento approvò le riforme fiscali il 25 gennaio.

2 Per indicare un'azione o una condizione passata o abituale.

*The lawyers **worked** for months on the case.*
Gli avvocati lavorarono alla causa per mesi.

3 Per indicare che un'azione ebbe luogo regolarmente nel passato, ma ora non avviene più.

*I **played** chess a lot in my youth.*
In gioventù giocavo parecchio a scacchi.

attenzione

I verbi **used to** e **would** sono anch'essi utilizzati per indicare un'azione che aveva luogo regolarmente o abitualmente nel passato; vedi p. 24 e 46.

Past Continuous

FORMA AFFERMATIVA

soggetto + **was/were** + **verbo in -ing**

■ Esempio del verbo *to talk* = parlare:
I was talking, you were talking, we were talking, they were talking, he (she, it) was talking

He ***was talking*** *while I worked.*
Stava parlando mentre io lavoravo.

FORMA INTERROGATIVA

was/were + soggetto + **verbo in -ing**

Was *she* ***drinking*** *wine?*
Stava bevendo del vino?

FORMA NEGATIVA

soggetto + **was/were** + **not** (= **wasn't/werent't**) + **verbo in -ing**

He ***was not (wasn't) cooking*** *when I saw him.*
Quando lo vidi non stava cucinando.

USO DEL PAST CONTINUOUS

1 Per esprimere in una frase dipendente la contemporaneità di un'azione con un'altra nel passato (*Simple Past*).

While I ***was talking*** *she interrupted me.*
Mentre stavo parlando, mi interruppe.

2 Per esprimere un'azione passata già cominciata ma non conclusa quando ne accade un'altra (*Simple Past*) che può o meno interromperla.

He ***was reading*** *the book when she came in.*
Stava leggendo un libro quando lei entrò.

attenzione

In entrambi gli usi sopra menzionati per connettere tra loro i due tempi verbali si usano spesso *when* e *while*.

3 Per descrivere eventi o azioni di natura continuativa o abituale nel passato.

*During the war people **were dying** all the time.*
Durante la guerra la gente moriva continuamente.

attenzione

Alcuni verbi non ammettono la forma continuata. Per un elenco di tali verbi vedi p. 9.

Present Perfect

FORMA AFFERMATIVA

soggetto + **have/has** (= **'ve/'s**) + **Past Participle**

■ Esempio del verbo *to become* = diventare
I have become, you have become, we have become, they have become, he (she, it) has become

*My parents **have become** very worried recently.*
I miei genitori sono diventati molto preoccupati ultimamente.

attenzione

Nella coniugazione attiva dei tempi composti l'italiano utilizza, a seconda dei casi, gli ausiliari *essere* e *avere*, mentre l'inglese usa solo e soltanto il verbo *have*.

FORMA INTERROGATIVA

have/has + soggetto + **Past Participle**

***Have** you **seen** Mark?*
Hai visto Marco?

FORMA NEGATIVA

soggetto + **have/has** + **not** (= **haven't/hasn't**) + **Past Participle**

*It **has not (hasn't) snowed** for months.*
Non ha nevicato per mesi.

USO DEL PRESENT PERFECT

1 Per descrivere situazioni, azioni o condizioni che iniziarono nel passato, stanno ancora avvenendo nel presente e probabilmente continueranno nel futuro.

*She **has eaten** oysters many times.*
Ha mangiato le ostriche molte volte.

*I **have studied** English for five years.*
Studio inglese da cinque anni.

attenzione

In questo tipo di costruzioni si impiegano spesso **since** e **for**.

For si usa per descrivere la durata di un periodo di tempo.

for *an hour* = per/da un'ora
for *a week* = per/da una settimana
for *a month* = per/da un mese
for *a year* = per/da un anno

Since si riferisce al momento specifico nel passato in cui l'azione o l'attività è incominciata.

since *ten o'clock* = dalle dieci
since *Tuesday* = da martedì
since *May 1975* = dal maggio 1975
since *the end of the war* = dalla fine della guerra

2 Per riferirsi a esperienze generiche verificatesi o meno fino al momento attuale.

He ***has*** *never* ***visited*** *Rome.*
Non ha mai visitato Roma.

attenzione

Nell'uso del *Present Perfect* si incontrano spesso i seguenti avverbi di tempo:

already = *già*

I ***have already seen*** *that film.*
Ho già visto quel film.

ever = *mai*; si usa solo in frasi affermative, interrogative o dubitative

Have *you* ***ever eaten*** *Chinese food?*
Avete mai mangiato cibo cinese?

just = *appena*

He ***has just finished*** *his food.*
Ha appena finito di mangiare.

never = *mai*; rende le frasi negative

We ***have never worked*** *on Sundays.*
Non abbiamo mai lavorato di domenica.

still = *ancora*

She ***has still got*** *the book I lent her.*
Ha ancora il libro che le prestai.

yet = *ancora*, si usa solo in frasi negative e interrogative

He ***hasn't kissed*** *her* ***yet****.*
Non l'ha ancora baciata.

Present Perfect Continuous

FORMA AFFERMATIVA

soggetto + **have/has** (= **'ve/'s**) + **been** + **verbo in -ing**

■ Esempio del verbo *to live* = vivere:
I have been living, you have been living, we have been living, they have been living, he (she, it) has been living

*We **have been living** in this city for six months.*
Abitiamo in questa città da sei mesi.

FORMA INTERROGATIVA

have/has + soggetto + **been** + **verbo in -ing**

*Lost your appetite? **Have** you **been eating** sweets?*
Hai perso l'appetito? Hai mangiato delle caramelle?

FORMA NEGATIVA

soggetto + **have/has** + **not** (= **haven't/hasn't**) + **been** + **verbo in -ing**

*The children **have not (haven't) been playing** since this morning.*
I bambini non giocano da questa mattina.

USO DEL PRESENT PERFECT CONTINUOUS

1 Questo tempo si usa generalmente in riferimento a situazioni, attività o condizioni di durata temporanea; altrimenti si usa il *Present Perfect*.

*We **have been studying** English for two hours.*
Stiamo studiando l'inglese da due ore.

*We **have studied** English for years.*
Abbiamo studiato l'inglese per anni.

2 Il *Present Perfect Continuous* può anche riferirsi ad azioni non-finite o incomplete; diamo qui alcuni esempi che dimostrano la differenza tra il *Present Perfect* e il *Present Perfect Continuous*.

*Who**'s drunk** my wine?* (Present Perfect)
Chi ha bevuto il mio vino? [il bicchiere è vuoto]

*Who**'s been drinking** my wine?* (Present Perfect Continuous)
Chi sta bevendo il mio vino? [c'è ancora del vino nel bicchiere]

I've read *the article.* (Present Perfect)
Ho letto l'articolo. [e l'ho finito]

I've been reading *the article.* (Present Perfect Continuous)
Sto leggendo l'articolo. [e non l'ho ancora finito]

attenzione

In questa costruzione si impiegano spesso *since* e *for*, vedi p. 15.

Past Perfect

FORMA AFFERMATIVA

soggetto + **had** (= **'d**) + **Past Participle**

■ Esempio del verbo *to swim* = nuotare
I had swum, you had swum, we had swum, they had swum, he (she, it) had swum

*He **had swum** for hours before he reached the shore.*
Aveva nuotato per ore prima di raggiungere la riva.

FORMA INTERROGATIVA

had + soggetto + Past Participle

***Had** he **eaten** everything as I told him to?*
Aveva mangiato tutto come gli avevo detto?

FORMA NEGATIVA

soggetto + **had** + **not** (= **hadn't**) + **Past Participle**

*She **had not (hadn't) understood** a word.*
Non aveva capito una parola.

USO DEL PAST PERFECT

1 Per descrivere un'azione nel passato che è antecedente a un'altra azione.

*After the policeman **had arrested** the criminal he took him to prison.*
Dopo che il poliziotto ebbe arrestato il criminale, lo portò in prigione.

attenzione

Spesso si può sostituire il *Past Perfect* con il *Simple Past*.

*After the policeman **arrested** the criminal he took him to prison.*
Dopo che il poliziotto arrestò il criminale, lo portò in prigione.

2 Per descrivere un fatto immaginario o irreale del passato; questa costruzione è nota come *Third Conditional*, vedi p. 27.

*If I **had telephoned** earlier, I would have spoken to her.*
Se avessi telefonato prima, le avrei parlato.

Imperative

FORMA AFFERMATIVA

forma base del verbo

Stand!
Alzati! / Alzatevi!

attenzione

La forma imperativa può esser enfatizzata facendo precedere la *forma base del verbo* dal verbo *do.*

Do walk!
Cammina! / Camminate!

FORMA NEGATIVA

do + **not** (= **don't**) + **forma base del verbo**

Don't run!
Non correre! / Non correte!

attenzione

All'*Imperative* non si dà la forma interrogativa.

USO DELL'IMPERATIVO

1 Per dare ordini.

Take *your medicine!*
Prendi la medicina!

2 Per dare istruzioni.

Read *the instructions carefully.*
Leggete attentamente le istruzioni.

3 Per offrire qualcosa.

Have *a drink.*
Prendi qualcosa da bere.

4 Per formulare un invito.

Come *and* ***sleep*** *at my house.*
Vieni a dormire a casa mia.

5 Per dare un consiglio.

Eat*,* ***drink*** *and* ***enjoy*** *yourself!*
Mangia, bevi e divertiti!

6 Come augurio.

Have *a nice trip!*
Fa' buon viaggio!

Future

In inglese esistono diverse forme per indicare il futuro. Le principali e più frequenti sono:

- **will**
- **shall**
- **going to**

Si è già accennato agli usi particolari sia del *Simple Present* (vedi p. 7) sia del *Present Continuous* (vedi p. 8) per esprimere il futuro. A questi e alle forme principali ricordate sopra vanno aggiunte altre tre costruzioni utilizzate per indicare il futuro immediato:

- **be** + **about to** + **forma base del verbo**
- **be** + **due to** + **forma base del verbo**
- **be** + **on the point of** + **verbo in -ing**

will

FORMA AFFERMATIVA

soggetto + **will** (= **'ll**) + **forma base del verbo**

> *We **will ('ll) go** to meet your boss tomorrow.*
> Incontreremo il tuo principale domani.

FORMA INTERROGATIVA

will + soggetto + **forma base del verbo**

> ***Will** I **see** you on Sunday?*
> Ci vedremo domenica?

FORMA NEGATIVA

soggetto + **will** + **not** (= **won't**) + **forma base del verbo**

> *He **will not (won't) come** to the meeting next week.*
> Non verrà alla riunione la settimana prossima.

attenzione

Le forme contratte **'ll** e **won't** sono comuni nella lingua parlata.

*I'**ll see** you tomorrow.*
Ci vediamo domani.

*I **won't buy** that book.*
Non comprerò quel libro.

Le forme estese **will** e **will not** sono usate nella lingua scritta o per conferire enfasi alla frase.

*I **will speak** to her.*
Le parlerò.

*I **will not listen** to you.*
Non ti ascolterò.

USO DEL FUTURO COSTRUITO CON WILL

1 Per indicare ferma determinazione.

*I **will pass** that exam!*
Passerò quell'esame!

2 Per esprimere una decisione spontanea.

*We'**ll have** a drink, shall we?*
Beviamo qualcosa, d'accordo?

3 Per parlare di azioni future probabili.

*Jack **will** probably **arrive** at about 6.00 p.m.*
Jack probabilmente arriverà intorno alle 6 del pomeriggio.

4 Per esprimere la probabilità di un fatto che sta avvenendo altrove.

*Fiona **will be cooking** our dinner now.*
Fiona starà cucinando ora la nostra cena.

5 Per descrivere dei comportamenti prevedibili.

*Our neighbours dog **will attack** anybody.*
Il cane dei nostri vicini attaccherà chiunque.

6 Per esprimere un parere dopo le espressioni: *I think*, *I expect*.

***I think** he'**ll come** to the party.*
Penso che verrà alla festa.

shall

Shall si usa generalmente per la 1ª persona singolare e plurale.

*I **shall see** him on Thursday.*
Lo vedrò giovedì.

*We **shall buy** her a gift.*
Le compreremo un regalo.

Shall è una costruzione formale, considerata piuttosto antiquata; è usata raramente nell'inglese parlato in America.

La forma contratta è **'ll** (ed è pertanto identica a quella di *will*).

*I**'ll** certainly **see** you next week.*
Ti vedrò certamente la settimana prossima.

La forma negativa è **shall not**; mentre la forma negativa contratta è **shan't**.

*Sorry, I **shall not (shan't) come** on Thursday evening.*
Spiacente, non verrò giovedì sera.

La forma interrogativa è la costruzione più usata. Normalmente si impiega per fare un'offerta oppure per chiedere un consiglio.

***Shall** I **park** the car for you?*
Le parcheggio la macchina?

*What **shall** we **do**?*
Che cosa dobbiamo fare?

going to

FORMA AFFERMATIVA

soggetto + **am/are/is** (= **'m/'re/'s**) + **going to** + **forma base del verbo**

*Father **is going to** buy me a gift.*
Papà andrà a comprarmi un regalo.

FORMA INTERROGATIVA

am/are/is + soggetto + **going to** + **forma base del verbo**

***Is** she **going to buy** some bread?*
Andrà a comprare del pane?

FORMA NEGATIVA

soggetto + **am/are/is** + **not** (= **'m not/aren't/isn't**) + **going to** + **forma base del verbo**

*They **are not (aren't) going to sell** their house.*
Non venderanno la loro casa.

USO DEL FUTURO CON GOING TO

1 Per indicare un'azione intenzionale in un futuro prossimo; (traduce inoltre le espressioni italiane *avere intenzione di...*, *stare per...*).

*I'**m going to visit** some friends today.*
Oggi ho intenzione di andare a trovare degli amici.

2 Per indicare azioni o condizioni future prevedibili.

*I don't feel well. I'**m going to be sick**.*
Non mi sento bene. Sto per ammalarmi.

attenzione

La costruzione **going to** può essere utilizzata con altri tempi verbali, per esempio per esprimere un futuro nel passato.

*He smiled at the thought that he **was going to marry** Sarah.*
Sorrise al pensiero che stava per sposare Sara.

altre forme per indicare il futuro immediato

1 be + about to + forma base del verbo

*She **is about to speak** to Peter.*
Sta per parlare a Pietro.

2 be + due to + forma base del verbo

*The plane **is due to land** in 40 minutes.*
L'aereo atterrerà tra 40 minuti.

3 be + on the point of + verbo in -ing

*The baby **is on the point of crying**.*
Il bambino è sul punto di piangere.

Used to ≠ to be used to + verbo in -ing

Queste due costruzioni sono trattate insieme poiché vengono spesso confuse tra di loro.

used to

Si riferisce a qualcosa che è avvenuto nel passato, ma che ora non avviene più. Questa costruzione si usa per confrontare abitudini o azioni passate con quelle presenti.

FORMA AFFERMATIVA

soggetto + **used to** + **forma base del verbo**

*He **used to smoke** but now he doesn't.*
Una volta fumava, ma adesso no.

FORMA INTERROGATIVA

Did + soggetto + **use to** + **forma base del verbo**

***Did** you **use to play** football?*
Una volta giocavi a calcio?

FORMA NEGATIVA

soggetto + **did** + **not** (= **didn't**) + **use to** + **forma base del verbo**

*I **didn't use to like** her but now I find her attractive.*
Un tempo non mi piaceva, ma ora la trovo attraente.

attenzione
Nelle forme sia interrogativa sia negativa si noti la trasformazione da **used to** a **use to**.

to be used to + verbo in -ing

Nella presente struttura *used* è un aggettivo e *to* una preposizione. Questa costruzione si può usare al passato, al presente o al futuro, ed esprime l'abitudine a fare qualcosa.

*He **was used to studying** for hours in his youth.*
Era abituato a studiare per ore in gioventù.

*We **are used to working** ten or more hours a day.*
Siamo abituati a lavorare dieci o più ore al giorno.

*You'**ll** soon **be used to working** on the new computer.*
Ti abituerai presto a lavorare sul nuovo computer.

Qualche volta invece della forma in *-ing* del verbo si trova una locuzione nominale.

*We **are** now **used to the noise** from the nearby factory.*
Adesso ci siamo abituati al rumore della fabbrica qui vicino.

attenzione

Invece di **to be used to** si può usare **to be accustomed to**.

*We **are accustomed to sleeping** for many hours.*
Siamo abituati a dormire per parecchie ore.

La costruzione **get used to** equivale a **become used to** nel senso di *adattarsi.*

*He **was** slowly **getting used to life** in the army.*
Si stava lentamente adattando alla vita militare.

Conditional

La lingua inglese prevede tre forme di periodo ipotetico, chiamate rispettivamente:

- **First Conditional**
- **Second Conditional**
- **Third Conditional**

alle quali va aggiunta una quarta forma nota come **Zero Conditional**.

first conditional

FORMA BASE

If + soggetto + **Simple Present**, soggetto + **will** + **forma base del verbo**

Soggetto + **will** + **forma base del verbo**, **if** + soggetto + **Simple Present**

__If__ he __fails__ his exam, his father __will be__ angry with him.
Se non passerà l'esame, suo padre si arrabbierà con lui.

His father __will be__ angry with him, __if__ he __fails__ his exam.
Suo padre si arrabbierà con lui se non passerà l'esame.

Il *First Conditional* si usa per parlare di fatti che *probabilmente* si avvereranno *se* si verificheranno quelli espressi dalla proposizione condizionale (*if clause*).

second conditional

FORMA BASE

If + soggetto + **Simple Past**, soggetto + **would** + **forma base del verbo**

Soggetto + **would** + **forma base del verbo**, **if** + soggetto + **Simple Past**

__If__ you __were__ rich, __would__ you __buy__ a yacht?
Se tu fossi ricco, compreresti uno yacht?

__Would__ you __buy__ a yacht, __if__ you __were__ rich?
Compreresti uno yacht, se tu fossi ricco?

Il *Second Conditional* si usa per parlare di situazioni o fatti possibili o immaginari e delle loro conseguenze *se* dovessero verificarsi.

attenzione

In italiano la struttura grammaticale *Second Conditional* si rende con: congiuntivo imperfetto + condizionale presente: Se io *fossi* in te, *accetterei* quel lavoro.

third conditional

FORMA BASE

If + soggetto + **Past Perfect**, soggetto + **would** + **have** + **Past Participle**

Soggetto + **would** + **have** + **Past Participle**, **if** + soggetto + **Past Perfect**

__If__ he __hadn't murdered__ her, he __wouldn't have been sent__ to prison.
Se non l'avesse uccisa, non sarebbe stato mandato in prigione.

He __wouldn't have been sent__ to prison, __if__ he __hadn't murdered__ her.
Non sarebbe stato mandato in prigione, se non l'avesse uccisa.

Il *Third Conditional* si usa per indicare l'impossibilità o l'irrealtà di un fatto o di una situazione (per esempio quando qualcuno immagina di poter cambiare il passato).

attenzione

In italiano la struttura grammaticale *Third Conditional* si rende con: congiuntivo trapassato + condizionale passato: Se *fossi stato* in te, *avrei accettato* quel lavoro.

zero conditional

FORMA BASE

If/when + soggetto + **Simple Present**, soggetto + **Simple Present**

Soggetto + **Simple Present**, **if/when** + soggetto + **Simple Present**

__When__ people __get__ old, they often __eat__ less.
Quando le persone invecchiano, spesso mangiano meno.

People often __eat__ less, __when__ they __get__ old.
Le persone spesso mangiano meno, quando invecchiano.

Lo *Zero Conditional* si usa in riferimento a situazioni reali e a leggi scientifiche.

altre costruzioni con if

1 Nelle frasi condizionali **could** e **might** possono sostituire *would.*

*If I **was** rich, I **could live** in a palace.*
Se fossi ricca, potrei vivere in un palazzo.

***If** he **had known**, he **might have helped**.*
Se lo avesse saputo, magari lo avrebbe aiutato.

2 if + **should** è una struttura usata per dare ordini, consiglie e suggerimenti.

***If** you **should see** Jim, ask him to call me.*
Se tu dovessi vedere Jim, digli di chiamarmi.

3 if + **happen to**, dove *happen to* indica opportunità o possibilità.

***If** you **happen to go** to the shops, buy me a newspaper.*
Se ti capita di andare a fare la spesa, comprami il giornale.

be

Può essere sia verbo *principale* sia verbo *ausiliare*. Per la coniugazione del verbo **be** vedi p. 60 s.

1 È verbo *principale* quando è seguito da un predicato nominale, che può essere:

• un aggettivo

*He **is intelligent**.*
È intelligente.
*His father **is ninety**.*
Suo padre è novantenne.

• un sostantivo + un aggettivo

*Henry **has been a very good boy**.*
Enrico è stato proprio un bravo ragazzo.

• una preposizione + un sostantivo

*He **is from London**.*
Egli è di Londra.

2 È invece verbo *ausiliare*:

• quando è seguito dal *Past Participle* per formare il passivo

*This play **was written** by Shakespeare.*
Questa commedia è stata scritta da Shakespeare.

• quando è seguito dalla forma in *-ing* del verbo per formare i tempi continuativi

*Peter **is studying** for his exams.*
Pietro sta studiando per gli esami.

be + infinito

Questa costruzione si usa:

1 Per parlare di accordi relativi al futuro.

*The government **is to decide** on new legislation next week.*
Il governo si pronuncerà sulla nuova legislazione la prossima settimana.

2 In riferimento a progetti e decisioni del passato.

*She **was to go away** far from home for ever.*
Decise di andarsene lontano da casa per sempre.

3 Per parlare di eventi legati al destino e alla casualità.

They ***were to see*** *each other again, in different circumstances.*
Si sarebbero rincontrati in circostanze diverse.

4 Per dare ordini.

Soldiers ***are to clean*** *their rifles daily.*
I soldati devono pulire i loro fucili ogni giorno.

attenzione

Se qualche circostanza ha impedito lo svolgersi dell'azione, l'inglese usa l'infinito passato.

He ***was to have come*** *to the meeting but he couldn't.*
Doveva venire alla riunione, ma non ha potuto.

be able/unable to

Questa struttura non ammette la forma continuata e ha significato simile a **can** (p. 32 s.).

My brother ***is able to swim****.*
Mio fratello è capace di nuotare.

My brother ***can swim****.*
Mio fratello sa nuotare.

La forma negativa è **to be unable to**.

My friends ***are unable to come*** *to the party.*
I miei amici non possono venire alla festa.

be con l'ausiliare do

Questa costruzione idiomatica si usa:

1 Con espressioni imperativo-negative.

Don't be *stupid!*
Non essere stupido!

2 In frasi affermative per sottolineare l'importanza di ciò che viene detto.

For God's sake be careful!
Per carità, stai attento!

For God's sake ***do be*** *careful!*
Per carità, stai molto attento!

3 In talune costruzioni con significato simile alle frasi esortative.

*Why **don't** you **be** a little more careful?*
Perché non stai un po' più attento?

*If you **don't be** quiet, I'll remove you from the court.*
Se non rimarrete in silenzio, vi allontanerò dall'aula.

be willing to

È una locuzione verbale comunemente usata per esprimere desiderio o volontà di aiutare qualcuno.

***Is** she **willing to help** you?*
È disposta ad aiutarti?

*I **am** certainly **willing to lend** you some money.*
Sono certamente disposta a prestarti dei soldi.

Qualche volta **willing** è preceduto da un altro verbo.

*She **seemed willing to*** help.
Sembrava disponibile ad aiutare.

Costruzioni idiomatiche con il verbo be

to be afraid	= aver paura	*to be right*	= aver ragione
to be ashamed	= aver vergogna	*to be sleepy*	= aver sonno
to be cold	= aver freddo	*to be thirsty*	= aver sete
to be hungry	= aver fame	*to be warm/hot*	= aver caldo
to be in a hurry	= aver fretta	*to be wrong*	= aver torto

Espressioni ricorrenti:

i) *What's the matter with you?* = Che cos'hai?
ii) *How old is your sister* = Quanti anni ha tua sorella?
iii) *She is ten years old* = Ha dieci anni

can-could

Sono entrambi verbi *ausiliari modali* e hanno significato molto simile. **Could** è più formale, mentre **can** è maggiormente usato nel linguaggio colloquiale.

FORMA AFFERMATIVA

soggetto + **can** + **forma base del verbo**

*He **can play** football.*
Può giocare a calcio.

soggetto + **could** + **forma base del verbo**

*He **could play** football.*
Potrebbe giocare a calcio.

FORMA INTERROGATIVA

can + soggetto + **forma base del verbo**

***Can** I **speak** to John?*
Posso parlare con Giovanni?

could + soggetto + **forma base del verbo**

***Could** I **speak** to John?*
Potrei parlare con Giovanni?

FORMA NEGATIVA

soggetto + **cannot** (= **can't**) + **forma base del verbo**.

*I **cannot (can't) work** now.*
Ora non posso lavorare.

soggetto + **could** + **not** (= **couldn't**) + **forma base del verbo**

*I **could not (couldn't) work** now.*
Adesso non potrei lavorare.

USO DI CAN E COULD

1 Per esprimere abilità o capacità.

*He **can play** the piano.*
Suona il pianoforte.

*He **could play** the piano as a child.*
Suonava il pianoforte da bambino.

cannot (**can't**) e **could not** (**couldn't**) indicano un'eventualità negativa.

*He **can't answer** the question.*
Non può rispondere alla domanda.

*He **couldn't answer** the question.*
Non poteva rispondere alla domanda.

2 Per chiedere un permesso.

***Can** I **talk** to you?*
Posso parlarti?

***Could** I **talk** to you?*
Potrei parlarle?

3 Con verbi di percezione.

*I **can see** the train.*
Riesco a vedere il treno.

*I **could see** the train.*
Riuscivo a vedere il treno.

attenzione

In alcuni casi *can* viene sostituito da **may** e *could* da **might**, vedi p. 40 s.

do

Può essere sia verbo *principale* sia verbo *ausiliare*. Per la coniugazione e i significati di **do** come verbo *principale* vedi pp. 122 ss.

FORMA INTERROGATIVA

do/does/did + soggetto + **forma base del verbo**

> ***Do*** *you* ***understand*** *me?*
> Mi capisci?
>
> ***Does*** *Marco* ***smoke****?*
> Marco fuma?
>
> ***Did*** *she* ***kiss*** *him?*
> Lo baciò?

FORMA NEGATIVA

soggetto + **do/does/did** + **not** (= **don't/doesn't/didn't**) + **forma base del verbo**

> *I* ***do not (don't) swim****.*
> Non nuoto.
>
> *She* ***does not (doesn't) drink*** *gin and tonic.*
> Non beve gin tonic.
>
> *They* ***did not (didn't) enjoy*** *themselves.*
> Non si divertirono.

attenzione

do non si usa con altri verbi ausiliari.

> *Do you play tennis?*
> Giochi a tennis?
>
> *Can you play tennis?*
> Sai giocare a tennis?

Si può trovare assieme a **have** o **be**, quando questi sono verbi principali.

Oltre che nella costruzione delle frasi interrogative e negative, **do** come verbo *ausiliare* può essere usato nei seguenti casi.

1 Per evitare la ripetizione di un verbo già impiegato.

> *'Do you like tea?' 'Yes, I* ***do****'.*
> "Ti piace il tè?" "Sì, mi piace".

2 Per enfatizzare quanto si sta dicendo.

You look terrible!
Hai un aspetto terribile!

You ***do*** *look terrible!*
Ha un proprio aspetto terribile!

3 Per indicare contrasto.

'Why didn't you tell the truth?' 'I ***did****!'*
"Perché non hai detto la verità?" "L'ho detta!"

do infine può essere utilizzato come verbo *ausiliare* e come verbo *principale* nella stessa espressione.

What ***do*** *you* ***do*** *for a living?*
Che cosa fai per vivere?

Do do *something!*
Fai qualcosa dunque!

Il primo **do** è verbo *ausiliare*, mentre il secondo è *principale*.

had better

È un verbo idiomatico che ha la stessa struttura di un verbo ausiliare modale.

FORMA AFFERMATIVA

soggetto + **had** (= **'d**) **better** + **forma base del verbo**

*You **had ('d) better stop** smoking.*
È meglio che tu smetta di fumare.

FORMA NEGATIVA

soggetto + **had** (= **'d**) **better** + **not** + **forma base del verbo**

*You **had ('d) better not put** the fish in the oven.*
È meglio che tu non metta il pesce nel forno.

USO DI HAD BETTER

Nonostante la presenza dell'aggettivo comparativo *better* questa struttura non contiene generalmente l'idea di un paragone. È infatti utilizzata nei seguenti casi.

1 Per sollecitare un'azione o per esprimere un obbligo non costrittivo (nel senso di qualcosa che sarebbe bene o giusto compiere).

*They**'d better hurry** or they'll be late.*
È meglio che si affrettino o faranno tardi.

*You **had better wake up**!*
È meglio che ti svegli!

2 Per dare consigli o suggerimenti.

*She**'d better stop** being so stupid!*
È meglio che la smetta di essere così stupida!

*I think you **had better see** him again.*
Penso che faresti meglio a rivederlo.

have

Può essere sia verbo *ausiliare* sia verbo *principale*. Per la coniugazione del verbo **have** vedi p. 186 s.

Come verbo *ausiliare* **have** è usato per formare i tempi composti.

Come verbo *principale* **have** significa *avere*, *possedere* e si utilizza nei seguenti casi.

1 Per segnalare possesso; in questo caso si può usare anche **have got** (vedi p. 38).

> *He **has (has got)** a large house.*
> Ha una casa grande.

2 Per esprimere azione; in questo caso si può usare sia il *Simple Present* sia il *Present Continuous*.

> *He **has** a rest every afternoon.*
> Fa un sonnellino tutti i pomeriggi.
>
> *She **is having** a shower now.*
> Sta facendo la doccia in questo momento.

Quando **have** è usato come verbo *principale* richiede l'uso degli ausiliari **do/does** e **did** nelle forme interrogativa e negativa.

> ***Do** you often **have** a sandwich at lunch?*
> Prendi spesso un panino a pranzo?
>
> ***Does** he **have** any brothers?*
> Ha qualche fratello?
>
> *She **didn't have** a drink.*
> Non prese da bere.

Costruzioni particolari con il verbo have

1 have + complemento oggetto + **verbo in -ing**

Esprime obbligo ed è equivalente all'italiano "far fare".

> *My mother **has** me **cleaning** the kitchen every day.*
> Mia madre mi fa pulire la cucina ogni giorno.

2 be having + complemento oggetto + **Past Participle**

"farsi fare qualcosa da qualcuno" oppure "far sì che qualcosa avvenga".

*Charles **is having** his house **painted**.*
Carlo si sta facendo dipingere la casa.

have got

Questa struttura ha lo stesso significato di **have** quando indica possesso; è usato soprattutto nel linguaggio informale e quasi unicamente al *Simple Present*. (In italiano *got* non si traduce: è pleonastico.)

*Good morning, I see you **have** a new car.*
Buon giorno, vedo che ha una nuova auto.

*Hi. I see you**'ve got** a new car.*
Ciao. Vedo che hai una nuova auto.

FORMA AFFERMATIVA

I have ('ve) got, you have ('ve) got, we have ('ve) got, they have ('we) got, he (she, it) has ('s) got

*I **have ('ve) got** some money.*
Ho un po' di soldi.

FORMA INTERROGATIVA

Have I got?, Have you got?, Have we got?, Have they got?, Has he (she, it) got?

***Have** you **got** some money?*
Hai un po' di soldi?

FORMA NEGATIVA

I have not (haven't) got, you have not (haven't) got, we have not (haven't) got, they have not (haven't) got, he (she, it) has not (hasn't) got

***He has not (hasn't) got** any money.*
Non ha soldi.

attenzione

In inglese è scorretto usare **got** senza il verbo **have**; tuttavia nel linguaggio moderno e specialmente nell'inglese americano è di uso piuttosto comune, in particolare in poesia, nei testi delle canzoni, nel gergo giovanile ecc. Si badi a non confondere **got** con il verbo **get** (pass. e p.p. **got**), per il quale vedi pp. 160 ss.

have to

Si tratta di un verbo idiomatico; oltre alla forma **have to** esiste anche la forma **have got to**.

Il verbo **have to** che ha le stesse forme verbali, i tempi e i modi di **have**, vedi p. 186 s.

La struttura **have to** è sempre seguita dalla **forma base del verbo**.

*I **have to go** with them.*
Devo andare con loro.

*Mary **has to stay** home all the afternoon.*
Maria deve restare a casa tutto il pomeriggio.

*They **had to wait** for the doctor.*
Dovettero aspettare il dottore.

USO DI HAVE TO

1 Per indicare un obbligo.

*To enter this building you **have to have** special permission.*
Per accedere a questo edificio devi ottenere un permesso speciale.

2 Per esprimere una necessità.

*You **have to eat** to stay alive.*
Si deve mangiare per rimanere in vita.

3 Per formulare una deduzione logica.

*There **has to be** a mistake in these calculations.*
Ci deve essere un errore in questi calcoli.

attenzione

I verbi **have (got) to** e **must** (vedi p. 42 s.) hanno significato simile.

*I **have (got) to go** to the meeting.*
*I **must go** to the meeting.*
} Devo andare alla riunione.

La forma negativa **don't have to** non deve essere confusa con **must not** o **mustn't** (vedi p. 42 s.), poiché hanno significati differenti. Si vedano gli esempi dati qui di seguito.

*You **don't have to go** to the party.*
Non sei obbligato ad andare alla festa [se non vuoi, non andare].

*You **mustn't drink** that liquid. It is poison!*
Non bere quel liquido. È veleno! [non devi assolutamente berlo].

may-might

Sono entrambi verbi *ausiliari modali* e hanno significato molto simile. **Might** è più formale ed esprime maggior dubbio, mentre **may** è maggiormente usato nel linguaggio colloquiale.

FORMA AFFERMATIVA

soggetto + **may** + **forma base del verbo**

*He **may visit** us.*
Forse ci farà visita.

soggetto + **might** + **forma base del verbo**

*He **might visit** us.*
Potrebbe venire a trovarci.

FORMA INTERROGATIVA

may + soggetto + **forma base del verbo**

***May** I **disturb** you a moment?*
Posso disturbarti un momento?

might + soggetto + **forma base del verbo**

***Might** I **disturb** you for a moment?*
Potrei disturbarLa un momento?

FORMA NEGATIVA

soggetto + **may** + **not** + **forma abse del verbo**

*She **may not survive**.*
Forse non riesce a sopravvivere.

soggetto + **might** + **not** (= **mightn't**) + **forma base del verbo**

*She **might not (mightn't) survive**.*
Potrebbe non sopravvivere.

USO DI MAY E MIGHT

1 Per indicare un'eventualità o possibilità.

*It **may rain** soon.*
Può darsi che piova tra poco.

*It **might rain** soon.*
Potrebbe piovere tra poco.

Le forme **may not** e **might not** (**mightn't**) indicano un'eventualità negativa.

*They **may not come**.*
Magari non vengono.

*They **mightn't come**.*
Potrebbero non venire

2 Per chiedere un permesso.

***May** I **borrow** your pen?*
Posso prendere in prestito la tua penna?

***Might** I **borrow** your pen?*
Potrei prendere in prestito la Sua penna?

altre costruzioni che impiegano may o might

1 may/might + have + Past Participle

Si usa per descrivere l'eventualità o la possibilità che qualcosa possa essere accaduto.

*Peter **may have lost** his wallet.*
Pietro può aver perso il portafoglio.

*Peter **might have lost** his wallet.*
Pietro potrebbe aver perso il portafoglio.

2 may/might + be + verbo in -ing

Si usa per descrivere la possibilità che qualcosa possa avvenire altrove, mentre si parla.

*She **may be arriving** now.*
Probabilmente starà arrivando adesso.

*She **might be arriving** now.*
Può darsi che stia arrivando adesso.

attenzione

In alcuni casi *can* viene sostituito da **may** e *could* da **might**, vedi p. 32 s.

must

È un verbo *ausiliare modale.*

FORMA AFFERMATIVA

soggetto + **must** + **forma base del verbo**

*You **must come** to the cinema with us.*
Devi venire al cinema con noi.

FORMA INTERROGATIVA

must + soggetto + **forma base del verbo**

***Must** I **go** to bed now?*
Devo andare a letto ora?

FORMA NEGATIVA

soggetto + **must** + **not** (= **mustn't**) + **forma base del verbo**

*The doctor **must not (musn't) be disturbed**.*
Il dottore non deve essere disturbato.

USO DI MUST

1 Per indicare obbligo, necessità o dovere. Esprime inoltre forte raccomandazione.

*You are very ill. You **must go** to the doctor.*
Sei molto ammalato. Devi andare dal medico.

attenzione

Il verbo **must** ha significato molto simile a **have (got) to,** vedi p. 39.

La forma negativa **must not (mustn't)** indica anch'essa un obbligo oppure il divieto di compiere un'azione.

*Diabetics **mustn't forget** their insulin injections.*
I diabetici non devono dimenticare le loro iniezioni di insulina.

attenzione

Si badi che **must not (mustn't)** non deve essere confuso con **don't have to**, vedi p. 39.

2 Per trarre deduzioni logiche o per esprimere supposizioni.

*His body is still warm. He **must have died** recently.*
Il suo corpo è ancora caldo. Deve essere morto da poco.

attenzione

In questo caso **must** è una struttura meno formale e più enfatica di **should** o **ought to**, vedi p. 44 s.

should-ought to

Sono entrambi verbi *ausiliari modali* con significato pressoché identico. Un tempo **should** era considerato il passato di *shall*, ma attualmente viene usato raramente in questo senso.

FORMA AFFERMATIVA

soggetto + **should** + **forma base del verbo**

*Claudia **should grow** her hair.*
Claudia dovrebbe farsi crescere i capelli.

soggetto + **ought to** + **forma base del verbo**

*Claudia **ought to grow** her hair.*
Claudia dovrebbe farsi crescere i capelli.

FORMA INTERROGATIVA

should + soggetto + **forma base del verbo**

***Should I take up** swimming?*
Dovrei dedicarmi al nuoto?

ought + soggetto + **to** + **forma base del verbo**

***Ought I to take up** swimming?*
Dovrei dedicarmi al nuoto?

attenzione

La forma interrogativa di **ought to** è poco comune; generalmente si usa **should**.

FORMA NEGATIVA

soggetto + **should** + **not** (= **shouldn't**) + **forma base del verbo**

*You **should not (shouldn't) tell** lies to children.*
Non dovreste dire bugie ai bambini.

soggetto + **ought** + **not** (= **oughtn't**) **to** + **forma base del verbo**

*You **ought not (oughtn't) to tell** lies to children.*
Non dovreste dire bugie ai bambini.

Should e **ought to** non hanno le forme del passato. Per formare il condizionale passato si utilizza l'infinito passato del verbo principale.

should/ought to + have + Past Participle

She ***should (ought to) have come*** *to the party.*
Sarebbe dovuta venire alla festa.

USO DI SHOULD E OUGHT TO

1 Per esprimere consiglio od obbligo.

We ***should (ought to) study*** *more.*
Dovremmo studiare di più.

2 Per indicare regole o istruzioni.

Visitors ***should not (ought not to) walk*** *on the grass.*
I visitatori non devono calpestare l'erba.

3 Per esprimere supposizione e improbabilità.

It ***shouldn't (oughtn't to) rain*** *today. The sky is clear.*
Oggi non dovrebbe piovere. Il cielo è limpido.

4 Per indicare un'azione che doveva o sarebbe dovuta avvenire.

The train ***should (ought to) have arrived*** *by now though I doubt it.*
Il treno dovrebbe essere già arrivato, però ne dubito.

5 **Should** può esprimere sorpresa, dubbio o protesta.

What ***should*** *we* ***do****?*
Cosa dovremmo fare?

How ***should I know****!*
Come posso saperlo!

6 Qualche volta **should** sostituisce **would**, vedi p. 46.

I should be happy *if you came to the party.*
Sarei felice se tu venissi alla festa.

attenzione

I verbi **should** e **ought to** possono essere utilizzati in luogo di **must** nelle frasi formali, vedi p. 42 s.

would

È un verbo *ausiliare modale.*

attenzione

Per l'uso di **would** nel *Second* e *Third Conditional* vedi p. 26 s.

FORMA AFFERMATIVA

soggetto + **would** (= **'d**) + **forma base del verbo**

*I **would ('d) like** a pint of beer.*

Vorrei una pinta di birra.

FORMA INTERROGATIVA

would + soggetto + **forma base del verbo**

***Would** you **close** the door, please?*

Potresti chiudere la porta, per favore?

FORMA NEGATIVA

soggetto + **would** + **not** (= **wouldn't**) + **forma base del verbo**

*She was angry because I **would not (wouldn't) pay** the bill.*

Era arrabbiata perché non volevo pagare il conto.

attenzione

Oltre che nelle frasi negative del *Second* e *Third Conditional* (vedi p. 26 s.), la forma negativa **would not** (**wouldn't**) si usa per esprimere indisponibilità nel passato.

USO DI WOULD

1 Per esprimere l'idea del futuro nel passato.

*That was the field where they **would work**.*

Quello era il campo dove avrebbero lavorato.

2 Per mostrare cortesia.

***Would** you please **pass** the salt?*

Mi passeresti il sale, per favore?

3 Per descrivere abitudini o comportamenti nel passato.

*Edward **would** often **wait for** Mary outside her school.*

Edoardo era solito aspettare Maria fuori dalla scuola.

attenzione

In quest'ultimo caso **would** è uato nello stesso senso di **used to**, vedi p. 24

borrow/lend

Questi due verbi hanno significato complementare.

borrow (pass. e p.p. **borrowed**) significa *prendere in/a prestito, farsi prestare.*

lend (pass. e p.p. **lent**, vedi p. 212 s.) significa invece *prestare.*

*Can I **borrow** some money from your sister?*
Posso farmi prestare dei soldi da tua sorella?

*Can you **lend** me some money?*
Mi puoi prestare dei soldi?

*I **borrowed** a large sum of money from the bank.*
Presi in prestito dalla banca un'ingente somma di denaro.

*The bank **lent** me a large sum of money.*
La banca mi prestò un'ingente somma di denaro.

bring/take

I verbi **bring** (pass. e p.p. **brought**, vedi pp. 82 ss.) e **take** (pass. **took**, p.p. **taken**, vedi pp. 306 ss.) possono significare entrambi *portare*, ma con sfumature diverse rispetto all'uso in italiano.

Il verbo **bring** viene usato per indicare azioni o movimenti *verso* chi parla o chi scrive.

*When you do the shopping could you **bring** me back some milk?*
Quando vai a fare la spesa, potresti portarmi del latte?

*The next time you come and play cards at my house **bring** your wallet.*
La prossima volta che vieni a casa mia a giocare a carte, porta il portafoglio.

Il verbo **take** si usa per indicare azioni o movimenti che si allontanano da chi parla o scrive.

*Could you please **take** the car to the garage?*
Potresti portare la macchina in garage?

do/make

Quando **do** (pass. **did**, p.p. **done**, vedi pp. 122 ss.) è verbo principale viene spesso confuso con **make** (pass. e pp. **made**, pp. 218 ss.).

Il verbo **do** spesso esprime azione generica, mentre **make** suggerisce l'idea di costruire, fabbricare ecc.

Riportiamo qui di seguito un elenco delle espressioni colloquiali più comuni che impiegano **do** e **make**.

do a favour = fare un favore
do a job = fare un lavoro
do anything = fare qualsiasi cosa
do better = fare meglio
do the cleaning = fare le pulizie
do the cooking = far da mangiare
do damage = fare danno
do everything = fare tutto
do exercise = fare gli esecizi
do good = fare (del) bene
do harm = fare (del) male
do nothing = non fare nulla
do something = fare qualcosa
do homework = fare i compiti
do the washing = fare il bucato
do worse = far peggio

make a bed = fare il letto
make a decision = prendere una decisione
make a mistake = fare un errore
make a noise = fare rumore
make a profit = trarre profitto
make a suggestion = dare un suggerimento
make an arrangement = stipulare un accordo
make an attempt = fare un tentativo
make an effort = fare uno sforzo
make an exception = fare un'eccezione
make an offer = fare un'offerta
make love = fare l'amore
make money = far soldi
make peace = fare la pace
make progress = far progressi
make tea = preparare il tè

rob/steal

I verbi **rob** (pass. e p.p. **robbed**) e **steal** (pass. **stole**, p.p. **stolen**, vedi p. 290 s.) sono spesso causa di errori e confusioni; in inglese però essi si usano in contesti ben precisi e distinti.

Si usa **rob** quando l'oggetto del verbo è la persona o il posto da cui una cosa è portata via; in italiano si traduce con *rubare, derubare, rapinare.*

*He **robbed** a bank.*
Ha rapinato una banca.

*I **was robbed** in Madrid.*
Sono stato derubato a Madrid.

Si usa **steal** quando l'oggetto del verbo è la cosa portata via; in italiano si traduce con *rubare.*

*Everyone knows that he **steals** cars.*
Lo sanno tutti che ruba macchine.

Esempio di verbo regolare

WALK (wɒːk) **WALKED** (wɒːkd) **WALKED** (wɒːkd)

camminare; passeggiare; andare a piedi

■ SIMPLE PRESENT

I walk, you walk, we walk, they walk, he walks, she walks, it walks

*He **walks** to school every day.*
Va a scuola a piedi tutti i giorni.

■ PRESENT CONTINUOUS

I am walking, you are walking, we are walking, they are walking, he (she, it) is walking

*She **is walking** alone in the forest.*
Sta camminando da sola nella foresta.

■ SIMPLE PAST

I walked, you walked, we walked, they walked, he (she, it) walked

*The boy **walked** across the street.*
Il ragazzo attraversò la strada.

■ PAST CONTINUOUS

I was walking, you were walking, we were walking, they were walking, he (she, it) was walking

*He **was walking** along the pavement when I saw him.*
Stava camminando sul marciapiede quando lo vidi.

■ PRESENT PERFECT

I have walked, you have walked, we have walked, they have walked, he (she, it) has walked

*Who **has walked** over the grass?*
Chi ha camminato sull'erba?

■ PAST PERFECT

*Henry **had walked** for hours but he wasn't tired.*
Enrico aveva camminato per ore, ma non era stanco.

■ FUTURE (WILL)

***Will** she **walk** home alone?*
Andrà a casa a piedi da sola?

■ FUTURE (GOING TO)

*He **is going to walk** to town this afternoon.*
Questo pomeriggio farà una passeggiata fino in città.

■ USED TO ≠ TO BE USED TO + -ING

*I **used to walk** for hours but not anymore.*
Una volta camminavo per ore, ma adesso non più.

*I **am used to walking** for hours.*
Sono abituata a camminare per ore.

■ FIRST CONDITIONAL

*If you **walk** to work, I will accompany you.*
Se andrai al lavoro a piedi, ti accompagnerò.

■ SECOND CONDITIONAL

*If you **walked** to work, I would accompany you.*
Se tu andassi al lavoro a piedi, ti accompagnerei.

■ THIRD CONDITIONAL

*If you **had walked** to work, I would have accompanied you.*
Se tu fossi andato al lavoro a piedi, ti avrei accompagnato.

Esempio di verbo passivo

BUILD (bɪld) **BUILT**(bɪlt) **BUILT** (bɪlt)

1 costruire; fabbricare **2** basare, fondare

■ SIMPLE PRESENT

I am built, you are built, we are built, they are built, he is built, she is built, it is built

Our hopes ***are built*** *on you.*
Le nostre speranze sono fondate su di te.

■ PRESENT CONTINUOUS

I am being built, you are being built, we are being built, they are being built, he (she, it) is being built

The building ***is being built*** *.*
L'edificio è in costruzione.

■ SIMPLE PAST

I was built, you were built, we were built, they were built, he (she, it) was built

Rome ***wasn't built*** *in a day.*
Roma non fu edificata in un giorno.

■ PAST CONTINUOUS

I was being built, you were being built, we were being built, they were being built, he (she, it) was being built

Her career ***was being*** *slowly* ***built*** *up when the scandal broke.*
La sua carriera si stava avviando al successo, quando scoppiò lo scandalo.

■ PRESENT PERFECT

I have been built, you have been built, we have been built, they have been built, he (she, it) has been built

The sculpture ***has been built*** *of metal.*
La scultura è stata costruita in metallo.

■ PAST PERFECT

The bridge ***had been built*** *with materials which were unsuitable.*
Il ponte era stato costruito in materiali che non erano appropriati.

■ FUTURE (WILL)

Your future ***will be built*** *on hard work.*
Il tuo futuro sarà costruito su un duro lavoro.

■ FUTURE (GOING TO)

*The new building **isn't going to be built** by them, is it?*
Il nuovo edificio non sarà costruito da loro, vero?

■ USED TO ≠ TO BE USED TO + -ING

*That type of house **used to be built** out of brick.*
Quel tipo di casa era fabbricato in mattoni.

*Rich people **are used to** their houses **being built** with a swimming pool.*
Le persone ricche sono solite farsi costruire le loro case con una piscina.

■ FIRST CONDITIONAL

*If a school **is built** in this area, all the children will go there.*
Se sarà costruita una scuola in quest'area, tutti i bambini andranno lì.

■ SECOND CONDITIONAL

*If a school **were built** in this area, all the children would go there.*
Se fosse costruita una scuola in quest'area, tutti i bambini andrebbero lì.

■ THIRD CONDITIONAL

*If a school **had been built** in this area, all the children would have gone there.*
Se fosse stata costruita una scuola in quest'area, tutti i bambini sarebbero andati lì.

Verbi irregolari

ARISE (əˈraɪz) **arose** (əˈrəʊz) **arisen** (əˈrɪzn)

1 alzarsi, levarsi; sorgere **2** nascere; presentarsi **3** provenire, derivare

■ SIMPLE PRESENT

I arise, you arise, we arise, they arise, he arises, she arises, it arises

*This problem **arises** every day.*
Questo problema sorge tutti i giorni.

■ PRESENT CONTINUOUS

I am arising, you are arising, we are arising, they are arising, he (she, it) is arising

*All these difficulties **are arising** from the same problem.*
Tutte queste difficoltà derivano dal medesimo problema.

■ SIMPLE PAST

I arose, you arose, we arose, they arose, he (she, it) arose

*The opportunity **arose** by pure chance.*
L'occasione si presentò per puro caso.

■ PAST CONTINUOUS

I was arising, you were arising, we were arising, they were arising, he (she, it) was arising

*Flames **were arising** from the chimney.*
Le fiamme si stavano alzando dal camino.

■ PRESENT PERFECT

I have arisen, you have arisen, we have arisen, they have arisen, he (she, it) has arisen

*A mist **has arisen** and they can't see anything.*
Si è alzata la foschia e non riescono a vedere nulla.

■ PAST PERFECT

*A quarrel **had arisen** and everybody was shouting.*
Era nata una lite e tutti stavano urlando.

■ FUTURE (WILL)

*One day the dead **will arise** to startle the living.*
Un giorno i morti si leveranno e faranno trasalire i vivi.

■ FUTURE (GOING TO)

*The finances for the project **are not going to arise** out of nowhere.*
I finanziamenti per il progetto non verranno dal nulla.

■ USED TO ≠ TO BE USED TO + -ING

*We **used to arise** early but not anymore.*
Una volta ci alzavamo presto, ma adesso non più.

*We **are used to arising** early and have always done so.*
Siamo abituati ad alzarci presto e lo abbiamo sempre fatto.

■ FIRST CONDITIONAL

*If the problem **arises**, will you help me resolve it?*
Se sorgerà il problema, mi aiuterete a risolverlo?

■ SECOND CONDITIONAL

*If the problem **arose**, would you help me resolve it?*
Se sorgesse il problema, mi aiutereste a risolverlo?

■ THIRD CONDITIONAL

*If the problem **had arisen**, would you have helped me resolve it?*
Se il problema fosse sorto, mi avreste aiutato a risolverlo?

AWAKE (əˈweɪk) **awoke** (əˈwəʊk) **awoken** (əˈwəʊkən)

svegliare, svegliarsi; destare, destarsi

■ SIMPLE PRESENT

I awake, you awake, we awake, they awake, he awake<u>s</u>, she awake<u>s</u>, it awake<u>s</u>

The noise of the early morning traffic often ***awakes*** *him.*
Il rumore del traffico mattutino lo sveglia spesso.

■ PRESENT CONTINUOUS

I am awaking, you are awaking, we are awaking, they are awaking, he (she, it) is awaking

She ***is awaking*** *to the mess she has caused.*
Si sta rendendo conto del disordine che ha causato.

■ SIMPLE PAST

I awoke, you awoke, we awoke, they awoke, he (she, it) awoke

She ***awoke*** *to find her house on fire.*
Si svegliò e trovò la casa in fiamme.

■ PAST CONTINUOUS

I was awaking, you were awaking, we were awaking, they were awaking, he (she, it) was awaking

She ***was*** *slowly* ***awaking*** *to the problems of social injustice.*
A poco a poco si stava rendendo conto dei problemi d'ingiustizia sociale.

■ PRESENT PERFECT

I have awoken, you have awoken, we have awoken, they have awoken, he (she, it) has awoken

He ***has awoken*** *to the danger he is in.*
Si è reso conto del pericolo in sui si trova.

■ PAST PERFECT

The patient ***hadn't awoken*** *from the operation when I saw him.*
Il paziente non si era svegliato dall'operazione quando lo vidi.

■ FUTURE (WILL)

I think the note you are writing ***will awake*** *painful memories in her.*
Penso che il biglietto che stai scrivendo risveglierà in lei ricordi dolorosi.

■ FUTURE (GOING TO)

Are *we* ***going to awake*** *the boss to the problems we are facing?*
Faremo capire al direttore i problemi che stiamo affrontando?

■ USED TO ≠ TO BE USED TO + -ING

*I **used to awake** early but not recently.*
Una volta mi svegliavo presto, ma ultimamente non più.

*I **am used to awaking** early in the morning when I work.*
Quando lavoro sono abituato a svegliarmi presto la mattina.

■ FIRST CONDITIONAL

*If you **awake**, perhaps you will learn something from my lessons!*
Se rimarrai sveglio, forse imparerai qualcosa dalle mie lezioni!

■ SECOND CONDITIONAL

*If you **awoke**, perhaps you would learn something from my lessons!*
Se tu rimanessi sveglio, forse impareresti qualcosa dalle mie lezioni!

■ THIRD CONDITIONAL

*If you **had awoken**, perhaps you would have learnt something from my lessons!*
Se tu fossi rimasto sveglio, forse avresti imparato qualcosa dalle mie lezioni!

PHRASAL VERB

◆ **awake to** **risvegliare, sensibilizzare**
*We must **awake** people **to** the problem of pollution.*
Dobbiamo sensibilizzare la gente al problema dell'inquinamento.

BE (biː) **was, were** (wɒz, wɜː[r]) **been** (biːn)

1 essere; esistere **2** stare

■ 1 SIMPLE PRESENT

I am, you are, we are, they are, he is, she is, it is

*She **is** very unhappy.*
È molto infelice.

■ 2 SIMPLE PRESENT (FORMA CONTRATTA)

I'm, you're, we're, they're, he's, she's, it's

***I'm** glad to meet you.*
Sono lieto di incontrarla.

■ PRESENT CONTINUOUS

I am being, you are being, we are being, they are being, he (she, it) is being

*I know I **am being** boring.*
Lo so di essere noioso.

■ SIMPLE PAST

I was, you were, we were, they were, he (she, it) was

*She **was** at the station yesterday from two till three.*
Ieri è stata alla stazione dalle due alle tre.

■ PAST CONTINUOUS

I was being, you were being, we were being, they were being, he (she, it) was being

*She **was being** very unpleasant, as usual.*
Era molto antipatica come al solito.

■ PRESENT PERFECT

I have been, you have been, we have been, they have been, he (she, it) has been

*He **has been** an excellent friend.*
È stato un vero amico.

■ PAST PERFECT

*He **had been** in pain and was unable to speak.*
Era in preda al dolore e non riusciva a parlare.

■ FUTURE (WILL)

*He **will be** here in a few minutes.*
Sarà qui tra pochi minuti.

■ FUTURE (GOING TO)

*They **are going to be** furious with you.*
Saranno furiosi con te.

■ USED TO ≠ TO BE USED TO + -ING

*She **used to be** lazy but not anymore.*
Una volta era pigra, ma ora non più.

*He **is used to** her **being** angry about nothing.*
È abituato al fatto che lei si arrabbia per niente.

■ FIRST CONDITIONAL

*If he **is** happy, I will be as well.*
Contento lui, lo sarò anch'io.

■ SECOND CONDITIONAL

*If he **were** (**was**) happy, I would be as well.*
Se fosse contento, lo sarei anch'io.

■ THIRD CONDITIONAL

*If he **had been** happy, I would have been as well.*
Se fosse stato contento, lo sarei stato anch'io.

attenzione

Quando il *Simple Past* del verbo **be** è usato in un contesto ipotetico, astratto o irreale come nel caso del *Second* e del *Third Conditional* (vedi p. 26 s.), la forma **were** può essere usata anche per la 1ª e la 3ª persona singolare (al posto di **was**) e, in generale, è considerata più corretta.

> *If I **were** (**was**) you. I wouldn't talk any more with her.*
> Se fossi al tuo posto, non le parlerei più.
>
> *If he **weren't** (**wasn't**) so lazy, he would pass the exam.*
> Se non fosse così pigro, passerebbe l'esame.

BEAR (beə*) **bore** (bɔː*) **borne** (bɔːn)
born (bɔːn) *nel senso 3 solo al passivo*

1 portare; sorreggere **2** sopportare, tollerare **3** generare, produrre; partorire **4** girare, voltare

■ SIMPLE PRESENT

I bear, you bear, we bear, they bear, he bear<u>s</u>, she bear<u>s</u>, it bear<u>s</u>

*The tree in our garden **bears** wonderful fruit.*

L'albero nel nostro giardino dà frutti meravigliosi.

■ PRESENT CONTINUOUS

I am bearing, you are bearing, we are bearing, they are bearing, he (she, it) is bearing

*The money we have in the bank **is bearing** a very low rate of interest.*

Il denaro che abbiamo in banca ci frutta un interesse molto basso.

■ SIMPLE PAST

I bore, you bore, we bore, they bore, he (she, it) bore

*She **bore** three children. All the same day!*

Ha messo al mondo tre bambini. Tutti lo stesso giorno!

■ PAST CONTINUOUS

I was bearing, you were bearing, we were bearing, they were bearing, he (she, it) was bearing

*The ice **was bearing** his weight when suddenly it cracked open.*

Il ghiaccio ne stava reggendo il peso, quando improvvisamente si ruppe.

■ PRESENT PERFECT

I have borne, you have borne, we have borne, they have borne, he (she, it) has borne

*I **have borne** your dull friends for the last three weekends, but enough is enough!*

Ho sopportato i tuoi amici noiosi negli ultimi tre weekend, ma adesso basta!

■ PAST PERFECT

*Everyone said that he **had borne** himself with great courage.*

Tutti commentavano che si era comportato con grande coraggio.

■ FUTURE (WILL)

*They **will bear** witness against you. Of this I am sure!*

Testimonieranno contro di te. Ne sono certo!

■ FUTURE (GOING TO)

*My firm **is going to bear** the cost of the repairs.*

La mia ditta sosterrà i costi di riparazione.

■ USED TO ≠ TO BE USED TO + -ING

*Grandmother **used to bear** the noise the children make but not anymore.*
Una volta la nonna tollerava il chiasso dei bambini, ora non più.

*Grandmother **is used to bearing** the noise the children make and often babysits for us.*
La nonna è abituata a sopportare il chiasso dei bambini e fa spesso la baby-sitter per noi.

■ FIRST CONDITIONAL

*If the lorry **bears** the weight, I'll be suprised.*
Se l'autocarro reggerà il peso, sarò sorpreso.

■ SECOND CONDITIONAL

*If the lorry **bore** the weight, I would be suprised.*
Se l'autocarro reggesse il peso, sarei sorpreso.

■ THIRD CONDITIONAL

*If the lorry **had borne** the weight, I would have been suprised.*
Se l'autocarro avesse retto il peso, sarei stato sorpreso.

PHRASAL VERBS

- **bear down on/upon (1)** — **opprimere, gravare**
  *His debts **are bearing down on** him.*
  I debiti lo stanno opprimendo.

- **bear down on/upon (2)** — **lanciarsi, avanzare**
  *The ship **bore** rapidly **down on** them.*
  La nave avanzava velocemente verso di loro.

- **bear out** — **confermare**
  *Can you **bear out** what I say?*
  Puoi confermare quello che dico?

- **bear up (1)** — **affrontare (con coraggio)**
  *He **bore up** everything with a smile.*
  Affrontava ogni cosa col sorriso.

- **bear up (2)** — **reggere, stare in piedi**
  *Your words do not **bear up** to the facts.*
  Le vostre parole non corrispondono ai fatti.

- **bear with** — **aver pazienza**
  *Try and **bear with** her for a while.*
  Cerca di aver pazienza con lei, per un po'.

BEAT (biːt) **beat** (biːt) **beaten** (ˈbiːtn)

1 picchiare, percuotere **2** vincere, battere **3** pulsare

■ SIMPLE PRESENT

I beat, you beat, we beat, they beat, he beat<u>s</u>, she beat<u>s</u>, it beat<u>s</u>

*He always **beats** me at chess.*
Mi batte sempre a scacchi.

■ PRESENT CONTINUOUS

I am beating, you are beating, we are beating, they are beating, he (she, it) is beating

*Mother **is beating** the carpet.*
La mamma sta battendo il tappeto.

■ SIMPLE PAST

I beat, you beat, we beat, they beat, he (she, it) beat

*Somebody **beat** him to death.*
Qualcuno lo colpì a morte.

■ PAST CONTINUOUS

I was beating, you were beating, we were beating, they were beating, he (she, it) was beating

*The athlete **was beating** the record until he slipped and fell.*
L'atleta stava battendo il record quando scivolò e cadde.

■ PRESENT PERFECT

I have beaten, you have beaten, we have beaten, they have beaten, he (she, it) has beaten

*Huge waves **have beaten** against the cliffs all night.*
Onde enormi si sono infrante sulla scogliera tutta la notte.

■ PAST PERFECT

*Although he **had beaten** all his opponents he still wasn't satisfied.*
Anche se aveva sconfitto tutti i suoi avversari, non era ancora soddisfatto.

■ FUTURE (WILL)

*The police **will beat** the woods until they find the child.*
La polizia batterà i boschi finché ritroverà il bambino.

■ FUTURE (GOING TO)

*I **am going to beat** him black and blue.*
Lo concio per le feste.

■ USED TO ≠ TO BE USED TO + -ING

*The school bully **used to beat** me until I took karate classes...*
Il bullo della classe mi picchiava sempre, finché non ho preso lezioni di karaté…

*... and now he **is used to being beaten** and not me!*
... e adesso è lui che le prende, e non io!

■ FIRST CONDITIONAL

*If you **beat** him, I will be very happy.*
Se lo batterai, sarò molto felice.

■ SECOND CONDITIONAL

*If you **beat** him, I would be very happy.*
Se tu lo battessi, sarei molto felice.

■ THIRD CONDITIONAL

*If you **had beaten** him, I would have been very happy.*
Se tu lo avessi battuto, sarei stata molto felice.

PHRASAL VERBS

- **beat down (1)** — **battere a picco**
  *The desert sun **beat down** on them.*
  Il sole del deserto batteva a picco su di loro.

- **beat down (2)** — **far abbassare, abbassare**
  *Will you **beat down** their price?*
  Gli farai abbassare il prezzo?

- **beat off** — **respingere**
  *The cowboys **beat off** the indian attack.*
  I cowboy respinsero l'attacco degli indiani.

- **beat out (1)** — **estinguere**
  *Who **beat out** the flames?*
  Chi estinse l'incendio?

- **beat out (2)** — **suonare, battere**
  *The funeral bell **beat out** its mournful sound.*
  La campana da morto batteva il suo triste rintocco.

BECOME (bɪˈkʌm) **became** (bɪˈkeɪm) **become** (bɪˈkʌm)

1 diventare, divenire **2** accadere; avvenire **3** addirsi, star bene; essere adatto

▪ SIMPLE PRESENT

I become, you become, we become, they become, he becomes, she becomes, it becomes

*He always **becomes** angry when his football team loses.*
Si arrabbia sempre quando perde la sua squadra di calcio.

▪ PRESENT CONTINUOUS

I am becoming, you are becoming, we are becoming, they are becoming, he (she, it) is becoming

*She **is becoming** impossible to talk to.*
Sta diventando intrattabile.

▪ SIMPLE PAST

I became, you became, we became, they became, he (she, it) became

*He **became** a father at 2.00 a.m. this morning.*
È diventato papà alle due di questa mattina.

▪ PAST CONTINUOUS

I was becoming, you were becoming, we were becoming, they were becoming, he (she, it) was becoming

*I **was becoming** worried by his driving.*
Mi stavo preoccupando per la sua guida.

▪ PRESENT PERFECT

I have become, you have become, we have become, they have become, he (she, it) has become

*He **has become** wise in his old age.*
È diventato saggio con l'età.

▪ PAST PERFECT

*The patient **had become** very difficult to treat.*
Il paziente era divenuto difficile da curare.

▪ FUTURE (WILL)

*After his promotion he **will become** even more arrogant.*
Dopo la promozione diventerà ancora più arrogante.

▪ FUTURE (GOING TO)

*Do you think she **is going to become** famous?*
Pensi che diventerà famosa?

*He **used to become** annoyed at the very mention of her name but not now.*
Si irritava soltanto a nominarla, ma ora no.

*She **is used to** him **becoming** jealous for nothing.*
È abituata al suo divenire geloso per niente.

■ FIRST CONDITIONAL

*If I **become** fat, I will go on a diet.*
Se diventerò grasso, farò la dieta.

■ SECOND CONDITIONAL

*If I **became** fat, I would go on a diet.*
Se diventassi grasso, farei una dieta.

■ THIRD CONDITIONAL

*If I **had become** fat, I would have gone on a diet.*
Se fossi diventato grasso, avrei fatto una dieta.

BEGIN (bɪˈgɪn) **began** (bɪˈgæn) **begun** (bɪˈgʌn)

cominciare, incominciare, iniziare

■ SIMPLE PRESENT

I begin, you begin, we begin, they begin, he begins, she begins, it begins

*The meeting always **begins** at 6 p.m.*
La riunione inizia sempre alle 6.00 del pomeriggio.

■ PRESENT CONTINUOUS

I am beginning, you are beginning, we are beginning, they are beginning, he (she, it) is beginning

*The students **are beginning** to understand the course.*
Gli studenti stanno cominciando a capire il corso.

■ SIMPLE PAST

I began, you began, we began, they began, he (she, it) began

*She **began** as an actress but finished up in politics.*
Iniziò come attrice per poi finire in politica.

■ PAST CONTINUOUS

I was beginning, you were beginning, we were beginning, they were beginning, he (she, it) was beginning

*Your father and I **were beginning** to get worried! Where have you been?*
Tuo padre e io cominciavamo a preoccuparci. Dove sei stata?

■ PRESENT PERFECT

I have begun, you have begun, we have begun, they have begun, he (she, it) has begun

*I **have begun** to doubt his word.*
Ho cominciato a dubitare della sua parola.

■ PAST PERFECT

*Although the patient **had begun** to weaken the doctors didn't give up hope.*
Anche se il paziente aveva iniziato a indebolirsi i dottori non smisero di sperare.

■ FUTURE (WILL)

*I **will begin** to study medicine next month.*
Inizierò a studiare medicina il mese prossimo.

■ FUTURE (GOING TO)

*It is **going to begin** to rain soon.*
Presto comincerà a piovere.

*He **used to begin** work early in the morning.*
Una volta cominciava il lavoro presto la mattina.

*He **is used to beginning** work early in the morning.*
È abituato a iniziare il lavoro presto la mattina.

■ FIRST CONDITIONAL

*If he **begins** now, he will finish by this evening.*
Se comincerà adesso, finirà entro questa sera.

■ SECOND CONDITIONAL

*If he **began** now, he would finish by this evening.*
Se cominciasse adesso, finirebbe entro questa sera.

■ THIRD CONDITIONAL

*If he **had begun** now, he would have finished by this evening.*
Se avesse cominciato adesso, avrebbe finito entro questa sera.

PHRASAL VERBS

◆ **begin by** **iniziare**
*She **began by** screaming then started smashing the furniture.*
Iniziò a urlare e poi cominciò a spaccare i mobili.

◆ **begin with** **iniziare**
*Let's **begin with** the first lesson and go on from there.*
Iniziamo dalla prima lezione e poi proseguiamo.

Nota. Sia **begin by** sia **begin with** sono usati nel senso di iniziare a fare una cosa per poi passare a un'altra.

BEND (bend) **bent** (bent) **bent** (bent)

1 curvare, curvarsi; piegare, piegarsi; chinare, chinarsi **2** volgere; dirigere

■ SIMPLE PRESENT

I bend, you bend, we bend, they bend, he bends, she bends, it bends

That mountain road ***bends*** *first left then right.*
Quella strada di montagna curva prima a sinistra e poi a destra.

■ PRESENT CONTINUOUS

I am bending, you are bending, we are bending, they are bending, he (she, it) is bending

The trees ***are bending*** *under the weight of the fruit.*
Gli alberi si stanno piegando sotto il peso dei frutti.

■ SIMPLE PAST

I bent, you bent, we bent, they bent, he (she, it) bent

The trade union ***bent*** *to the company's requests.*
Il sindacato ha ceduto alle richieste della società.

■ PAST CONTINUOUS

I was bending, you were bending, we were bending, they were bending, he (she, it) was bending

The workman ***was bending*** *over the machine when it exploded.*
L'operaio si stava chinando sulla macchina quando è esplosa.

■ PRESENT PERFECT

I have bent, you have bent, we have bent, they have bent, he (she, it) has bent

He ***has bent*** *over backwards for you.*
Ha fatto tutto il possibile per te.

■ PAST PERFECT

Finally he ***had bent*** *her to his will.*
Alla fine l'aveva sottomessa alla sua volontà.

■ FUTURE (WILL)

I ***won't bend*** *neither to blackmail nor to pressure!*
Non cederò né al ricatto né alle pressioni!

■ FUTURE (GOING TO)

The metal ***is going to bend*** *under the strain.*
Il metallo sta per piegarsi sotto lo sforzo.

■ USED TO ≠ TO BE USED TO + -ING

*Our teacher **used to bend** over backwards to help us.*
La nostra insegnante si faceva in quattro per aiutarci.

*Cotton pickers **are used to bending** their backs under the hot sun.*
I raccoglitori di cotone sono abituati a curvare la schiena sotto il solleone.

■ FIRST CONDITIONAL

*If you **bend** that piece of wood, it will break.*
Se pieghi quel pezzo di legno, si romperà.

■ SECOND CONDITIONAL

*If you **bent** that piece of wood, it would break.*
Se tu piegassi quel pezzo di legno, si romperebbe.

■ THIRD CONDITIONAL

*If you **had bent** that piece of wood, it would have broken.*
Se tu avessi piegato quel pezzo di legno, si sarebbe rotto.

PHRASAL VERBS

- **bend down** — **curvarsi, chinarsi**
  *They **bent down** to look at the baby.*
  Si chinarono a guardare il neonato.

- **bend over** — **abbassarsi, piegarsi**
  *He had to **bend over** to get through the door.*
  Dovette abbassarsi per passare dalla porta.

BIND (baɪnd) **bound** (baʊnd) **bound** (baʊnd)

1 legare; fasciare; bendare **2** rilegare **3** obbligare, vincolare

■ SIMPLE PRESENT

I bind, you bind, we bind, they bind, he binds, she binds, it binds

*Commerce **binds** countries together.*
Il commercio unisce tra loro le nazioni.

■ PRESENT CONTINUOUS

I am binding, you are binding, we are binding, they are binding, he (she, it) is binding

*They **are binding** his legs so he can't escape.*
Gli stanno legando le gambe così non potrà fuggire.

■ SIMPLE PAST

I bound, you bound, we bound, they bound, he (she, it) bound

*A close friendship **bound** us together.*
Ci ha legato una profonda amicizia.

■ PAST CONTINUOUS

I was binding, you were binding, we were binding, they were binding, he (she, it) was binding

*He **was binding** the book when the customer came in.*
Stava rilegando il libro, quando entrò il cliente.

■ PRESENT PERFECT

I have bound, you have bound, we have bound, they have bound, he (she, it) has bound

*The glue **has bound** the two objects together.*
La colla ha attaccato insieme i due oggetti.

■ PAST PERFECT

*The nurse **had bound** up the wound yet it continued to bleed.*
L'infermiera aveva bendato la ferita, eppure essa continuava a sanguinare.

■ FUTURE (WILL)

***Will** we **bind** this agreement with a written contract?*
Sanciremo questo accordo con un contratto scritto?

■ FUTURE (GOING TO)

*The doctor **is going to bind** up your wound then give you some antibiotics.*
Il medico ti fascerà la ferita poi ti darà degli antibiotici.

■ USED TO ≠ TO BE USED TO + -ING

*Books **used to be bound** only in leather a long time ago.*
Parecchio tempo fa i libri venivano rilegati soltanto in pelle.

*In this workshop we **are used to binding** books in any material.*
In questo laboratorio siamo soliti rilegare i libri con qualsiasi materiale.

■ FIRST CONDITIONAL

*If he **is bound** by his word, he will not break any commitment made.*
Se darà la sua parola, non verrà meno agli impegni presi.

■ SECOND CONDITIONAL

*If he **were bound** by his word, he would not break any commitment made.*
Se desse la sua parola, non verrebbe meno agli impegni presi.

■ THIRD CONDITIONAL

*If he **had been bound** by his word, he would not have broken any commitment made.*
Se avesse dato la sua parola, non sarebbe venuto megno agli impegni presi.

PHRASAL VERBS

◆ **bind over** — **obbligare, vincolare, impegnare**
*The judge **bound over** the convicted man for six months.*
Il giudice minacciò il colpevole di sanzioni penali per sei mesi.

◆ **bind up** — **fasciare, bendare**
*The wound **was bound up** to prevent bleeding.*
La ferita venne fasciata per evitare che sanguinasse.

◆ **bind up with** — **essere connesso**
*Your problem **is bound up with** mine.*
Il tuo problema è connesso al mio.

BITE (baɪt) **bit** (bɪt) **bitten** (ˈbɪtn)

1 mordere, morsicare; addentare **2** abboccare **3** fare presa **4** corrodere

■ SIMPLE PRESENT

I bite, you bite, we bite, they bite, he bite<u>s</u>, she bite<u>s</u>, it bite<u>s</u>

*At least once a week that dog **bites** somebody.*
Almeno una volta alla settimana quel cane morde qualcuno.

■ PRESENT CONTINUOUS

I am biting, you are biting, we are biting, they are biting, he (she, it) is biting

*He **is biting** his nails, which is a sure sign of nervousness.*
Si mangia le unghie, il che è un chiaro segno di nervosismo.

■ SIMPLE PAST

I bit, you bit, we bit, they bit, he (she, it) bit

*Another soldier **bit** the dust last night.*
Un altro soldato è morto ieri sera.

■ PAST CONTINUOUS

I was biting, you were biting, we were biting, they were biting, he (she, it) was biting

*The fish **were biting** all evening.*
I pesci abboccavano tutta la sera.

■ PRESENT PERFECT

I have bitten, you have bitten, we have bitten, they have bitten, he (she, it) has bitten

*You **have bitten** off more then you can chew.*
Hai fatto il passo più lungo della gamba.

■ PAST PERFECT

*The lion **had bitten** deeply into the meat.*
Il leone aveva addentato la carne fino in fondo.

■ FUTURE (WILL)

*His pet tiger **will bite** you.*
Il suo tigrotto ti morderà.

■ FUTURE (GOING TO)

*He **is going to bite** into that peach.*
Sta per addentare quella pesca.

■ USED TO ≠ TO BE USED TO + -ING

*He **used to be bitten** with enthusiasm but now he's apathetic.*
Una volta era pieno d'entusiasmo, ma adesso è apatico.

*Like many postmen he **is used to being bitten** by dogs.*
Come molti postini, è abituato a essere morsicato dai cani.

■ FIRST CONDITIONAL

*If your pet piranhas **bite** you, I will not be surprised.*
Se i tuoi piraña ti morsicheranno, non sarò sorpreso.

■ SECOND CONDITIONAL

*If your pet piranhas **bit** you, I would not be surprised.*
Se i tuoi piraña ti morsicassero, non sarei sorpreso.

■ THIRD CONDITIONAL

*If your pet piranhas **had bitten** you, I would not have been surprised.*
Se i tuoi piraña ti avessero morsicato, non sarei stato sorpreso.

PHRASAL VERBS

- **bite back** — **trattenere, trattenersi**
  *I **bit back** my anger and disappointment at the news.*
  Trattenni la mia rabbia e il mio disappunto per quelle notizie.

- **bite into** — **addentare**
  *The young girl **bit into** the cake.*
  La ragazzina addentò la torta.

- **bite off** — **staccare/portare via con un morso**
  *The shark **bit off** his leg.*
  Lo squalo gli staccò la gamba con un morso.

BLOW (bləʊ) **blew** (bluː) **blown** (bləʊn)

1 soffiare; soffiarsi (il naso) **2** suonare (strumento a fiato) **3** scoppiare (di pneumatico) **4** saltare (di valvole)

■ SIMPLE PRESENT

I blow, you blow, we blow, they blow, he blow<u>s</u>, she blow<u>s</u>, it blow<u>s</u>

*The wind **blows** down cold from the mountains.*
Il vento soffia freddo dalle montagne.

■ PRESENT CONTINUOUS

I am blowing, you are blowing, we are blowing, they are blowing, he (she, it) is blowing

*He **is blowing** his trumpet as usual.*
Si sta vantando come al solito.

■ SIMPLE PAST

I blew, you blew, we blew, they blew, he (she, it) blew

*The bomb **blew** up the bank and all those in it.*
La bomba fece saltare in aria la banca e quanti vi erano dentro.

■ PAST CONTINUOUS

I was blowing, you were blowing, we were blowing, they were blowing, he (she, it) was blowing

*He **was blowing** into the tube whilst the glass cooled.*
Stava soffiando nel tubo mentre il vetro si raffreddava.

■ PRESENT PERFECT

I have blown, you have blown, we have blown, they have blown, he (she, it) has blown

*You **have blown** every possibility of success with that project.*
Hai sciupato ogni possibilità di successo con quel progetto.

■ PAST PERFECT

*Even though the gale **had blown** off the roof nobody was hurt.*
Anche se la tempesta aveva fatto volar via il tetto, nessuno rimase ferito.

■ FUTURE (WILL)

*The factory siren **will blow** at noon.*
La sirena della fabbrica suonerà a mezzogiorno.

■ FUTURE (GOING TO)

*That valve **is going to blow** up.*
Quella valvola salverà.

■ USED TO $\neq$ TO BE USED TO + -ING

*He **used to blow** up in anger over nothing but now he has learnt to control himself.*
Si infuriava per niente, ma adesso ha imparato a controllarsi.

*He **is used to** parental rows **blowing** up over nothing.*
È abituato alle litigate dei suoi genitori che scoppiano per niente.

■ FIRST CONDITIONAL

*If a heavy wind **blows**, the waves will beat against the cliff.*
Se soffierà un vento forte, le onde si infrangeranno sulla scogliera.

■ SECOND CONDITIONAL

*If a heavy wind **blew**, the waves would beat against the cliff.*
Se soffiasse un vento forte, le onde si infrangerebbero sulla scogliera.

THIRD CONDITIONAL

*If a heavy wind **had blown**, the waves would have beaten against the cliff.*
Se avesse soffiato un vento forte, le onde si sarebbero infrante contro la scogliera.

PHRASAL VERBS

◆ **blow about/around** — **volare via**
*The dust **blew about** everywhere.*
La polvere volava dappertutto.

◆ **blow away (1)** — **far volar via, soffiare via**
*The wind **blew away** the tree.*
Il vento fece volar via l'arbusto.

◆ **blow away (2)** — **uccidere**
*The gangsters **blew away** the bank manager.*
I gangster fecero fuori il direttore della banca.

◆ **blow into (1)** — **gonfiare**
*The child **blew into** the balloon.*
Il bambino gonfiò il pallone.

◆ **blow into (2)** — **arrivare inaspettatamente**
*The film star **blew into** town.*
La star del cinema apparve all'improvviso in città.

◆ **blow up** — **far esplodere, far saltare in aria**
*The bomb **blew up** the house.*
La bomba fece saltare in aria la casa.

BREAK (breɪk) **broke** (brəʊk) **broken** (ˈbrəʊkən)

1 rompere, rompersi; spezzare, spezzarsi **2** interrompere **3** venire meno **4** risolvere; decifrare **5** domare, addomesticare **6** far fallire, rovinare **7** avere un collasso, crollare **8** spuntare, sorgere

■ SIMPLE PRESENT

I break, you break, we break, they break, he breaks, she breaks, it breaks

*Every time he washes the dishes he **breaks** something.*

Ogni volta che lava i piatti rompe qualcosa.

■ PRESENT CONTINUOUS

I am breaking, you are breaking, we are breaking, they are breaking, he (she, it) is breaking

*He **is breaking** the record for the 10,000 metres.*

Sta battendo il primato dei 10.000 metri.

■ SIMPLE PAST

I broke, you broke, we broke, they broke, he (she, it) broke

*The prisoner **broke** under interrogation.*

Il prigioniero crollò sotto interrogatorio.

■ PAST CONTINUOUS

I was breaking, you are breaking, we were breaking, they were breaking, he (she, it) was breaking

*He **was breaking** in the horse using very harsh methods.*

Stava domando il cavallo usando metodi molto severi.

■ PRESENT PERFECT

I have broken, you have broken, we have broken, they have broken, he (she, it) has broken

*At last dawn **has broken**.*

Finalmente è spuntata l'alba.

■ PAST PERFECT

*She **had broken** her promise again.*

Era venuto meno di nuovo alla sua promessa.

■ FUTURE (WILL)

*I hope you **will** not **break** your word.*

Spero che non verrai meno alla tua parola.

■ FUTURE (GOING TO)

*Maybe the weather **is going to break** soon.*

Forse presto il cielo si aprirà.

*He **used to break** codes for the government's intelligence services but now he has retired.*
Una volta decifrava i codici per i servizi segreti, ma adesso è andato in pensione.

*Mechanics **are used** to cars **breaking** down.*
I meccanici sono abituati al fatto che le auto si guastano.

■ FIRST CONDITIONAL

*If the computer **breaks** down, will you phone me?*
Se il computer si romperà, mi telefonerete?

■ SECOND CONDITIONAL

*If the computer **broke** down, would you phone me?*
Se il computer si rompesse, mi telefonereste?

■ THIRD CONDITIONAL

*If the computer **had broken** down, would you have phoned me?*
Se il computer si fosse rotto, mi avreste telefonato?

PHRASAL VERBS

- **break away from (1)** **rendersi indipendente**
  *She finally **broke away from** her family.*
  Finalmente si è resa indipendente dalla sua famiglia.

- **break away from (2)** **liberarsi, svincolarsi**
  *He **broke away from** his assailants and escaped.*
  Si liberò dai suoi aggressori e scappò via.

- **break away from (3)** **staccarsi**
  *The rocks **broke away from** the cliff and fell into the sea.*
  I massi si staccarono dalla scogliera e caddero in mare.

- **break down (1)** **interrompere improvvisamente**
  *The negotiations **have broken down**.*
  I negoziati sono stati interrotti bruscamente.

- **break down (2)** **avere un guasto, rompersi**
  *The car **broke down** yesterday.*
  La macchina si è guastata ieri.

- **break down (3)** **avere un crollo, scoppiare in lacrime**
  *He **broke down** and cried after his wife's funeral.*
  Dopo il funerale di sua moglie, ebbe un crollo e pianse.

◆ **break down (4)** **abbattere, sfondare**
*The police **broke down** the door.*
La polizia sfondò la porta.

◆ **break down (5)** **frammentare, scomporre**
*Scientists **broke down** the atom.*
Gli scienziati hanno scomposto l'atomo.

◆ **break in (1)** **interrompere, intromettersi**
*Don't **break in** while I am speaking!*
Non interrompermi mentre parlo!

◆ **break in (2)** **addomesticare, domare**
*He **broke** the horses **in**.*
Domò i cavalli.

◆ **break into (1)** **scassinare, irrompere**
*The thief **broke into** the safe.*
Il ladro scassinò la cassaforte.

◆ **break into (2)** **scoppiare, prorompere**
*The audience **broke into** applause.*
Il pubblico scoppiò in un applauso.

◆ **break into (3)** **interrompere**
*The spectators repeatedly **broke into** his speech by whistling.*
I presenti interrompevano continuamente il suo discorso con dei fischi.

◆ **break into (4)** **affermarsi, farsi un nome**
*Our company will soon **break into** the video market.*
La nostra società si farà un nome nel mercato dei video.

◆ **break into (5)** **intaccare (denaro, scorte)**
*He **broke into** his savings and bought a car.*
Intaccò i suoi risparmi e si comperò una macchina.

◆ **break off (1)** **staccare**
*Peter **broke off** a branch from the tree.*
Pietro staccò un ramo dall'albero.

◆ **break off (2)** **interrompersi, tacere**
*The president **broke off** speaking to drink some water.*
Il presidente si interruppe per bere un po' di acqua.

◆ **break off (3)** **interrompere/rompere (un rapporto)**
*She **broke off** all communications with her parents.*
Ha rotto ogni rapporto con i suoi genitori.

- **break out (1)** **scoppiare**
  The First World War ***broke out*** *in 1914.*
  La prima guerra mondiale scoppiò nel 1914.

- **break out (2)** **iniziare un'azione improvvisamente**
  His voice ***broke out*** *in the silence.*
  All'improvviso la sua voce interruppe il silenzio.

- **break out (3)** **scappare, fuggire, evadere**
  The convicts ***broke out*** *of the prison.*
  I detenuti evasero di prigione.

- **break out (4)** **interrompere/cambiare (abitudine)**
  They ***broke out*** *of their usual habits and went on holiday.*
  Cambiato le loro solite abitudini e andarono in vacanza.

- **break through** **superare un ostacolo, aprirsi un varco**
  The sun ***broke through*** *the clouds.*
  Il sole si aprì un varco tra le nuvole.

- **break up (1)** **sfasciare, sfasciarsi**
  The two cars ***broke up*** *on impact.*
  Le due automobili si sfasciarono nell'urto.

- **break up (2)** **sciogliere, sciogliersi**
  The political party ***broke up*** *into different factions.*
  Il partito politico si sciolse in diverse correnti.

- **break up (3)** **troncare, fallire (di un rapporto)**
  Their marriage ***broke up*** *and they divorced.*
  Il loro matrimonio fallì e divorziarono.

- **break up (4)** **finire**
  The party ***was breaking up*** *when the police arrived.*
  La festa stava finendo quando arrivò la polizia.

- **break up (5)** **interrompere**
  Something interesting always ***breaks up*** *my day.*
  Qualcosa di interessante interrompe sempre la mia giornata.

- **break with (1)** **rompere un rapporto**
  Hitler ***broke with*** *Stalin and attacked Russia.*
  Hitler ruppe ogni rapporto con Stalin e attaccò la Russia.

- **break with (2)** **rompere (di una tradizione)**
  With his sentence the judge ***broke with*** *tradition.*
  Con la sua sentenza il giudice ruppe una tradizione.

BRING (brɪŋ) **brought** (brɔːt) **brought** (brɔːt)

1 portare; condurre; recare, procurare **2** indurre, persuadere **3** promuovere, intentare (una causa)

■ SIMPLE PRESENT

I bring, you bring, we bring, they bring, he brings, she brings, it brings

*My husband **brings** me a cup of tea in bed every morning.*
Mio marito mi porta una tazza di tè a letto ogni mattina.

■ PRESENT CONTINUOUS

I am bringing, you are bringing, we are bringing, they are bringing, he (she, it) is bringing

*Your sad story **is bringing** tears to my eyes.*
Il tuo triste racconto mi sta facendo venire le lacrime agli occhi.

■ SIMPLE PAST

I brought, you brought, we brought, they brought, he (she, it) brought

*Your obstinacy **brought** about a series of huge problems.*
La tua ostinazione ha causato una serie di enormi problemi.

■ PAST CONTINUOUS

I was bringing, you were bringing, we were bringing, they were bringing, he (she, it) was bringing

*I **was bringing** the car back home from the garage when I had another accident.*
Stavo riportando l'auto a casa dall'autorimessa quando ho avuto un altro incidente.

■ PRESENT PERFECT

I have brought, you have brought, we have brought, they have brought, he (she, it) has brought

*The government **has brought** in a new housing law.*
Il governo ha introdotto una nuova legge sugli immobili.

■ PAST PERFECT

*Spring **had brought** flowers and sunshine with it.*
Laprimavera aveva portato con sé i fiori e il sole.

■ FUTURE (WILL)

*He **will** inevitably **bring** the conversation round to politics.*
Sicuramente porterà il discorso sulla politica.

■ FUTURE (GOING TO)

*Next Saturday I **am going to bring** a cake over for us to eat.*
Sabato sera porterò una torta per noi.

■ USED TO ≠ TO BE USED TO + -ING

*I **used to bring** up dogs but all the new laws dissuaded me.*
Una volta allevavo cani, ma tutte queste nuove leggi mi hanno dissuaso.

*We **are used to bringing** up children.*
Siamo abituati ad allevare i bambini.

■ FIRST CONDITIONAL

*If you **bring** him into the committee, he will annoy a lot of people.*
Se lo introdurrai nel comitato, darà noia a parecchie persone.

■ SECOND CONDITIONAL

*If you **brought** him into the committee, he would annoy a lot of people.*
Se tu lo introducessi nel comitato, darebbe noia a parecchie persone.

■ THIRD CONDITIONAL

*If you **had brought** him into the committee, he would have annoyed a lot of people.*
Se tu lo avessi introdotto nel comitato, avrebbe dato noia a parecchie persone.

PHRASAL VERBS

- **bring about** — **causare, determinare**
  *What **brought about** the accident?*
  Che cosa causò l'incidente?

- **bring along** — **portare/condurre con sé**
  ***Bring along** some money with you.*
  Portatevi dei soldi.

- **bring back (1)** — **riportare, restituire**
  *Will he **bring back** the book?*
  Restituirà il libro?

- **bring back (2)** — **far ricordare, riportare alla mente**
  *That film **brings back** happy memories.*
  Quel film riporta alla mente ricordi felici.

- **bring back (3)** — **reintrodurre**
  *The government wants to **bring back** capital punishment.*
  Il governo vuole reintrodurre la pena di morte.

- **bring down (1)** — **far cadere**
  *Unpopular taxes **brought down** the government.*
  Imposte impopolari fecero cadere il governo.

- **bring down (2)** **ridurre**
  *What will **bring down** the car accident rate?*
  Che cosa ridurrà il tasso di incidenti automobilistici?

- **bring down (3)** **abbattere**
  *Anti-aircraft fire **brought down** the enemy aeroplane.*
  Il fuoco contraereo abbatté l'aereoplano nemico.

- **bring down (4)** **deprimere, intristire**
  *She always **brings** me **down**.*
  Mi intristisce sempre.

- **bring forth** **produrre**
  *Your plan **has** not **brought forth** any fruits.*
  Il tuo piano non ha prodotto alcun frutto.

- **bring forward (1)** **anticipare**
  *The meeting **has been brought forward**.*
  Il meeting è stato anticipato.

- **bring forward (2)** **avanzare, proporre**
  *Jack **brought forward** an interesting idea yesterday.*
  Ieri Giacomo propose un'idea interessante.

- **bring in (1)** **introdurre**
  *Who **brought in** rock'n'roll?*
  Chi introdusse il rock'n'roll?

- **bring in (2)** **ammettere**
  *The club **has brought in** a new member.*
  Il club ha ammesso un nuovo membro.

- **bring in (3)** **far guadagnare**
  *The autumn sales **brought in** a lot of money.*
  Le svendite autunnali fecero guadagnare un sacco di soldi.

- **bring in (4)** **emettere (un verdetto)**
  *The jury **brought in** a guilty verdict.*
  La giuria ha emesso un verdetto di condanna.

- **bring off** **portare a buon fine**
  *The police **brought off** the capture of an important criminal.*
  La polizia portò a buon fine la cattura di un importante criminale.

- **bring on (1)** **procurare/causare (una malattia)**
  *The freezing weather **has brought on** a lot of illnesses.*
  Il tempo gelido ha causato molte malattie.

- **bring out (1)** **mettere sul mercato**
  When will they ***bring out*** *the product?*
  Quando metteranno il prodotto sul mercato?

- **bring out (2)** **tirare fuori**
  She ***brought out*** *her documents from her jacket.*
  Tirò fuori i suoi documenti dalla sua tasca.

- **bring out (3)** **far venir fuori**
  Milk ***brings*** *me* ***out*** *in spots.*
  Il latte mi fa venire i foruncoli.

- **bring over (1)** **portare con sé**
  Can you ***bring over*** *the cheques when you come to the bank?*
  Puoi portare con te gli assegni quando vieni in banca?

- **bring over (2)** **convincere, portare a condividere**
  I'll ***bring*** *him* ***over*** *to my opinion.*
  Lo porterò a condividere la mia opinione.

- **bring round (1)** **convicere, conquistare**
  Did you ***bring*** *him* ***round*** *to our position?*
  Lo avete convinto a darci ragione?

- **bring round (2)** **dirottare**
  She ***brought round*** *the discussion to her viewpoint.*
  Portò la discussione sul suo punto di vista.

- **bring to** **far tornare in sé, far rinvenire**
  The injection ***brought*** *the patient* ***to.***
  L'iniezione fece rinvenire il paziente.

- **bring up (1)** **allevare**
  He ***brought up*** *his son with love and affection.*
  Allevò suo figlio con amore e tenerezza.

- **bring up (2)** **sollevare**
  Don't ***bring up*** *irrelevant questions.*
  Non sollevare questioni irrilevanti.

- **bring up (3)** **vomitare, rigurgitare**
  The baby ***brought up*** *its milk.*
  Il neonato vomitò il latte.

BUILD (bɪld) **built** (bɪlt) **built** (bɪlt)

1 costruire; fabbricare **2** basare, fondare

■ SIMPLE PRESENT

I build, you build, we build, they build, he build<u>s</u>, she build<u>s</u>, it build<u>s</u>

*That company **builds** houses, factories, shops etc.*
Quella ditta costruisce case, fabbriche, negozi ecc.

■ PRESENT CONTINUOUS

I am building, you are building, we are building, they are building, he (she, it) is building

*They **are** currently **building** on the new site in the town.*
Attualmente stanno costruendo sull'area edificabile urbana.

■ SIMPLE PAST

I built, you built, we built, they built, he (she, it) built

*Al Capone **built** up a huge criminal empire based on corruption and violence.*
Al Capone fondò un enorme impero criminale basato sulla corruzione e la violenza.

■ PAST CONTINUOUS

I was building, you were building, we were building, they were building, he (she, it) was building

*They **were building** him up as the star of all time when he was killed in a car crash.*
Ne stavano facendo il divo di tutti i tempi quando rimase ucciso in un incidente stradale.

■ PRESENT PERFECT

I have built, you have built, we have built, they have built, he (she, it) has built

*He **has built** a new secret device into the machine.*
Ha incorporato nella macchina un nuovo congegno segreto.

■ PAST PERFECT

*He **had** the skyscraper **built** by a famous architect.*
Ha fatto progettare il grattacielo da un famoso architetto.

■ FUTURE (WILL)

*You **won't build** there, will you? I mean, on the beach!!!*
Non costruirete là, vero? Voglio dire, sulla spiaggia!!!

■ FUTURE (GOING TO)

*I **am going to build** you up into a man!*
Ti farò diventare un vero uomo!

■ USED TO ≠ TO BE USED TO + -ING

*He **used to build** houses but not anymore.*
Costruiva case, ma adesso non lo fa più.

*He **is used to building** houses for the government.*
È solito costruire case per il governo.

■ FIRST CONDITIONAL

*If tension **builds** up, what will we do?*
Se la tensione aumenterà, che cosa faremo?

■ SECOND CONDITIONAL

*If tension **built** up, what would we do?*
Se la tensione aumentasse, che cosa faremmo?

■ THIRD CONDITIONAL

*If tension **had built** up, what would we have done?*
Se la tensione fosse aumentata, che cosa avremmo fatto?

PHRASAL VERBS

- **build into (1)** — **incassare**
  *The cupboards will **be built into** the wall.*
  Gli armadi verranno incassati nella parete.

- **build into (2)** — **incorporare**
  *The latest safety devices **were built into** the structure.*
  I più moderni sistemi di sicurezza furono incorporati nella struttura.

- **build on/upon** — **basarsi, fondarsi**
  *Our church **is built upon** the rock of faith.*
  La nostra chiesa si basa sul baluardo della fede.

- **build up (1)** — **sviluppare, costruire**
  *He **built up** his firm from nothing.*
  Ha sviluppato la sua impresa dal nulla.

- **build up (2)** — **accrescere, aumentare**
  *His strength gradually **built up** after the operation.*
  Le sue forze aumentarono a poco a poco dopo l'operazione.

BURN (bɜːn) **burnt** (bɜːnt) **burnt** (bɜːnt)
burned **burned**

1 bruciare, incendiare; scottare, scottarsi **2** uccidere

■ SIMPLE PRESENT

I burn, you burn, we burn, they burn, he burns, she burns, it burns

*Our car **burns** up a lot of petrol.*
Lo nostra auto consuma molta benzina.

■ PRESENT CONTINUOUS

I am burning, you are burning, we are burning, they are burning, he (she, it) is burning

*Your house **is burning** down.*
L'incendio sta distruggendo la vostra casa.

■ SIMPLE PAST

I burnt, you burnt, we burnt, they burnt, he (she, it) burnt

*He **burnt (burned)** his hand in the flames.*
Si ustionò le mani tra le fiamme.

■ PAST CONTINUOUS

I was burning, you were burning, we were burning, they were burning, he (she, it) was burning

*The crops **were burning** all day.*
I raccolti stavano bruciando da giorni.

■ PRESENT PERFECT

I have burnt, you have burnt, we have burnt, they have burnt, he (she, it) has burnt

*The cigarette **has burnt (burned)** the surface of the table.*
La sigaretta ha bruciato il piano del tavolo.

■ PAST PERFECT

*First she **had burnt (burned)** the meat then the potatoes too.*
Prima aveva bruciato la carne e poi pure le patate.

■ FUTURE (WILL)

*She **will burn** with rage at the news.*
Scoppierà di rabbia a quella notizia.

■ FUTURE (GOING TO)

*That machine **is going to burn** out its engine.*
Quella macchina fonderà il motore.

■ USED TO ≠ TO BE USED TO + -ING

*They **used to burn** their rubbish in the incinerator but not now.*
Una volta bruciavano i rifiuti nell'inceneritore, ma ora no.

*We **are used to burning** logs in our fireplace.*
Di solito bruciamo ceppi nel caminetto.

■ FIRST CONDITIONAL

*If he **burns** himself, I will not be surprised.*
Se si scotterà, non sarò sorpresa.

■ SECOND CONDITIONAL

*If he **burnt** (**burned**) himself, I would not be surprised.*
Se si scottasse, non sarei sorpresa.

■ THIRD CONDITIONAL

*If he **had burnt** (**burned**) himself, I would not have been surprised.*
Se si fosse scottato, non sarei stata sorpresa.

PHRASAL VERBS

- **burn away** — **consumarsi (bruciando)**
  *The candle slowly **burnt away**.*
  La candela si consumò lentamente.

- **burn down** — **distruggere (con il fuoco)**
  *The building **was burnt down** in the fire.*
  Il palazzo fu distrutto nell'incendio.

- **burn off** — **distruggere/sciogliere (con il fuoco)**
  *The fire **burnt off** the paint from the wood.*
  Il fuoco sciolse la vernice dal legno.

- **burn out** — **estinguersi, consumarsi**
  *The fire **has burnt out**.*
  L'incendio si è estinto.

- **burn up** — **consumare**
  *That engine **burns up** a lot of fuel.*
  Quel motore consuma molto.

BURST (bɜːst) **burst** (bɜːst) **burst** (bɜːst)

1 far scoppiare, scoppiare; far esplodere, esplodere **2** sfondare **3** sbocciare (di germogli)

■ SIMPLE PRESENT

I burst, you burst, we burst, they burst, he bursts, she bursts, it bursts

That pipe regularly ***bursts*** *open.*
Quel tubo si rompe regolarmente.

■ PRESENT CONTINUOUS

I am bursting, you are bursting, we are bursting, they are bursting, he (she, it) is bursting

Your son ***is bursting*** *with the desire to tell you something.*
Tuo figlio sta morendo dalla voglia di dirti qualcosa.

■ SIMPLE PAST

I burst, you burst, we burst, they burst, he (she, it) burst

The police ***burst*** *open the doors to the hideout.*
La polizia sfondò le porte del nascondiglio.

■ PAST CONTINUOUS

I was bursting, you were bursting, we were bursting, they were bursting, he (she, it) was bursting

The storehouses ***were bursting*** *with grain.*
I depositi erano stracolmi di grano.

■ PRESENT PERFECT

I have burst, you have burst, we have burst, they have burst, he (she, it) has burst

The river ***has burst*** *its banks and flooded the city.*
Il fiume ha rotto gli argini e ha inondato la città.

■ PAST PERFECT

The sun ***had burst*** *through suddenly lighting up everything.*
Il sole era apparso improvvisamente illuminando ogni cosa.

■ FUTURE (WILL)

They ***will burst*** *into laughter at that joke.*
Scoppieranno a ridere a quella barzelletta.

■ FUTURE (GOING TO)

Peter ***is going to burst*** *with pride at the news.*
Pietro scoppierà di orgoglio alla notizia.

■ USED TO ≠ TO BE USED TO + -ING

*She **used to burst** into tears for nothing, but not anymore.*
Era solita scoppiare in lacrime per nulla, ma ora non più.

*We **are used to** her **bursting** into tears for nothing.*
Siamo abituati al fatto che scoppia in lacrime per nulla.

■ FIRST CONDITIONAL

*If our team **bursts** through, we will certainly win the match.*
Se la nostra squadra attaccherà, vinceremo di certo la partita.

■ SECOND CONDITIONAL

*If our team **burst** through, we would certainly win the match.*
Se la nostra squadra attaccasse, vinceremmo di certo la partita.

■ THIRD CONDITIONAL

*If our team **had burst** through, we would certainly have won the match.*
Se la nostra squadra avesse attaccato, avremmo vinto di certo la partita.

PHRASAL VERBS

- **burst in on** — **interrompere**
  *That terrible woman **burst in on** our conversation.*
  Quella donna tremenda interruppe la nostra conversazione.

- **burst into** — **scoppiare (a ridere, piangere ecc.)**
  *The girl **burst into** laughter.*
  La ragazza scoppiò a ridere.

- **burst out** — **scoppiare, mettersi**
  *Susan **burst out** shouting.*
  Susanna si mise a urlare.

BUY (baɪ) **bought** (bɔːt) **bought** (bɔːt)

1 comprare, acquistare **2** conquistare, ottenere

■ SIMPLE PRESENT

I buy, you buy, we buy, they buy, he buy<u>s</u>, she buy<u>s</u>, it buy<u>s</u>

*He **buys** when prices are low and sells when they are high.*
Compra quando i prezzi sono bassi e vende quando sono alti.

■ PRESENT CONTINUOUS

I am buying, you are buying, we are buying, they are buying, he (she, it) is buying

*He **is buying** a new house at a bargain price.*
Sta comprando una nuova casa a un prezzo conveniente.

■ SIMPLE PAST

I bought, you bought, we bought, they bought, he (she, it) bought

*They **bought** a masterpiece for nothing.*
Hanno comprato un capolavoro per niente.

■ PAST CONTINUOUS

I was buying, you were buying, we were buying, they were buying, he (she, it) was buying

*I **was buying** some bread when a fire broke out in the shop.*
Stavo comperando del pane quando nel negozio scoppiò un incendio.

■ PRESENT PERFECT

I have bought, you have bought, we have bought, they have bought, he (she, it) has bought

*They **have bought** peace at the price of freedom.*
Ha ottenuto la pace al prezzo della libertà.

■ PAST PERFECT

*He **hadn't bought** the car I thought.*
Non aveva comperato la macchina che pensavo.

■ FUTURE (WILL)

*She **won't buy** back the car, that's for sure.*
Non ricomprerà la macchina di sicuro.

■ FUTURE (GOING TO)

***Are** we **going to buy** up all their supplies?*
Acquisteremo la loro intera fornitura?

■ USED TO ≠ TO BE USED TO + -ING

*He **used to buy** on credit but now he pays everything with cash.*
Una volta comprava a credito, ma adesso paga tutto in contanti.

*Multinationals **are used to buying** out small companies.*
Le multinazionali sono solite rilevare le quote di piccole ditte.

■ FIRST CONDITIONAL

*If I **buy** the house, will you help me with the mortgage payments?*
Se comprerò la casa, mi aiuterete a pagare il mutuo?

■ SECOND CONDITIONAL

*If I **bought** the house, would you help me with the mortgage payments?*
Se comperassi la casa, mi aiutereste a pagare il mutuo?

■ THIRD CONDITIONAL

*If I **had bought** the house, would you have helped me with the mortgage payments?*
Se avessi comperato la casa, mi avreste aiutato a pagare il mutuo?

PHRASAL VERBS

- **buy back** — **ricomprare**
  *He sold then **bought back** his car the same day!*
  Ha venduto e poi ricomprato la sua macchina nello stesso giorno!

- **buy in** — **fare una scorta**
  *My mother **has bought in** a lot of food.*
  Mia madre ha fatto una notevole scorta di cibo.

- **buy into** — **comprare azioni/titoli**
  *A multinational **bought into** our company.*
  Una multinazionale ha comprato azioni della nostra compagnia.

- **buy off** — **comprare consenso/silenzio**
  *The Mafia **bought off** the witness with money.*
  La mafia comprò il silenzio del testimone.

- **buy out** — **rilevare la quota**
  *They **were bought out** by their rivals.*
  La loro quota fu rilevata dai loro rivali.

- **buy up** — **accaparrarsi, fare incetta**
  *The broker **bought up** all the shares on the market.*
  Il mediatore si accaparrò tuitte le azioni sul mercato.

CAST (kaːst) **cast** (kaːst) **cast** (kaːst)

1 gettare, lanciare, proiettare **2** fondere **3** distribuire, assegnare (le parti agli attori)

■ SIMPLE PRESENT

I cast, you cast, we cast, they cast, he casts, she casts, it casts

*Iron **casts** better than copper.*
Il ferro fonde meglio del rame.

■ PRESENT CONTINUOUS

I am casting, you are casting, we are casting, they are casting, he (she, it) is casting

*The sun **is casting** a long shadow over the field.*
Il sole sta proiettando un'ombra lunga sul campo.

■ SIMPLE PAST

I cast, you cast, we cast, they cast, he (she, it) cast

*He **cast** him in the part of Hamlet.*
Gli è stato assegnato il ruolo di Amleto.

■ PAST CONTINUOUS

I was casting, you were casting, we were casting, they were casting, he (she, it) was casting

*He **was casting** a glance over somebody else's wife.*
Stava lanciando un'occhiata alla moglie di un altro.

■ PRESENT PERFECT

I have cast, you have cast, we have cast, they have cast, he (she, it) has cast

*The ship **hasn't cast** its anchor yet .*
La nave non ha ancora gettato l'ancora.

■ PAST PERFECT

*I **had cast** him in the role of devil but he persists in playing the saint.*
Gli avevo assegnato la parte del diavolo, ma lui insiste nel fare il santo.

■ FUTURE (WILL)

*The recently discovered evidence **will cast** an interesting light at the trial.*
Le prove recentemente scoperte getteranno una nuova luce al processo.

■ FUTURE (GOING TO)

*When the news gets out she **is going to cast** you aside.*
Quando la notizia trapelerà, ti metterà in disparte.

■ USED TO ≠ TO BE USED TO + -ING

*Public opinion **used to cast** doubts over government use of taxes but now it simply doesn't believe the government at all.*
Una volta l'opinione pubblica metteva in dubbio la politica fiscale del governo, ora invece non crede affatto nel governo.

*Politicians **are used to** people **casting** doubts over their honesty.*
I politici sono abituati al fatto che la gente metta in dubbio la loro onestà.

■ FIRST CONDITIONAL

*If they **cast** you into prison, I will visit you.*
Se ti getteranno in prigione, verrò a trovarti.

■ SECOND CONDITIONAL

*If they **cast** you into prison, I would visit you.*
Se ti gettassero in prigione ti verrei a trovare.

■ THIRD CONDITIONAL

*Il they **had cast** you into prison, I would have visited you.*
Se ti avessero gettato in prigione ti sarei venuto a trovare.

PHRASAL VERBS

- **cast about/around/round** — **andare in cerca**
  *Peter **cast around** for his hat.*
  Pietro andò in cerca del suo cappello.
- **cast aside/away** — **scartare, ripudiare**
  *She was **cast aside** by her family.*
  Fu ripudiata dalla sua famiglia.
- **cast back** — **ripensare**
  ***Cast** your mind **back** to that day.*
  Ripensa a quel giorno.
- **cast down** — **abbassare**
  *Tony **cast** his eyes **down** in shame.*
  Tony abbassò gli occhi per la vergogna.
- **cast off** — **buttare via, sbarazzarsi**
  *She **cast off** her clothes and swam in the sea.*
  Si sbarazzò dei vestiti e si tuffò in mare.
- **cast up** — **rigettare**
  *A lot of rubbish **has been cast up** on the beach.*
  Un mucchio di spazzatura è stato rigettato sulla spiaggia.

CATCH (kætʃ) **caught** (kɔːt) **caught** (kɔːt)

1 afferrare; prendere; cogliere **2** sorprendere **3** attrarre l'attenzione **4** impigliarsi; aggrovigliarsi

■ SIMPLE PRESENT

I catch, you catch, we catch, they catch, he catches, she catches, it catches

*Unfortunately our baby **catches** colds very easily.*
Sfortunatamente il nostro bambino prende il raffreddore molto facilmente.

■ PRESENT CONTINUOUS

I am catching, you are catching, we are catching, they are catching, he (she, it) is catching

*Daddy **is catching** the train right now.*
Papà sta prendendo il treno proprio adesso.

■ SIMPLE PAST

I caught, you caught, we caught, they caught, he (she, it) caught

*She **caught** my attention by knocking at the window.*
Ella attirò la mia attenzione bussando alla finestra.

■ PAST CONTINUOUS

I was catching, you were catching, we were catching, they were catching, he (she, it) was catching

*Yesterday I **was catching** up on my studies when you came.*
Ieri, quando sei venuto, mi stavo mettendo a pari con lo studio.

■ PRESENT PERFECT

I have caught, you have caught, we have caught, they have caught, he (she, it) has caught

*Her house **has caught** fire and is burning down.*
La sua casa ha preso fuoco e sta bruciando.

■ PAST PERFECT

*You thought you **had caught** me napping, didn't you?*
Pensavi d'avermi sorpreso a dormire, non è vero?

■ FUTURE (WILL)

*Be careful, otherwise you'**ll catch** it!*
Stai attento, altrimenti ti prenderai una bella sgridata!

■ FUTURE (GOING TO)

*I **am going to catch** hold of him before the meeting.*
Mi metterò in contatto con lui prima della riunione.

■ USED TO ≠ TO BE USED TO + -ING

*I **used to be caught** up by the enthusiasm for this project.*
Una volta ero pieno d'entusiasmo per questo progetto.

*We **are used to** our fashion designs **catching** on immediately.*
Siamo abituati a vedere i nostri modelli diventare subito di moda.

■ FIRST CONDITIONAL

*If I **don't catch** you on Monday, will you call me?*
Se non ti troverò lunedì, mi chiamerai tu?

■ SECOND CONDITIONAL

*If I **didn't catch** you on Monday, would you call me?*
Se non ti trovassi lunedì, mi chiameresti tu?

■ THIRD CONDITIONAL

*If I **hadn't caught** you on Monday, would you have called me?*
Se non ti avessi trovato lunedì, mi avresti chiamato tu?

PHRASAL VERBS

- **catch on (1)** — **capire, afferrare**
  *He soon **caught on** to what I was really saying.*
  Ha capito subito quello che volevo dire.

- **catch on (2)** — **diventare di moda, diffondersi**
  *Her designs **are catching on**.*
  Il suo design sta diventando di moda.

- **catch out (1)** — **cogliere in fallo, flagrante**
  *Stop trying to **catch** me **out**!*
  Smettila di tentare di cogliermi in flagrante!

- **catch out (2)** — **scoprire, smascherare**
  *The politician **was caught out** by the newspaper story.*
  Il politico fu smascherato dall'articolo di giornale.

- **catch up on** — **raggiungere**
  *He finally **caught up on** his rival.*
  Alla fine raggiunse il suo rivale.

CHOOSE (tʃu:z) **chose** (tʃəʊz) **chosen** (ˈtʃəʊzn)

1 scegliere; fare una scelta **2** volere; preferire

■ SIMPLE PRESENT

I choose, you choose, we choose, they choose, he chooses, she chooses, it chooses

*She always **chooses** her clothes with care.*
Sceglie sempre i suoi abiti con cura.

■ PRESENT CONTINUOUS

I am choosing, you are choosing, we are choosing, they are choosing, he (she, it) is choosing

*He **is** still **choosing** which car to buy.*
Sta ancora scegliendo quale macchina comprare.

■ SIMPLE PAST

I chose, you chose, we chose, they chose, he (she, it) chose

*He **chose** the black motorbike instead of the white one.*
Ha scelto la moto nera anziché quella bianca.

■ PAST CONTINUOUS

I was choosing, you were choosing, we were choosing, they were choosing, he (she, it) was choosing

*They **were choosing** which road to take when the accident happened.*
Stavano scegliendo che strada prendere, quando è accaduto l'incidente.

■ PRESENT PERFECT

I have chosen, you have chosen, we have chosen, they have chosen, he (she, it) has chosen

*The ambassador **has chosen** not to come to the reception.*
L'ambasciatore ha preferito non venire al ricevimento.

■ PAST PERFECT

*He **had chosen** the correct programme only he had put it in the wrong computer.*
Aveva scelto il programma giusto, solo che lo aveva inserito nel computer sbagliato.

■ FUTURE (WILL)

*He **will choose** for himself.*
Sceglierà per se stesso.

■ FUTURE (GOING TO)

*He **is going to choose** who is the best and it is not easy.*
Dovrà scegliere chi è il migliore e non è facile.

■ USED TO ≠ TO BE USED TO + -ING

*He **used to choose** all the personnel for the company.*
Una volta sceglieva tutto il personale della società.

*He **is used to choosing** his wife's clothes.*
È solito scegliere gli abiti di sua moglie.

■ FIRST CONDITIONAL

*If I **choose** the gift, will you be happy?*
Se sceglierò io il regalo, sarai contenta?

■ SECOND CONDITIONAL

*If I **chose** the gift, would you be happy?*
Se scegliessi io il regalo, saresti contenta?

■ THIRD CONDITIONAL

*If I **had chosen** the gift, would you have been happy?*
Se avessi scelto io il regalo, saresti stata contenta?

CLING (klɪŋ) **clung** (klʌŋ) **clung** (klʌŋ)

aggrapparsi, stare aggrappato; aderire strettamente; stringersi

■ SIMPLE PRESENT

I cling, you cling, we cling, they cling, he clings, she clings, it clings

*He **clings** to people.*
Si appiccica alle persone.

■ PRESENT CONTINUOUS

I am clinging, you are clinging, we are clinging, they are clinging, he (she, it) is clinging.

*He **is clinging** to the hope that things improve.*
Sta aggrappandosi alla speranza che le cose migliorino.

■ SIMPLE PAST

I clung, you clung, we clung, they clung, he (she, it) clung

*The wet seaweed **clung** to him, dragging him down.*
Le alghe bagnate si aggrapparono a lui trascinandolo giù.

■ PAST CONTINUOUS

I was clinging, you were clinging, we were clinging, they were clinging, he (she, it) was clinging

*She **was clinging** desperately to her hopes despite all the evidence to the contrary.*
Si stava aggrappando disperatamente alla speranza, nonostante l'evidenza provasse il contrario.

■ PRESENT PERFECT

I have clung, you have clung, we have clung, they have clung, he (she, it) has clung

*That smell **has clung** to me all day.*
Quell'odore mi è rimasto addosso tutto il giorno.

■ PAST PERFECT

*During the horror film they **had clung** to each other.*
Durante il film dell'orrore si erano stretti l'uno all'altro.

■ FUTURE (WILL)

*The managing director **will** certainly **cling** to his ideas.*
Il direttore amministrativo rimarrà certamente della sua idea.

■ FUTURE (GOING TO)

*They'**re going to cling** on to their possessions, come what may.*
Resteranno aggrappati a tutte le loro proprietà, succeda quel che succeda.

■ USED TO ≠ TO BE USED TO + -ING

*He **used to cling** onto his mother but now he has attached himself to his psychiatrist instead.*
Dipendeva fortemente da sua madre, ora invece si è attaccato al suo psichiatra.

*Like all psychiatrists he'**s used to** people **clinging** emotionally to him.*
Come tutti gli psichiatri è abituato a persone che dipendono emotivamente da lui.

■ FIRST CONDITIONAL

*If they **cling** to the rocks, they will survive.*
Se rimarranno aggrappate alle rocce, sopravviveranno.

■ SECOND CONDITIONAL

*If they **clung** to the rocks, they would survive.*
Se rimanessero aggrappati alle rocce, sopravviverebbero.

■ THIRD CONDITIONAL

*If they **had clung** to the rocks, they would have survived.*
Se fossero rimasti aggrappati alle rocce, sarebbero sopravvissuti.

COME (kʌm) **came** (keɪm) **come** (kʌm)

1 venire, arrivare, giungere **2** accadere **3** derivare; provenire

■ SIMPLE PRESENT

I come, you come, we come, they come, he comes, she comes, it comes

*She **comes** regularly to our house.*
Viene regolarmente a casa nostra.

■ PRESENT CONTINUOUS

I am coming, you are coming, we are coming, they are coming, he (she, it) is coming

*I **am coming** to see you now.*
Sto venendo a trovarti adesso.

■ SIMPLE PAST

I came, you came, we came, they came, he (she, it) came

*Winter **came** early this year.*
L'inverno è arrivato presto quest'anno.

■ PAST CONTINUOUS

I was coming, you were coming, we were coming, they were coming, he (she, it) was coming

***Was** she **coming** by car?*
Stava venendo in macchina?

■ PRESENT PERFECT

I have come, you have come, we have come, they have come, he (she, it) has come

*From time to time he **has come** to the shop.*
Di tanto in tanto è venuto in negozio.

■ PAST PERFECT

*I **had come** to expect anything from her.*
Ero arrivato ad aspettarmi di tutto da lei.

■ FUTURE (WILL)

***Will** they **come** to the party?*
Verranno alla festa?

■ FUTURE (GOING TO)

*I **am** not **going to come** between husband and wife.*
Non mi metterò tra moglie e marito.

■ USED TO ≠ TO BE USED TO + -ING

*He **used to come** early to the office but nowadays is often late.*
Una volta rientrava presto dall'ufficio, mentre ora fa spesso tardi.

*He **is used to coming** home early on a Friday afternoon.*
Di solito rientra a casa presto il venerdì pomeriggio.

■ FIRST CONDITIONAL

*If he **comes** home late, will you prepare him something to eat?*
Se rientrerà tardi, gli preparerai qualcosa da mangiare?

■ SECOND CONDITIONAL

*If he **came** home late, would you prepare him something to eat?*
Se rientrasse tardi, gli prepareresti qualcosa da mangiare?

■ THIRD CONDITIONAL

*If he **had come** home late, would you have prepared him something to eat?*
Se fosse rientrato tardi, gli avresti preparato qualcosa da mangiare?

PHRASAL VERBS

- **come about** — **avvenire, accadere**
  *How did the accident **come about**?*
  Come è avvenuto l'incidente?

- **come across (1)** — **attraversare**
  *The boat **came** slowly **across** the lake.*
  La barca attraversò lentamente il lago.

- **come across (2)** — **imbattersi, incontrare (per caso)**
  *We **come across** him at the pub.*
  Lo incontrammo per caso al pub.

- **come across (3)** — **dare l'impressione**
  *He **came across** as an intelligent person.*
  Dava l'impressione di una persona intelligente.

- **come across (4)** — **essere capito**
  *Did my idea **come across** at the meeting?*
  Alla riunione la mia idea si è capita?

- **come after (1)** — **seguire**
  *The prince will **come after** the princess.*
  Il principe seguirà la principessa.

- **come after (2)** **inseguire**
  *The gangsters **came after** him.*
  I banditi lo inseguirono.

- **come along (1)** **procedere**
  *The car **came** slowly **along** the road.*
  L'automobile procedeva lentamente lungo la strada.

- **come along (2)** **venire insieme**
  ***Come along** with us to the cinema.*
  Vieni con noi al cinema.

- **come along (3)** **arrivare (per caso)**
  *A taxi **came along** as we were waiting.*
  Arrivò un taxi mentre stavamo aspettando.

- **come apart** **disintegrarsi**
  *The rocket **came apart** on takeoff.*
  Il razzo si disintegrò alla partenza.

- **come around/round (1)** **far visita**
  *Uncle Paul **came round** yesterday.*
  Lo zio Paul ci ha fatto visita ieri.

- **come around/round (2)** **far circolare**
  *A government memorandum will **come round** soon.*
  Un promemoria governativo verrà presto fatto circolare.

- **come around/round (3)** **succedere (con regolarità)**
  *Elections **come round** every four years in this country.*
  Le elezioni si tengono ogni quattro anni in questo paese.

- **come around/round (4)** **riprendere coscienza**
  *The patient **came round** this morning.*
  Il paziente ha ripreso coscienza questa mattina.

- **come at** **assalire**
  *The angry crowd **came at** me.*
  La folla arrabbiata mi assalì.

- **come away (1)** **allontanarsi, venir via**
  ***Come away** from that mess!*
  Vieni via da quella confusione!

- **come away (2)** **staccarsi**
  *The head **came away** from the body.*
  La testa si staccò dal resto del corpo.

- **come back (1)** **ritornare**
*Did she **come back** last night?*
È rientrata ieri sera?

- **come back (2)** **venire in mente**
*Your telephone number just **came back** to me.*
Il vostro numero di telefono mi è appena venuto in mente.

- **come before** **comparire (in tribunale)**
*The gangster finally **came before** a judge.*
Il bandito alla fine comparve davanti a un giudice.

- **come between** **intromettersi**
*She **came between** me and my best friend.*
Si intromise tra me e il mio migliore amico.

- **come by (1)** **far visita**
*Jack **came by** my house last night.*
Jack venne a trovarmi a casa ieri sera.

- **come by (2)** **procurarsi (per caso)**
*He has **come by** a lot of money recently.*
Recentemente si è procurato molto denaro.

- **come down (1)** **abbassarsi**
*Prices will **come down** in the summer.*
I prezzi si abbasseranno durante l'estate.

- **come down (2)** **ereditare**
*This book **has come down** to me from my great-great grandfather.*
Questo libro l'ho ereditato dal mio trisavolo.

- **come down (3)** **sentir dire**
*It **has come** to me that you have been in prison.*
Ho sentito dire che sei stato in prigione.

- **come down (4)** **cadere, precipitare**
*The plane **came down** in flames.*
L'aereo precipitò in fiamme.

- **come down (5)** **laurearsi**
*He **came down** last year.*
Si laureò l'anno scorso.

- **come down (6)** **decidere a favore di**
*The chiarman **came down** on my side.*
Il presidente decise a mio favore.

- **come down on** **rimproverare severamente**
*The social worker **came down on** the hooligan's parents.*
L'assistente sociale rimproverò severamente i genitori dell'hooligan.

- **come down to** **ridursi**
*This problem **comes down to** something very simple.*
Questo problema si riduce a un'inezia.

- **come down with** **ammalarsi, prendere (una malattia)**
*My boyfriend **has come down with** the flu.*
Il mio fidanzato ha preso l'influenza.

- **come for** **avanzare minacciosamente**
*He **came for** me with a knife in his hand.*
Avanzò minacciosamente verso di me con un coltello in mano.

- **come forth (1)** **proporre, avanzare (una proposta)**
*The Italian Government **came forth** with a proposal.*
Il governo italiano avanzò una proposta.

- **come forth (2)** **apparire all'improvviso**
*The dragon **came forth** from the flames.*
Il drago apparve improvvisamente dalle fiamme.

- **come forward with** **proporre**
*The student **came forward with** an interesting idea.*
Lo studente propose un'idea interessante.

- **come from (1)** **provenire, venire**
*She **comes from** China.*
Viene dalla Cina.

- **come from (2)** **avere origine**
*European philosophy **comes from** the Greeks.*
La filosofia occidentale ha origine dai Greci.

- **come in (1)** **arrivare a destinazione**
*The airplane **is coming in** now.*
L'aereo sta arrivando ora a destinazione.

- **come in (2)** **penetrare**
*The intense sunlinght **came in** through the holes in the wall.*
L'intensa luce del sole penetrava attraverso i buchi del muro.

- **come in (3)** **arrivare**
*Information **has** just **come in** about an explosion.*
È appena arrivata la notizia di un'espolosione.

- **come in (4)** **diventare di moda**
  *Long skirts **have come in** again.*
  Le gonne lunghe sono tornate di moda.

- **come in (5)** **entrare in vigore**
  *New regulations will **come in** by September.*
  Una nuova regolamentazione entrerà in vigore entro settembre.

- **come in (6)** **interrompere**
  *I was talking and she **came in** talking about something else!*
  Stavo parlando quando lei mi ha interrotto per parlare d'altro!

- **come in (7)** **salire (della marea)**
  *This tide **is coming in** fast.*
  L'alta marea sta salendo velocemente.

- **come in (8)** **arrivare/iniziare (delle stagioni)**
  *The winter **is coming in**.*
  Sta arrivando l'inverno.

- **come into (1)** **entrare**
  *She **came into** the room.*
  Lei entrò nella stanza.

- **come into (2)** **essere rilevante**
  *Your opinions don't **come into** this problem!*
  La vostra opinione su questo problema non è rilevante!

- **come into (3)** **ereditare**
  *John **has come into** a fortune.*
  Giovanni ha ereditato una fortuna.

- **come of** **risultare, venir fuori**
  *What will **come of** this situation?*
  Che cosa verrà fuori da questa situazione?

- **come off (1)** **scendere, lasciare**
  *He **has** just **come off** the boat.*
  È appena sceso dalla barca.

- **come off (2)** **venire via**
  *This button **has** just **come off**.*
  Questo bottone si è appena staccato.

- **come off (3)** **essere un successo**
  *The project **has come off**!*
  Il progetto è stato un successo!

- **come off (4)** **uscire, esalare**
*A horrible smell **came off** the swamps.*
Un odore tremendo usciva dalle paludi.

- **come off (5)** **smettere**
*He **has come off** heroin.*
Ha smesso di bucarsi.

- **come on (1)** **scorpire per caso**
*I **came on** the article in an old review.*
Ho scoperto l'articolo per caso su una vecchia rivista.

- **come on (2)** **mettersi in funzione**
*The lights **came on** automatically.*
Le luci si misero in funzione automaticamente.

- **come on (3)** **arrivare/avvicinarsi (delle stagioni)**
*Spring **is coming on**.*
Sta arrivando la primavera.

- **come on (4)** **fare progressi, audare avanti**
*My project **is coming on** nicely.*
Il mio progetto sta andando avanti bene.

- **come onto (1)** **entrare**
*The champion **came onto** Wimbeldon's centre court.*
Il campione entrò nel campo centrale di Wimbledon.

- **come onto (2)** **passare a discutere**
*Can we **come onto** the next problem?*
Possiamo passare a discutere il problema successivo?

- **come onto (3)** **essere messo in vendita, uscire**
*When will it **come onto** the market?*
Quando uscirà sul mercato?

- **come out (1)** **uscire**
*Finally they **came out** of the desert.*
Alla fine uscirono dal deserto.

- **come out (2)** **far visita**
*I'll **come out** to you in Italy next year.*
Ti farò visita in Italia l'anno prossimo.

- **come out (3)** **rendere pubblico, pubblicare**
*Guess what **has** just **come out** in the newspapers!*
Indovina cosa è appena stato reso pubblico dalla stampa!

- **come out (4)** **dichiararsi pubblicamente**
The sovereign ***came out*** *against vivisection.*
Il sovrano ha dichiarato pubblicamente di essere contro la vivisezione.

- **come out (5)** **dire (non intenzionalmente)**
Sorry, I didn't mean to ***come out*** *like that.*
Mi spiace, non intendevo dire quella cosa.

- **come out in** **comparire (all'improvviso)**
She ***came out in*** *a horrible rash.*
Le è comparsa una terribile irritazione cutanea.

- **come out with** **dire/esclamare (impovvisamente)**
She ***came out with*** *the truth, which shocked everybody.*
Se ne uscì con la verità scioccando tutti.

- **come over (1)** **spostarsi**
She silently ***came over*** *to him.*
Si spostò piano piano verso di lui.

- **come over (2)** **provare, sentire**
A strange sensation ***came over*** *me.*
Ho provato una strana sensazione.

- **come over (3)** **dare l'impressione, sembrare**
She ***comes over*** *as being stupid.*
Dà l'impressione di essere stupida.

- **come through (1)** **passare, oltrepassare**
The train ***came through*** *five minutes ago.*
Il treno è passato cinque minuti fa.

- **come through (2)** **riuscire, ottenere (un risultato)**
Finally the scientist ***came through*** *with the results.*
Alla fine lo scienziato ottenne i risultati sperati.

- **come through (3)** **resistere**
The house ***came through*** *the storm undamaged.*
La casa ha resistito senza danni al nubifragio.

- **come to (1)** **riprendere coscienza**
The patient ***has come to****.*
Il paziente ha ripreso conoscenza.

- **come to (2)** **ammontare a**
The bill ***comes to*** *$ 2,000,000.*
La spesa ammonta a 2.000.000 di dollari.

- **come under** **finire sotto, essere trattato**
*That book will **come under** a special category.*
Quel libro finirà sotto una voce particolare.

- **come up (1)** **avvicinarsi**
*The stranger **came up** to me.*
Lo sconosciuto mi si avvicinò.

- **come up (2)** **far visita**
*I'll **come up** and see you on Saturday.*
Verrò a farvi visita sabato.

- **come up (3)** **venir fuori**
*That subject **came up** in the discussion.*
L'argomento venne fuori durante il dibattito.

- **come up (4)** **saltar fuori**
*A job **has come up** in my office. Interested?*
È saltato fuori un posto nel mio ufficio. Ti interessa?

- **come up (5)** **succedere improvvisamente**
*A big problem **has** just **come up**.*
È appena insorto un grosso problema.

- **come up (6)** **andare davanti al giudice**
*The prisoner **came up** before the judge.*
Il prigioniero comparve davanti al giudice.

- **come up (7)** **arrivare fino a**
*The liquid **comes up** to only halfway.*
Il liquido arriva solo fino a metà.

- **come up (8)** **sorgere**
*The sun will **come up** over that mountain.*
Il sole sorgerà dietro quella montagna.

- **come up (9)** **avvicinarsi**
*The exam date **is coming up** very quickly.*
La data dell'esame si sta avvicinando rapidamente.

- **come up (10)** **germogliare**
*Those young plants **are coming up** perfectly.*
Quelle piantine stanno germogliando benissimo.

- **come up (11)** **farsi strada (nella vita, nella carriera)**
*He **came up** high in his profession.*
Ha fatto strada nella sua professione.

- **come up (12)** **risultare, diventare**
  *He **came up** to be a very pleasant young man.*
  È diventato un giovane molto piacevole.

- **come up against** **affrontare**
  ***I am coming up against** a lot of problems with my wife.*
  Sto affrontando un sacco di problemi con mia moglie.

- **come upon (1)** **incontrare (inaspettatamente)**
  *I **come upon** him by chance at the airport.*
  L'ho incontrato per caso all'aeroporto.

- **come upon (2)** **venire addosso**
  *A strange feeling **came upon** me.*
  Mi venne addosso una strana sensazione.

- **come up to** **essere all'altezza di**
  *She **came up to** my expectations.*
  Fu all'altezza delle mie aspettative.

- **come up with** **trovare**
  *My father **came up with** the money for the house.*
  Mio padre trovò i soldi per la casa.

COST (kɒst)	**cost** (kɒst) **costed**	**cost** (kɒst) **costed** *nel senso 3*

1 costare **2** stabilire il prezzo **3** valutare

■ SIMPLE PRESENT
I cost, you cost, we cost, they cost, he costs, she costs, it costs

The baby ***costs*** *us a lot of money.*
Il neonato ci costa un sacco di soldi.

■ PRESENT CONTINUOUS
I am costing, you are costing, we are costing, they are costing, he (she, it) is costing

It ***is costing*** *us a fortune to fly to Japan.*
Ci sta costando una fortuna volare in Giappone.

■ 1 SIMPLE PAST
I cost, you cost, we cost, they cost, he (she, it) cost

The house ***cost*** *a lot to buy.*
Costava molto comperare la casa.

■ 2 SIMPLE PAST
I costed, you costed, we costed, they costed, he (she, it) costed

They ***costed*** *the operation quickly and efficiently.*
Valutarono l'operazione velocemente e con efficienza.

■ PAST CONTINUOUS
I was costing, you were costing, we were costing, they were costing, he (she, it) was costing

The interest we paid ***was costing*** *us a lot of money.*
L'interesse che pagavamo ci stava costando un sacco di denaro.

■ 1 PRESENT PERFECT
I have cost, you have cost, we have cost, they have cost, he (she, it) has cost

He ***has cost*** *his family a lot in lawyer's fees.*
È costato alla sua famiglia molti soldi per le parcelle dell'avvocato.

■ 2 PRESENT PERFECT
I have costed, you have costed, we have costed, they have costed, he (she, it) costed

Who ***has costed*** *these goods?*
Chi ha valutato questa merce?

■ PAST PERFECT

*What? How much **had** she **cost** him?*
Cosa? Quanto gli era costata?

■ FUTURE (WILL)

***Will** that car **cost** us a lot to buy?*
Ci costerà molto comperare quell'auto?

■ FUTURE (GOING TO)

*That new television **is going to cost** us dear.*
Quella televisione nuova ci costerà cara.

■ USED TO ≠ TO BE USED TO + -ING

*It **used to cost** us a lot to go abroad but now there are cheap flights.*
Una volta ci costava molto viaggiare all'estero, ma ora ci sono voli economici.

*We **are used to** flights **costing** very little nowadays.*
Siamo abituati al fatto che i voli aerei costino molto poco oggigiorno.

■ FIRST CONDITIONAL

*If the tickets **cost** a lot, will you go?*
Se i biglietti costeranno molto, andrete lo stesso?

■ SECOND CONDITIONAL

*If the tickets **cost** a lot, would you go?*
Se i biglietti costassero molto, adreste lo stesso?

■ THIRD CONDITIONAL

*If the tickets **had cost** a lot, would you have gone?*
Se i biglietti fossero costati molto, sareste andati lo stesso?

CREEP (kri:p) **crept** (krept) **crept** (krept)

1 strisciare; arrampicarsi **2** muoversi lentamente; insinuarsi **3** rabbrividire **4** avere un atteggiamento servile

■ SIMPLE PRESENT

I creep, you creep, we creep, they creep, he creeps, she creeps, it creeps

*Old age slowly **creeps** up on most people.*
La vecchiaia si avvicina lentamente alla maggior parte delle persone.

■ PRESENT CONTINUOUS

I am creeping, you are creeping, we are creeping, they are creeping, he (she, it) is creeping

*The children **are creeping** through the undergrowth.*
I bambini stanno strisciando nel sottobosco.

■ SIMPLE PAST

I crept, you crept, we crept, they crept, he (she, it) crept

*The ivy **has crept** all over the wall, covering the brickwork.*
L'edera si è arrampicata su tutto il muro coprendo i mattoni.

■ PAST CONTINUOUS

I was creeping, you were creeping, we were creeping, they were creeping, he (she, it) was creeping

*The flames **were creeping** up the stairs.*
Le fiamme si stavano muovendo lentamente verso le scale.

■ PRESENT PERFECT

I have crept, you have crept, we have crept, they have crept, he (she, it) has crept

*A feeling of fear **has crept** over me.*
Una sensazione di paura si è insinuata in me.

■ PAST PERFECT

*The mother **had crept** into the room, yet the baby awoke.*
La madre era entrata pian piano nella stanza, eppure il neonato si svegliò.

■ FUTURE (WILL)

*The baby **will creep** and crawl before long.*
Tra non molto il piccolo andrà a gattoni.

■ FUTURE (GOING TO)

*The office staff **is going to creep** all over the new boss.*
Il personale dell'ufficio avrà un atteggiamento servile verso il nuovo capo.

■ USED TO ≠ TO BE USED TO + -ING

*When he was younger my brother **used to creep** into my room and steal my toys.*
Quando era più piccolo mio fratello si introduceva furtivamente nella mia stanza e rubava i miei giocattoli.

*He **is used to creeping** around important people.*
Di solito ha un atteggiamento servile nei confronti delle persone importanti.

■ FIRST CONDITIONAL

*If the ivy **creeps** over the wall, we will cut it down.*
Se l'edera si arrampicherà sul muro, la taglieremo via.

■ SECOND CONDITIONAL

*If the ivy **crept** over the wall, we would cut it down.*
Se l'edera si arrampicasse sul muro, la taglieremmo via.

■ THIRD CONDITIONAL

*If the ivy **had crept** over the wall, we would have cut it down.*
Se l'edera si fosse arrampicata sul muro, l'avremmo tagliata via.

PHRASAL VERBS

◆ **creep in** — **diffondersi lentamente**
*New fashions sometimes **creep in**.*
Le nuove mode qualche volta si diffondono lentamente.

◆ **creep into** — **introdursi furtivamente**
*He **crept into** the meeting.*
Si introdusse furtivamente nella riunione.

◆ **creep up on (1)** — **avvicinarsi di nascosto**
*The indians **crept up on** the cowboys.*
Gli indiani si avvicinarono di nascosto ai cowboy.

◆ **creep up on (2)** — **insinuarsi**
*A deep feeling of impatience **was creeping up on** her.*
Una profonda sensazione d'impazienza si stava insinuando in lei.

CUT (kʌt) **cut** (kʌt) **cut** (kʌt)

1 tagliare **2** incidere; intagliare **3** sferzare

■ SIMPLE PRESENT

I cut, you cut, we cut, they cut, he cuts, she cuts, it cuts

*He always **cuts** himself shaving.*
Si taglia sempre rasandosi.

■ PRESENT CONTINUOUS

I am cutting, you are cutting, we are cutting, they are cutting, he (she, it) is cutting

*The central bank **is cutting** the interest rate.*
La banca centrale sta tagliando il tasso d'interesse.

■ SIMPLE PAST

I cut, you cut, we cut, they cut, he (she, it) cut

*Elvis Presley **cut** many records.*
Elvis Presley incise molti dischi.

■ PAST CONTINUOUS

I was cutting, you were cutting, we were cutting, they were cutting, he (she, it) was cutting

*He **was cutting** the grass when it began to rain.*
Stava tagliando l'erba quando cominciò a piovere.

■ PRESENT PERFECT

I have cut, you have cut, we have cut, they have cut, he (she, it) has cut

*You **have cut** it fine, haven't you?*
Ce l'hai fatta per un pelo, vero?

■ PAST PERFECT

*The government **had cut** back on spending but it had also reduced taxes.*
Il governo aveva diminuito gli investimenti, ma ha anche ridotto le tasse.

■ FUTURE (WILL)

*All this extra work **will cut** into my free time.*
Tutto questo lavoro extra ridurrà il mio tempo libero.

■ FUTURE (GOING TO)

*One of the aircraft's engines **is going to cut** out soon.*
Uno dei motori del velivolo fra poco si spegnerà.

■ USED TO ≠ TO BE USED TO + -ING

*He **used to cut** down on his cigarettes but unfortunately he has returned to 60 a day.*
Un tempo aveva ridotto il numero delle sigarette, ma sfortunatamente è tornato a 60 al giorno.

*Our company **is used to cutting** out the dead wood.*
La nostra ditta è abituata a eliminare tutto ciò che è improduttivo.

■ FIRST CONDITIONAL

*If you **cut** the cake, I'll give everyone a slice.*
Se taglierai la torta, darò una fetta a ciascuno.

■ SECOND CONDITIONAL

*If you **cut** the cake, I would give everyone a slice.*
Se tu tagliassi la torta, darei una fetta a ciascuno.

■ THIRD CONDITIONAL

*If you **had cut** the cake, I would have given everyone a slice.*
Se tu avessi tagliato la torta, avrei dato una fetta a ciascuno.

PHRASAL VERBS

◆ **cut across (1)** — **prendere una scorciatoia**
*She **cut across** the garden.*
Prese una scorciatoia attraverso il giardino.

◆ **cut across (2)** — **trascendere**
*Some opinions **cut across** party political lines.*
Alcune opinioni trascendono le tendenze politiche.

◆ **cut away** — **tagliare**
*The man **cut away** the wood with an axe.*
L'uomo tagliò il legno con una scure.

◆ **cut back** — **ridurre, diminuire**
*The company **has cut back** on its workforce.*
La compagnia ha ridotto la manodopera.

◆ **cut down (1)** — **ridurre, tagliare**
*The government **has cut down** on public spending.*
Il governo ha ridotto la spesa pubblica.

◆ **cut down (2)** — **abbattere**
*The boy **cut down** the tree.*
Il ragazzo abbatté l'albero.

- **cut in (1)** **intromettersi**
  I was speaking and you ***cut in*** *on me!*
  Stavo parlando e ti sei intromesso!

- **cut in (2)** **inserire, introdurre**
  The new partner ***was cut into*** *the firm's profits.*
  Il nuovo socio era stato reso partecipe agli utili dell'azienda.

- **cut into** **tagliare in profondità**
  The knife ***cut into*** *her body.*
  Il coltello tagliò il suo corpo in profondità.

- **cut off (1)** **tagliare via**
  He ***cut off*** *pieces of the wood with a saw.*
  Tagliò dei pezzi di legno con una sega.

- **cut off (2)** **isolare**
  The village ***was cut off*** *by the snow.*
  Il paese venne isolato per la neve.

- **cut off (3)** **interrompere**
  His electricity ***was cut off****.*
  Gli fu interrotta l'erogazione di elettricità.

- **cut off (4)** **interrompere**
  He ***cut*** *her* ***off*** *with angry words.*
  La interruppe con parole irate.

- **cut out (1)** **ritagliare**
  He ***cut out*** *the picture from a newspaper.*
  Ha ritagliato la fotografia dal giornale.

- **cut out (2)** **eliminare**
  The television company ***cut out*** *all his obscene jokes.*
  La compagnia televisiva eliminò tutte le sue battute oscene.

- **cut out (3)** **smettere**
  I ***have*** *finally* ***cut out*** *smoking.*
  Ho finalmente smesso di fumare.

- **cut out (4)** **escludere**
  He ***cut out*** *his partner from the firm.*
  Ha escluso il suo socio dalla ditta.

- **cut out (5)** **spegnersi (all'improvviso)**
  The engine has ***cut out****!*
  Il motore si è spento!

- **cut out (6)** **togliere**
  *The trees **cut out** the sunlight.*
  Gli alberi toglievano la luce del sole.

- **cut through (1)** **attraversare (facilmente)**
  *The knife **cut through** the butter.*
  Il coltello affondava nel burro.

- **cut through (2)** **prendere una scorciatoia**
  *They **cut through** the park.*
  Hanno preso una scorciatoria nel parco.

- **cut up (1)** **tagliare**
  *He **cut up** the meat into small pieces.*
  Tagliò la carne a pezzettini.

DEAL (di:l) **dealt** (delt) **dealt** (delt)

1 trattare; occuparsi; commerciare **2** distribuire (carte) **3** assestare (un colpo)

■ SIMPLE PRESENT

I deal, you deal, we deal, they deal, he deals, she deals, it deals

*He **deals** in gold, jewels and precious metals.*
Commercia in oro, gioielli e metalli preziosi.

■ PRESENT CONTINUOUS

I am dealing, you are dealing, we are dealing, they are dealing, he (she, it) is dealing

*What **is** the best way of **dealing** with AIDS?*
Qual è il modo migliore per affrontare l'AIDS?

■ SIMPLE PAST

I dealt, you dealt, we dealt, they dealt, he (she, it) dealt

*She **dealt** him a deadly blow.*
Gli sferrò un colpo mortale.

■ PAST CONTINUOUS

I was dealing, you were dealing, we were dealing, they were dealing, he (she, it) was dealing

*Who **was dealing** the cards when I arrived?*
Chi stava dando le carte quando sono arrivato?

■ PRESENT PERFECT

I have dealt, you have dealt, we have dealt, they have dealt, he (she, it) has dealt

*I **have dealt** with many strange people but he is the weirdest I've ever met.*
Ho avuto a che fare con molte persone strane, ma lui è il più strano che io abbia mai incontrato.

■ PAST PERFECT

*He **hadn't dealt** with the problem as I told him to.*
Non aveva affrontato il problema nel modo che gli avevo detto.

■ FUTURE (WILL)

*The news **will deal** a severe blow to his mother.*
Quella notizia darà un brutto colpo per sua madre.

■ FUTURE (GOING TO)

*The government says it **is going to deal** with this problem rapidly.*
Il governo dice che affronterà questo problema rapidamente.

■ USED TO ≠ TO BE USED TO + -ING

*He **used to deal** in all types of vehicles but now he only deals in cars.*
Era solito commerciare in tutti i tipi di veicoli, ma ora tratta solo in automobili.

***I am not used to dealing** with people in this manner.*
Non sono abituata a trattare con le persone in questa maniera.

■ FIRST CONDITIONAL

*If I **deal** out the forms, will you do the same with the pens?*
Se distribuirò i moduli, tu farai lo stesso con le penne?

■ SECOND CONDITIONAL

*If I **dealt** out the forms, would you do the same with the pens?*
Se distribuissi i moduli, tu faresti lo stesso con le penne?

■ THIRD CONDITIONAL

*If I **had dealt** out the forms, would you have done the same with the pens?*
Se avessi distribuito i moduli, tu avresti fatto lo stesso con le penne?

PHRASAL VERBS

◆ **deal in** — **commerciare**
*He **deals in** old cars.*
Commercia in auto usate.

◆ **deal out** — **distribuire**
*The gambler **dealt out** the cards.*
Il giocatore d'azzardo distribuì le carte.

◆ **deal with (1)** — **affrontare, occuparsi**
*Can you **deal with** this problem?*
Puoi occuparti di questo problema?

◆ **deal with (2)** — **trattare, affrontare**
*This film **deals with** the drug problem.*
Il film tratta del problema della droga.

◆ **deal with (3)** — **trattare (commercialmente)**
*We **deal with** all the international banks.*
Trattiamo con tutte le banche estere.

DO (du:) **did** (dɪd) **done** (dʌn)

1 fare **2** agire; comportarsi **3** bastare **4** andare bene **5** mettere in ordine; rifare **6** visitare **7** ingannare

■ SIMPLE PRESENT

I do, you do, we do, they do, he do<u>es</u>, she do<u>es</u>, it do<u>es</u>

*She **does** the shopping every day.*
Fa la spesa tutti i giorni.

■ PRESENT CONTINUOUS

I am doing, you are doing, we are doing, they are doing, he (she, it) is doing

*He **is doing** ten years for armed robbery.*
Si sta facendo 10 anni per rapina a mano armata.

■ SIMPLE PAST

I did, you did, we did, they did, he (she, it) did

*The car **did** 2,000 miles last week.*
La macchina fece 2.000 miglia la scorsa settimana.

■ PAST CONTINUOUS

I was doing, you were doing, we were doing, they were doing, he (she, it) was doing

*She **was doing** the washing up whilst he watched T.V.*
Stava facendo i piatti, mentre lui guardava la televisione.

■ PRESENT PERFECT

I have done, you have done, we have done, they have done, he (she, it) has done

*I **haven't done** with the comb yet.*
Non ho ancora finito col pettine.

■ PAST PERFECT

*He **had done** himself a favour by leaving her.*
Lasciandola aveva fatto un favore a se stesso.

■ FUTURE (WILL)

*I do a lot but he **will do** much more than me.*
Io faccio molto, però lui farà molto più di me.

■ FUTURE (GOING TO)

*I **am going to do** all my accounts today.*
Oggi farò tutti i miei conti.

■ USED TO ≠ TO BE USED TO + -ING

*She **used to do** the whole house but now she just does the first floor.*
Usava pulire tutta la casa, ma ora fa solo il primo piano.

*The students **are used to doing** their homework every day.*
Gli studenti fanno d'abitudine i loro compiti ogni giorno.

■ FIRST CONDITIONAL

*If I **do** the beds, will you make the dinner?*
Se farò i letti, tu farai da mangiare?

■ SECOND CONDITIONAL

*If I **did** the beds, would you make the dinner?*
Se facessi i letti, tu prepareresti la cena?

■ THIRD CONDITIONAL

*If I **had done** the beds, would you have made the dinner?*
Se avessi fatto i letti, tu avresti preparato la cena?

PHRASAL VERBS

- **do away with (1)** **eliminare**
  *The government will soon **do away with** certain taxes.*
  Il governo eliminerà presto certe imposte.

- **do away with (2)** **uccidere**
  *Al Capone **did away with** a lot of rivals.*
  Al Capone uccise molti rivali.

- **do down (1)** **criticare**
  *She **is** always **doing down** her husband in public.*
  Sta sempre a criticare suo marito in pubblico.

- **do down (2)** **imbrogliare**
  *Careful! He'll **do** you **down** if he can.*
  Stai attento! Ti imbroglierà se potrà.

- **do for (1)** **servire**
  *This plastic bag will have to **do for** an umbrella!*
  Questa borsa di plastica servirà da ombrello!

- **do for (2)** **fare le pulizie**
  *Mrs. Jones **did for** us for years.*
  La signora Jones ha fatto le pulizie da noi per anni.

- **do in** **uccidere**
  *Somebody **did** him **in** yesterday with a knife.*
  Ieri qualcuno lo ha ucciso con un coltello.

- **do out (1)** **pulire (scrupolosamente)**
  *We **did out** the kitchen yesterday.*
  Ieri abbiamo pulito la cucina da cima a fondo.

- **do out (2)** **rinnovare**
  *The house **was** completely **done out** last year.*
  La casa è stata completamente rinnovata lo scorso anno.

- **do out in** **ridipingere**
  *The rooms **were done out in** bright red.*
  Le stanze furono dipinte di rosso acceso.

- **do out of** **sottrarre**
  *He **has done** the government **out of** millions of pounds.*
  Ha sottratto al governo milioni di sterline.

- **do over (1)** **reiniziare**
  *I must **do** it **over** again.*
  Devo ricominciare di nuovo.

- **do over (2)** **ridecorare**
  *Our bedroom **was done over** at Christmas.*
  La nostra stanza da letto è stata ridecorata a Natale.

- **do over (3)** **svaligiare**
  *The thieves **did over** his house last week.*
  I ladri svaligiarono casa sua la settimana scorsa.

- **do over (4)** **picchiare**
  *He **was done over** by a group of skinheads.*
  Fu picchiato da un gruppo di skinheads.

- **do up (1)** **allacciare**
  ***Do up** your bootlaces!*
  Allacciati le stringhe!

- **do up (2)** **sistemarsi**
  *The woman **did up** her hair in a knot.*
  La donna si sistemò i capelli con un nodo.

- **do up (3)** **rinnovare, rimodernare**
  *The palace **was done up** by the government.*
  Il palazzo fu rinnovato dal governo.

- **do up (4)** **incartare, avvolgere**
  *The book **was done up** in brown paper.*
  Il libro era stato avvolto in una carta marrone.

- **do with (1)** **avere a che fare**
  *That criminal has nothing to **do with** my company.*
  Quel criminale non ha niente a che fare con la mia società.

- **do with (2)** **aver voglia, desiderare**
  *I could **do with** a drink of beer!*
  Ho una tal voglia di birra!

- **do without** **fare a meno**
  *I **did without** you for a very longtime.*
  Ho fatto a meno di te per un sacco di tempo.

DRAW (drɔ:) **drew** (dru:) **drawn** (drɔ:n)

1 tirare; attirare; trarre; estrarre **2** disegnare; tracciare **3** allungare, stendere **4** prelevare

■ SIMPLE PRESENT

I draw, you draw, we draw, they draw, he draw<u>s</u>, she draw<u>s</u>, it draw<u>s</u>

*He **draws** his pension every first Thursday of the month.*

Ritira la pensione ogni primo giovedì del mese.

■ PRESENT CONTINUOUS

I am drawing, you are drawing, we are drawing, they are drawing, he (she, it) is drawing

*They **are drawing** up a new contract now.*

Stanno compilando un nuovo contratto.

■ SIMPLE PAST

I drew, you drew, we drew, they drew, he (she, it) drew

*The actor's performance **drew** a lot of applause.*

La rappresentazione dell'attore attirò molti applausi.

■ PAST CONTINUOUS

I was drawing, you were drawing, we were drawing, they were drawing, he (she, it) was drawing

*As the enemy **was drawing** ever nearer we opened fire.*

Poiché il nemico si stava avvicinando sempre di più, aprimmo il fuoco.

■ PRESENT PERFECT

I have drawn, you have drawn, we have drawn, they have drawn, he (she, it) has drawn

*He **has drawn** the necessary conclusions and decided to leave her.*

Ha tratto le conclusioni necessarie e decise di lasciarla.

■ PAST PERFECT

*Although he **had drawn** out the discussions as long as possible the results were the same.*

Anche se aveva tirato la discussione il più a lungo possibile, il risultato fu lo stesso.

■ FUTURE (WILL)

*The children **will draw** in their exercise books.*

I bambini disegneranno sui loro quaderni.

■ FUTURE (GOING TO)

*The dentist **is going to draw** out the patient's wisdom tooth.*

Il dentista estrarrà il dente del giudizio al paziente.

■ USED TO ≠ TO BE USED TO + -ING

*Once he was famous and **used to draw** crowds but now nobody remembers him.*
Un tempo era famoso e attirava le masse, ma ora nessuno se lo ricorda.

*Like most film stars he **is used to drawing** people's attention.*
Come la maggior parte dei divi del cinema, è solito attirare l'attenzione della gente.

■ FIRST CONDITIONAL

*If he **draws** my portrait, I will pay him.*
Se mi farà il ritratto, lo pagherò.

■ SECOND CONDITIONAL

*If he **drew** my portrait, I would pay him.*
Se mi facesse il ritratto, lo pagherei.

■ THIRD CONDITIONAL

*If he **had drawn** my portrait, I would have paid him.*
Se mi avesse fatto il ritratto, lo avrei pagato.

PHRASAL VERBS

◆ **draw ahead** — **superare**
*The racing car **drew ahead** of its nearest rival.*
La macchina da corsa superò la sua rivale più stretta.

◆ **draw back** — **indietreggiare**
*She **drew back** in suprise.*
Indietreggiò dalla sorpresa.

◆ **draw down** — **attirarsi**
*The minister's speech **drew** many negative reactions **down** on him.*
Il discorso del ministro attirò su di lui molte reazioni negative.

◆ **draw forth** — **provocare**
*His film **drew forth** a lot of criticism.*
Il suo film provocò molte critiche.

◆ **draw in (1)** — **avvicinarsi (delle stagioni)**
*Winter **is drawing in**.*
L'inverno si sta avvicinando.

◆ **draw in (2)** — **respirare, fare un respiro**
*The athlete **drew in** a deep breathe.*
L'atleta fece un respiro profondo.

- **draw into (1)** **arrivare**
  The bus ***drew into*** *the station.*
  L'autobus arrivò alla stazione.

- **draw into (2)** **coinvolgere**
  He ***was drawn into*** *the family business by his father.*
  Fu coinvolto negli affari di famiglia da suo padre.

- **draw off** **togliere**
  The wine ***was*** *slowly* ***drawn off****.*
  Il vino fu tolto lentamente.

- **draw on (1)** **passare (lentamente)**
  The summer ***is drawing on****.*
  L'estate sta trascorrendo pian piano.

- **draw on (2)** **fare uso**
  The bank ***is drawing on*** *its gold reserves.*
  La banca sta facendo uso delle sue riserve auree.

- **draw on (3)** **inspirare**
  The girl ***drew*** *deeply* ***on*** *the cigarrette.*
  La ragazza inspirò fino in fondo il fumo della sigaretta.

- **draw out (1)** **lasciare**
  The train ***was*** *slowly* ***drawing out*** *of the station.*
  Il treno stava lentamente lasciando la stazione .

- **draw out (2)** **protrarre**
  The teacher ***drew out*** *his lesson for more than an hour.*
  L'insengante protrasse la lezione per più di un'ora.

- **draw out (3)** **tirare fuori**
  The police eventually ***drew*** *the information* ***out*** *of the suspect.*
  Alla fine la polizia tirò fuori l'informazione dal sospettato.

- **draw out (4)** **mettere a proprio agio**
  My psychiatrist ***is*** *good at* ***drawing*** *people* ***out****.*
  Il mio psichiatra è bravo nel mettere le persone a proprio agio.

- **draw out (5)** **allontanarsi (delle stagioni)**
  Winter ***is drawing out****.*
  L'inverno si sta allontanando.

- **draw up (1)** **redigere**
  My lawyer ***is drawing up*** *the contract now.*
  Il mio legale sta stendendo ora il contratto.

- **draw up (2)** **fermarsi**
  *The taxi **drew up** to the pavement.*
  Il taxi si fermò vicino al marciapiede.

- **draw up (3)** **avvicinarsi**
  ***Draw up** a chair and we'll talk about the problem.*
  Avvicina una sedia e discuteremo del problema.

- **draw up (4)** **ergersi**
  *He **drew** himself **up** to his full height.*
  Si ergeva in tutta la sua altezza.

DREAM (driːm) | **dreamt** (dremt) **dreamed** | **dreamt** (dremt) **dreamed**

sognare, sognarsi

■ SIMPLE PRESENT

I dream, you dream, we dream, they dream, he dreams, she dreams, it dreams

*She **dreams** all day and all night.*
Sogna giorno e notte.

■ CONTINUOUS

I am dreaming, you are dreaming, we are dreaming, they are dreaming, he (she, it) is dreaming

*He **is dreaming**, as usual.*
Sta sognando come al solito.

■ SIMPLE PAST

I dreamt, you dreamt, we dreamt, they dreamt, he (she, it) dreamt

*I **dreamt (dreamed)** of you last night. What a nightmare!*
Ti ho sognato ieri notte. Che incubo!

■ PAST CONTINUOUS

I was dreaming, you were dreaming, we were dreaming, they were dreaming, he (she, it) was dreaming

*He crashed his car because he **was dreaming** instead of driving.*
Ha fatto un incidente in macchina perché stava sognando anziché guidare.

■ PRESENT PERFECT

I have dreamt, you have dreamt, we have dreamt, they have dreamt, he (she, it) has dreamt

*He **has dreamt (dreamed)** up another mad scheme.*
Ha escogitato un altro progetto assurdo.

■ PAST PERFECT

*She **had dreamt (dreamed)** of going back home more than once.*
Aveva sognato di tornare a casa più di una volta.

■ FUTURE (WILL)

*I **will dream** of you when you are gone.*
Ti sognerò quando te ne sarai andata.

■ FUTURE (GOING TO)

*You **are going to dream** your life away.*
Fantasticherai per tutta la vita.

■ USED TO ≠ TO BE USED TO + -ING

*She **used to dream** all day long but now she's woken up a bit.*
Un tempo sognava tutto il giorno, ora invece è un po' più attenta.

*She **is used to dreaming** all day long.*
È solita sognare tutto il giorno.

■ FIRST CONDITIONAL

*If I **dream**, it will be of you.*
Se sognerò, sarà di te.

■ SECOND CONDITIONAL

*If I **dreamt (dreamed)**, it would be of you.*
Se sognassi, sarebbe di te.

■ THIRD CONDITIONAL

*If I **had dreamt (dreamed)**, it would have been of you.*
Se avessi sognato, sarebbe stato di te.

PHRASAL VERBS

- **dream away** — **fantasticare, sognare a occhi aperti**
  *Your daughter **is dreaming away** again!*
  Tua figlia sta ancora sognando a occhi aperti!

- **dream of** — **non pensarci affatto**
  *I wouldn't **dream of** talking to her!*
  Non ci penso neppure a parlarle!

- **dream up** — **escogitare**
  *What **are** the children **dreaming up** now!?*
  Che cosa stanno escogitando adesso i bambini!?

DRINK (drɪŋk) **drank** (dræŋk) **drunk** (drʌŋk)

bere

■ SIMPLE PRESENT

I drink, you drink, we drink, they drink, he drinks, she drinks, it drinks

*She **drinks** large quantities of tea every day.*
Beve una gran quantità di tè ogni giorno.

■ PRESENT CONTINUOUS

I am drinking, you are drinking, we are drinking, they are drinking, he (she, it) is drinking

*The horse **is drinking** from the trough.*
Il cavallo sta bevendo all'abbeveratoio.

■ SIMPLE PAST

I drank, you drank, we drank, they drank, he (she, it) drank

*First they **drank** gin then whisky followed by rum.*
Prima bevvero del gin, poi whisky seguito da rum.

■ PAST CONTINUOUS

I was drinking, you were drinking, we were drinking, they were drinking, he (she, it) was drinking

*He **was** slowly **drinking** himself to death until he finally went to the doctor.*
Si stava rovinando la salute a forza di bere quando finalmente è andato dal medico.

■ PRESENT PERFECT

I have drunk, you have drunk, we have drunk, they have drunk, he (she, it) has drunk

*The baby **has** already **drunk** its milk.*
Il bambino ha già bevuto il latte.

■ PAST PERFECT

*He **had drunk** a lot of alcohol you but couldn't smell it on him.*
Aveva bevuto un sacco di alcoolici, ma non se ne sentiva la puzza.

■ FUTURE (WILL)

*I **won't drink** water unless it comes from a bottle.*
Non berrò dell'acqua se non viene da una bottiglia.

■ FUTURE (GOING TO)

*It is Saturday evening and he **is going to drink** like a fish.*
È sabato sera e berrà come una spugna.

■ USED TO ≠ TO BE USED TO + -ING

*My son **used to drink** in my every word. Now he just laughs.*
Mio figlio si beveva ogni mia parola. Ora ride soltanto.

*He **is used to drinking** heavily but is never drunk.*
È solito bere parecchio, ma non si ubriaca mai.

■ FIRST CONDITIONAL

*If you **drink** up, I'll buy another bottle.*
Se lo finirai tutto, ne comprerò un'altra bottiglia.

■ SECOND CONDITIONAL

*If you **drank** up, I'd buy another bottle.*
Se tu lo finissi tutto, ne comprerei un'altra bottiglia.

■ THIRD CONDITIONAL

*If you **had drunk** up, I would have bought another bottle.*
Se tu lo avessi finito tutto, ne avrei comperato un'altra bottiglia.

PHRASAL VERBS

- **drink down** — **bere tutto d'un fiato**
  ***Drink** your medicine **down** immediately!*
  Bevi la medicina tutto d'un fiato, immediatamente!

- **drink in** — **essere immerso**
  *He **drank in** the early evening silence.*
  Era immerso nel silenzio della sera.

- **drink to** — **brindare**
  *Let us **drink to** your health.*
  Brindiamo alla vostra salute.

- **drink up** — **finire di bere**
  ***Drink up**! The medicine will do you good!*
  Bevila tutta! La medicina ti farà bene!

DRIVE (draɪv) **drove** (drəʊv) **driven** (ˈdrɪvn)

1 guidare **2** portare; andare (in un veicolo) **3** spingere, conficcare **4** trascinare; comandare **5** fare, esercitare con successo (un commercio) **6** avanzare, spingersi

■ SIMPLE PRESENT

I drive, you drive, we drive, they drive, he drive<u>s</u>, she drive<u>s</u>, it drive<u>s</u>

*He **drives** a lorry for his father's company.*
Guida un camion della ditta di suo padre.

■ PRESENT CONTINUOUS

I am driving, you are driving, we are driving, they are driving, he (she, it) is driving

*Your children **are driving** me mad!*
I tuoi figli mi stanno facendo impazzire!

■ SIMPLE PAST

I drove, you drove, we drove, they drove, he (she, it) drove

*The shepherd **drove** the sheep into the compound.*
Il pastore spinse le pecore nel recinto.

■ PAST CONTINUOUS

I was driving, you were driving, we were driving, they were driving, he (she, it) was driving

*They **were driving** back from the party when they had an accident.*
Stavano tornando in macchina dalla festa quand'ebbero un incidente.

■ PRESENT PERFECT

I have driven, you have driven, we have driven, they have driven, he (she, it) has driven

*You **have driven** home your point of view.*
Hai tirato acqua al tuo mulino.

■ PAST PERFECT

*Although he **had driven** the car fast he was still late.*
Anche se aveva guidato velocemente, era ancora in ritardo.

■ FUTURE (WILL)

*The gale **will drive** the ship onto the rocks.*
La tempesta spingerà la nave contro la scogliera.

■ FUTURE (GOING TO)

*We **are going to drive** a very hard bargain.*
Concluderemo un affare molto difficile.

■ USED TO ≠ TO BE USED TO + -ING

*This machine **used to drive** both the water and air pumps but now we use it only for the air.*
Questa macchina pompava sia l'aria che l'acqua, però adesso la usiamo solo per l'aria.

*Mr. Jones **is used to driving** every type of farm machinery.*
Il signor Jones è solito condurre qualsiasi macchina agricola.

■ FIRST CONDITIONAL

*If I **drive** you home, will you pay for the petrol?*
Se ti porterò a casa in macchina, pagherai la benzina?

■ SECOND CONDITIONAL

*If I **drove** you home, would you pay for the petrol?*
Se ti portassi a casa in macchina, pagheresti la benzina?

■ THIRD CONDITIONAL

*If I **had driven** you home, would you have paid for the petrol?*
Se ti avessi portato a casa in macchina, avresti pagato la benzina?

EAT (iːt) **ate** (et) **eaten** (ˈiːtn)

mangiare

SIMPLE PRESENT

I eat, you eat, we eat, they eat, he eats, she eats, it eats

*She only **eats** fresh fruit and vegetables.*
Mangia solo frutta e verdura fresca.

PRESENT CONTINUOUS

I am eating, you are eating, we are eating, they are eating, he (she, it) is eating

*The acid **is eating** into the metal.*
L'acido sta corrodendo il metallo.

SIMPLE PAST

I ate, you ate, we ate, they ate, he (she, it) ate

*Yesterday I **ate** like a pig.*
Ieri ho mangiato come un maiale.

PAST CONTINUOUS

I was eating, you were eating, we were eating, they were eating, he (she, it) was eating

*She **was eating** out of his hands.*
Stava facendo tutto quello che lui voleva.

PRESENT PERFECT

I have eaten, you have eaten, we have eaten, they have eaten, he (she, it) has eaten

*I **have eaten** next to nothing for days.*
Non ho mangiato quasi niente per giorni.

PAST PERFECT

*Although he **had eaten** a lot he was still very hungry.*
Anche se aveva mangiato parecchio, era ancora molto affamato.

FUTURE (WILL)

*His latest hobby **will eat** up all his time.*
Il suo ultimo hobby gli porterà via tutto il tempo.

FUTURE (GOING TO)

***Is** the baby **going to eat** everything?*
Il bambino mangerà tutto?

*He **used to eat** like a horse but nowadays he hardly eats anything.*
Una volta mangiava come un lupo, invece adesso non mangia quasi niente.

*He **is used to eating** himself sick.*
Di solito mangia fino a star male.

FIRST CONDITIONAL

*If I **eat** like you, I will become fat.*
Se mangerò come te, diventerò grasso.

SECOND CONDITIONAL

*If I **ate** like you, I would become fat.*
Se mangiassi come te, diventerei grasso.

THIRD CONDITIONAL

*If I **had eaten** like you, I would have become fat.*
Se avessi mangiato come te, sarei diventato grasso.

PHRASAL VERBS

- **eat away** — **erodere, distruggere**
  *The sea **ate away** at the cliffs.*
  Il mare erose la costa.

- **eat in** — **mangiare a casa**
  *They'll **eat in** tonight.*
  Stasera mangeranno a casa.

- **eat into (1)** — **corrodere**
  *The acid **ate into** the metal.*
  L'acido corrose il metallo.

- **eat into (2)** — **intaccare, mettere a prova**
  *His patience **was eaten into** by his own anger.*
  La sua pazienza era messa a dura prova dalla sua stessa rabbia.

- **eat out** — **mangiare fuori**
  *Shall we **eat out** tomorrow?*
  Andiamo fuori a mangiare domani?

- **eat up** — **finire di mangiare, consumare**
  ***Eat up**! It's getting late.*
  Finisci di mangiare! Si sta facendo tardi.

FALL (fɔːl) **fell** (fel) **fallen** (ˈfɔːlən)

1 cadere **2** diminuire, abbassarsi

■ SIMPLE PRESENT

I fall, you fall, we fall, they fall, he falls, she falls, it falls

*My payday **falls** on a Friday.*
Il mio giorno di bustapaga cade di venerdì.

■ PRESENT CONTINUOUS

I am falling, you are falling, we are falling, they are falling, he (she, it) is falling

*She **is falling** in love with him.*
Si sta innamorando di lui.

■ SIMPLE PAST

I fell, you fell, we fell, they fell, he (she, it) fell

*He **fell** into disgrace and was exiled.*
Cadde in disgrazia e fu esiliato.

■ PAST CONTINUOUS

I was falling, you were falling, we were falling, they were falling, he (she, it) was falling

*I dreamt I **was falling** and woke up on the floor.*
Sognavo che stavo cadendo e mi svegliai sul pavimento.

■ PRESENT PERFECT

I have fallen, you have fallen, we have fallen, they have fallen, he (she, it) has fallen.

*This is the third time I **have fallen** from the ladder.*
Questa è la terza volta che sono caduto dalla scala.

■ PAST PERFECT

*Although they **had fallen** out they still worked together.*
Anche se avevano litigato, lavoravano ancora assieme.

■ FUTURE (WILL)

*Be careful, otherwise your project **will fall** through.*
Stai attento altrimenti il tuo progetto fallirà.

■ FUTURE (GOING TO)

*This case **is going to fall** outside my competence.*
Questo caso cadrà al di fuori della mia competenza.

■ USED TO ≠ TO BE USED TO + -ING

*He and his wife **used to fall** out every day but now they never argue.*
Lui e sua moglie litigavano ogni giorno, ma ora non discutono mai.

*They **are used to falling** out: indeed, they never stop argueing.*
Sono abituati a litigare: in realtà, non smettono mai di discutere.

■ FIRST CONDITIONAL

*If I **fall**, will you help me get up?*
Se cadrò, mi aiuterai ad alzarmi?

■ SECOND CONDITIONAL

*If I **fell**, would you help me get up?*
Se cadessi, mi aiuteresti ad alzarmi?

■ THIRD CONDITIONAL

*If I **had fallen**, would you have helped me get up?*
Se fossi caduto, mi avresti aiutato ad alzarmi?

PHRASAL VERBS

◆ **fall apart** **cadere a pezzi**
*The machine **fell apart** in six months.*
La macchina cadde a pezzi nel giro di 6 mesi.

◆ **fall away (1)** **staccarsi**
*The paint **fell away** exposing the original surface.*
L'intonaco si staccò mostrando la facciata originale.

◆ **fall away (2)** **digradare**
*The ground **fell** gently **away**.*
Il terreno digradava a poco a poco.

◆ **fall away (3)** **scomparire**
*Her arrogance slowly **fell away**.*
La sua arroganza scompariva piano piano.

◆ **fall away (4)** **ridurre**
*The noise of the train gradually **fell away**.*
Il rumore del treno diminuì gradualmente.

◆ **fall back (1)** **ritirarsi**
*The army **fell back** after the battle.*
L'esercito si ritirò dopo la battaglia.

- **fall back (2)** **cadere indietro**
  *She **fell back** into the abyss.*
  Cadde all'indietro nel vuoto.

- **fall back on/upon** **ricorrere**
  *He always **falls back on** ridiculous explanations.*
  Ricorre sempre a spiegazioni ridicole.

- **fall behind (1)** **rimanere indietro**
  *She **fell behind** the group and soon lost herself.*
  Rimase indietro rispetto al gruppo e poco dopo si perse.

- **fall behind (2)** **essere in arretrato**
  *They **have fallen behind** with their payments on the car.*
  Sono rimasti in arretrato con i pagamenti della macchina.

- **fall for** **innamorarsi**
  *He **fell for** her and she for him.*
  Lui si innamorò di lei e lei di lui.

- **fall in (1)** **crollare**
  *My roof **has** just **fallen in**!*
  Mi è appena crollato il tetto!

- **fall in (2)** **allinearsi**
  *The soldiers **fell into** line.*
  I soldati si allinearono.

- **fall into (1)** **prendere (un'abitudine)**
  *He **has fallen into** terrible habits.*
  Ha preso delle abitudini tremende.

- **fall into (2)** **essere compreso**
  *His book **falls into** a specific category.*
  Il suo libro è compreso in una categoria specifica.

- **fall in with** **incontrare per caso**
  *He **fell in with** some Arabs who were very friendly.*
  Incontrò per caso degli arabi molto simpatici.

- **fall off (1)** **staccarsi**
  *Apples **fall off** trees when they are ripe.*
  Le mele si staccano dall'albero quando sono mature.

- **fall off (2)** **diminuire**
  *Investments **are falling off** on the gold market.*
  Gli investimenti nel mercato dell'oro stanno diminuendo.

◆ **fall on (1)** **capitare (di un dispiacere)**
Many problems ***have fallen on*** *us.*
Ci sono capitati moltri problemi.

◆ **fall on (2)** **aggredire all'improvviso**
Some drunks ***fell on*** *them with sticks and bottles.*
Alcuni ubriachi ci aggredirono all'improvviso con spranghe e bottiglie.

◆ **fall on (3)** **posarsi**
His eyes ***fell on*** *her.*
I suoi occhi si posarono su di lei.

◆ **fall on (4)** **aver luogo, cadere**
This year my birthday ***falls on*** *a Sunday.*
Quest'anno il mio compleanno cade di domenica.

◆ **fall out (1)** **cadere fuori**
She ***fell out*** *of the train.*
Cadde fuori dal treno.

◆ **fall out (2)** **rompere le file**
The soldiers ***fell out*** *on command.*
I soldati al comando ruppero le file .

◆ **fall out (3)** **litigare**
They ***fell out*** *about money.*
Litigavano per soldi.

◆ **fall over (1)** **cadere**
He ***fell over*** *whilst walking.*
Cadde mentre camminava.

◆ **fall over (2)** **fare di tutto**
She ***was falling over*** *herself to talk to him.*
Stava facendo di tutto per parlargli.

◆ **fall through** **fallire**
The plan ***fell through*** *at the last minute.*
Il piano fallì all'ultimo minuto.

◆ **fall to** **iniziare**
He ***fell to*** *working.*
Iniziò a lavorare.

◆ **fall under** **rientrare**
This object ***falls under*** *a different category.*
Questo oggetto rientra in una categoria diversa.

FEED (fi:d) **fed** (fed) **fed** (fed)

1 nutrire, dare da mangiare **2** nutrirsi, mangiare; pascolare **3** fornire, alimentare

■ SIMPLE PRESENT

I feed, you feed, we feed, they feed, he feeds, she feeds, it feeds

*Our baby **feeds** on it's mother's milk.*
Nostro figlio è allattato dalla madre.

■ PRESENT CONTINUOUS

I am feeding, you are feeding, we are feeding, they are feeding, he (she, it) is feeding

*They **are feeding** their animals on a high quality food mix.*
Stavano nutrendo i loro animali con una mistura di buona qualità.

■ SIMPLE PAST

I fed, you fed, we fed, they fed, he (she, it) fed

*The doctor **fed** the patient a liquid diet.*
Il medico alimenta il paziente con dei liquidi.

■ PAST CONTINUOUS

I was feeding, you were feeding, we were feeding, they were feeding, he (she, it) was feeding

*He **was feeding** the guests with unusual food.*
Stava dando agli ospiti dello strano cibo.

■ PRESENT PERFECT

I have fed, you have fed, we have fed, they have fed, he (she, it) has fed

*I **have** already **fed** the dogs.*
Ho già dato da mangiare ai cani.

■ PAST PERFECT

*The market research office **had fed** back the annual statistics just before the meeting.*
L'ufficio ricerche di mercato aveva fornito le statistiche annuali appena prima della riunione.

■ FUTURE (WILL)

*My neighbour **will feed** my pet parrots in my absence.*
I miei vicini danno da mangiare ai pappagalli in mia assenza.

■ FUTURE (GOING TO)

*I **am going to feed** you up.*
Ho intenzione di farvi ingrassare.

*She **used to feed** the children but now her husband does it all the time.*
Dava da mangiare ai bambini, ma ora lo fa sempre suo marito.

*Her husband **is used to feeding** the children.*
Suo marito è solito dar da mangiare ai bambini.

■ FIRST CONDITIONAL

*If you **feed** the animals, he will pay you.*
Se darete da mangiare agli animali, vi pagherà.

■ SECOND CONDITIONAL

*If you **fed** the animals, he would pay you.*
Se deste da mangiare agli animali, vi pagherebbe.

■ THIRD CONDITIONAL

*I you **had fed** the animals, he would have paid you.*
Se aveste dato da mangiare agli animali, vi avrebbe pagato.

PHRASAL VERBS

◆ **feed back** — **dare conferma, ritornare**
*Is the computer going to **feed us back** some results?*
Il computer ci darà dei risultati di conferma?

◆ **feed off/on** — **cibarsi**
*The cows **are feeding off** fresh grass.*
Le mucche si stanno cibando di erbe fresca.

◆ **feed up** — **ingrassare, far ingrassare**
*The pigs **are being fed up** for slaughter.*
I maiali vengono ingrassati per il macello.

FEEL (fiːl) **felt** (felt) **felt** (felt)

1 sentire, sentirsi; provare **2** pensare **3** sembrare

■ SIMPLE PRESENT

I feel, you feel, we feel, they feel, he feels, she feels, it feels

*The room **feels** very cold.*
La stanza sembra molto fredda.

■ PRESENT CONTINUOUS

I am feeling, you are feeling, we are feeling, they are feeling, he (she, it) is feeling.

*She **is feeling** guilty about what happened.*
Si sta sentendo in colpa per quel che è successo.

■ SIMPLE PAST

I felt, you felt, we felt, they felt, he (she, it) felt

*I **felt** like going to bed because I had the flu.*
Pensavo di andare a letto, perché avevo l'influenza.

■ PAST CONTINUOUS

I was feeling, you were feeling, we were feeling, they were feeling, he (she, it) was feeling

*She **was feeling** better after taking the medicine.*
Si stava sentendo meglio dopo aver preso la medicina.

■ PRESENT PERFECT

I have felt, you have felt, we have felt, they have felt, he (she, it) has felt

*She **has felt** very strongly about the problems of social injustice.*
Ha sentito molto i problemi dell'ingiustizia sociale.

■ PAST PERFECT

*Before the operation he **had felt** terrible.*
Prima dell'intervento si era sentito malissimo.

■ FUTURE (WILL)

*I **will feel** out the situation and then call you again.*
Sonderò la situazione e poi ti richiamo.

■ FUTURE (GOING TO)

*He **is going to feel** it his duty to report the accident.*
Lo sentirà come un suo dovere riferire sull'incidente.

■ USED TO ≠ TO BE USED TO + -ING

*I **used to feel** up to the job but not anymore.*
Mi sentivo all'altezza del compito, ma ora non più.

*We **are used to feeling** hot after physical exercises.*
Generalmente ci sentiamo accaldati dopo la ginnastica.

■ FIRST CONDITIONAL

*If you **feel** ill, will you call me?*
Se ti sentirai male, mi chiamerai?

■ SECOND CONDITIONAL

*If you **felt** ill, would you call me?*
Se ti sentissi male, mi chiameresti?

■ THIRD CONDITIONAL

*If you **had felt** ill, would you have called me?*
Se ti fossi sentito male, mi avresti chiamato?

PHRASAL VERBS

- **feel for** — **provare compassione, partecipare**
  *I **feel for** him after his father's death.*
  Partecipo al suo dolore per la morte di suo padre.

- **feel out** — **sondare**
  *Our spies **are feeling out** the situation.*
  Le nostre spie stanno sondando la situazione.

- **feel up to** — **sentirsela**
  *Do you **feel up to** some golf?*
  Te la senti di giocare a golf?

FIGHT (faɪt) **fought** (fɔːt) **fought** (fɔːt)

1 combattere, battersi **2** litigare, disputare

■ SIMPLE PRESENT

I fight, you fight, we fight, they fight, he fights, she fights, it fights

*He **fights** for justice.*
Si batte per la giustizia.

■ PRESENT CONTINUOUS

I am fighting, you are fighting, we are fighting, they are fighting, he (she, it) is fighting

*The dogs **are fighting** over a bone.*
I cani si stanno battendo per un osso.

■ SIMPLE PAST

I fought, you fought, we fought, they fought, he (she, it) fought

*My grandfather **fought** in the Second World War.*
Mio nonno combattè nella seconda guerra mondiale.

■ PAST CONTINUOUS

I was fighting, you were fighting, we were fighting, they were fighting, he (she, it) was fighting

*He **was fighting** shy of taking a decision but events forced his hand.*
Stava cercando di evitare di prendere una decisione, ma la situazione gli forzò la mano.

■ PRESENT PERFECT

I have fought, you have fought, we have fought, they have fought, he (she, it) has fought

*He **has fought** well for the title but eventually he lost.*
Ha ben combattuto per il titolo, ma alla fine ha perso.

■ PAST PERFECT

*You could see from his face that he **had fought** down his pride.*
Si capiva dal suo volto che aveva represso il suo orgoglio.

■ FUTURE (WILL)

*I am sure he **will fight** against the decision.*
Sono sicuro che si batterà contro la decisione.

■ FUTURE (GOING TO)

*They **are going to fight** for a bigger say in the decision making.*
Si batteranno per avere più voce in capitolo nella decisione.

*He **used to fight** against any change but now he's in the front line for reforms.*
Un tempo si batteva contro ogni cambiamento, ma ora è in prima linea per le riforme.

*They **are used to fighting** for improvements in their contract.*
Di solito si battono per dei miglioramenti del loro contratto.

■ FIRST CONDITIONAL

*If we **fight**, we will win.*
Se combatteremo, vinceremo.

■ SECOND CONDITIONAL

*If we **fought**, we would win.*
Se combattesimo, vinceremmo.

■ THIRD CONDITIONAL

*If we **had fought**, we would have won.*
Se avessimo combattuto, avremmo vinto.

PHRASAL VERBS

◆ **fight back (1)** **contrattaccare**
*The enemy **fought back** but we eventually destroyed them.*
Il nemico passò al contrattacco, ma alla fine lo abbiamo sconfitto.

◆ **fight back (2)** **trattenere**
*She **fought back** her tears.*
Trattenne le lacrime.

◆ **fight down** **reprimere**
*I **fought down** my desire to kill him.*
Ho represso il mio desiderio di ucciderlo.

◆ **fight off** **battere**
*We **fought off** the other competitors for that contract.*
Abbiamo battuto gli altri concorrenti per quel contratto.

◆ **fight out (1)** **risolvere**
*Finally we **fought out** the problem.*
Alla fine risolvemmo il problema.

◆ **fight out (2)** **combattere fino alla fine**
*The two armies **fought** it **out** until the last man.*
Le due guarnigioni combatterono fino all'ultimo uomo.

FIND (faɪnd) **found** (faʊnd) **found** (faʊnd)

1 trovare, ritrovare **2** ottenere **3** giudicare (in campo giuridico)

■ SIMPLE PRESENT

I find, you find, we find, they find, he finds, she finds, it finds

*She obviously **finds** you boring.*
Ovviamente ti trova noioso.

■ PRESENT CONTINUOUS

I am finding, you are finding, we are finding, they are finding, he (she, it) is finding

*I **am finding** her difficult to understand.*
Sto trovando difficile capirla.

■ SIMPLE PAST

I found, you found, we found, they found, he (she, it) found

*She **found** their house with ease.*
Trovò la loro casa facilmente.

■ PAST CONTINUOUS

I was finding, you were finding, we were finding, they were finding, he (she, it) was finding

*She **was finding** her bearings with difficulty.*
Si stava orientando con difficoltà.

■ PRESENT PERFECT

I have found, you have found, we have found, they have found, he (she, it) has found

*The jury **have found** him guilty.*
La giuria lo ha giudicato colpevole.

■ PAST PERFECT

*He **had found** her attractive in the beginning until he discovered her terrible secret.*
L'aveva trovata attraente i primi tempi, finché non scoprì il suo terribile segreto.

■ FUTURE (WILL)

***Will** he **find** his place in the world?*
Scoprirà qual è il suo ruolo nel mondo?

■ FUTURE (GOING TO)

*I **am going to find** the situation difficult to handle.*
Troverò la situazione difficile da trattare.

■ USED TO ≠ TO BE USED TO + -ING

*He **used to find** pleasure in smoking but not anymore.*
Una volta trovava piacere a fumare, ma ora non più.

*They **are used to finding** solutions to crosswords.*
Sono abituati a trovare le soluzioni alle parole crociate.

■ FIRST CONDITIONAL

*If you **find** her, what will you do?*
Se la ritroverai, che cosa farai?

■ SECOND CONDITIONAL

*If you **found** her, what would you do?*
Se la ritrovassi, che cosa faresti?

■ THIRD CONDITIONAL

*If you **had found** her, what would you have done?*
Se l'avessi ritrovata, che cosa avresti fatto?

PHRASAL VERBS

- **find against** — **giudicare colpevole**
  *The court **found against** the defendant.*
  La corte giudicò l'imputato colpevole.

- **find for** — **giudicare a favore**
  *The court **found for** the prosecution.*
  Le corte deliberò a favore dell'accusa.

- **find out (1)** — **scoprire**
  *He **found out** who his real father was.*
  Scoprì chi era il suo vero padre.

- **find out (2)** — **accorgersi**
  *He **found out** that she was a liar.*
  Si accorse che era una bugiarda.

FLING (flɪŋ) **flung** (flʌŋ) **flung** (flʌŋ)

gettare, gettarsi; lanciare, lanciarsi

■ SIMPLE PRESENT

I fling, you fling, we fling, they fling, he flings, she flings, it flings

He often ***flings*** *open the doors.*
Spalanca spesso le porte.

■ PRESENT CONTINUOUS

I am flinging, you are flinging, we are flinging, they are flinging, he (she, it) is flinging

Paul ***is flinging*** *away all his old clothes.*
Paolo sta gettando via tutti i suoi vecchi abiti.

■ SIMPLE PAST

I flung, you flung, we flung, they flung, he (she, it) flung

She ***flung*** *a book at him in anger.*
Gli lanciò contro un libro dalla rabbia.

■ PAST CONTINUOUS

I was flinging, you were flinging, we were flinging, they were flinging, he (she, it) was flinging

When the police arrived he ***was flinging*** *some clothes into a suitcase.*
Quando arrivò la polizia, stava gettando dei vestiti in una valigia.

■ PRESENT PERFECT

I have flung, you have flung, we have flung, they have flung, he (she, it) has flung

They ***have flung*** *caution to the winds and got married.*
Hanno gettato all'aria ogni cautela e si sono sposati.

■ PAST PERFECT

She ***had flung*** *several objects at him but he paid no attention.*
Gli aveva scagliato contro diversi oggetti, ma lui non vi fece caso.

■ FUTURE (WILL)

Mother ***will fling*** *her arms about you at the good news.*
La mamma ti getterà le braccia al collo alla bella notizia.

■ FUTURE (GOING TO)

The police ***are going to fling*** *him into prison.*
La polizia lo getterà in prigione.

*He **used to fling** his clothes all over the place but now he has become very tidy.*
Gettava i suoi vestiti dappertutto, mentre ora è diventato molto ordinato.

*My mother **is used to** me **flinging** off my clothes everywhere.*
Mia madre è abituata al fatto che io lanci i miei vestiti ovunque.

■ FIRST CONDITIONAL

*If she **flings** herself out of the window, what will you do?*
Se si getterà dalla finestra, che cosa farai?

■ SECOND CONDITIONAL

*If she **flung** herself out of the window, what would you do?*
Se si gettasse dalla finestra, che cosa faresti?

■ THIRD CONDITIONAL

*If she **had flung** herself out of the window, what would you have done?*
Se si fosse gettata dalla finestra, che cosa avresti fatto?

PHRASAL VERBS

- **fling into** — **buttarsi a capofitto**
  *She **flung** herself **into** her new career.*
  Si buttò a capofitto nella sua nuova carriera.

- **fling off** — **sbarazzarsi**
  *She **flung off** her dirty clothes and had a shower.*
  Si sbarazzò dei vestiti sporchi e fece una doccia.

- **fling out** — **insultare**
  *Yesterday the boss **flung out** some insults at his secretary.*
  Ieri il capo ha insultato la sua segretaria.

FLY (flaɪ) **flew** (flu:) **flown** (fləʊn)

1 volare; andare in aereo **2** correre velocemente; precipitarsi

■ SIMPLE PRESENT

I fly, you fly, we fly, they fly, he flies, she flies, it flies

*He never **flies** but always goes by boat or train.*
Non prende mai l'aeroplano, ma va sempre in barca o in treno.

■ PRESENT CONTINUOUS

I am flying, you are flying, we are flying, they are flying, he (she, it) is flying

*I **am flying** to London on business.*
Sto volando a Londra per affari.

■ SIMPLE PAST

I flew, you flew, we flew, they flew, he (she, it) flew

*His wig **flew** off during the speech.*
La parrucca gli volò via durante il discorso.

■ PAST CONTINUOUS

I was flying, you were flying, we were flying, they were flying, he (she, it) was flying

*Their company **was flying** high until the recession came.*
La loro società stava andando a gonfie vele finché venne la recessione.

■ PRESENT PERFECT

I have flown, you have flown, we have flown, they have flown, he (she, it) has flown

*By acting in this way he **has flown** in the face of common sense.*
Agendo in questo modo ha sfidato il buon senso.

■ PAST PERFECT

*The plane **had flown** for several hours before it crashed.*
L'aeroplano aveva volato per parecchie ore prima di schiantarsi.

■ FUTURE (WILL)

*She **will fly** off the handle at the news.*
Alla notizia, perderà le staffe.

■ FUTURE (GOING TO)

*I **am not going to fly** until next week*
Non volerò fino alla prossima settimana.

■ USED TO ≠ TO BE USED TO + -ING

*Sometimes he **used to fly** but now he only travels by car or train.*
Qualche volta prendeva l'aereo, ma ora viaggia solo in macchina o in treno.

*He **is used to flying,** which is his favourite means of transport.*
È solito viaggiare in aereo che è il suo mezzo di trasporto preferito.

■ FIRST CONDITIONAL

*If I **fly**, will you accompany me to the airport?*
Se andrò in aereo, mi accompagnerai all'aeroporto?

■ SECOND CONDITIONAL

*If I **flew**, would you accompany me to the airport?*
Se andassi in aereo, mi accompagneresti all'aeroporto?

■ THIRD CONDITIONAL

*If I **had flown**, would you have accompanied me to the airport?*
Se fossi andato in aereo, mi avresti accompagnato all'aeroporto?

PHRASAL VERBS

- **fly at** — **aggredire**
  *She **flew at** me in a terrible rage.*
  Mi aggredì con una furia terribile.

- **fly in** — **atterrare**
  *We **flew in** last night.*
  Siamo atterrati ieri notte.

- **fly into** — **infuriarsi**
  *He **flew into** a horrible temper.*
  Andò su tutte le furie.

- **fly out** — **decollare**
  *They **flew out** yesterday.*
  Sono decollati ieri.

FORGET (fə´get) **forgot** (fə´gɒt) **forgotten** (fə´gɒtn)

dimenticare, dimenticarsi

■ SIMPLE PRESENT

I forget, you forget, we forget, they forget, he forgets, she forgets, it forgets

*Every year he **forgets** my birthday.*
Ogni anno si dimentica del mio compleanno.

■ PRESENT CONTINUOUS

I am forgetting, you are forgetting, we are forgetting, they are forgetting, he (she, it) is forgetting

***Aren't** you **forgetting** something?*
Non ti stai dimenticando qualcosa?

■ SIMPLE PAST

I forgot, you forgot, we forgot, they forgot, he (she, it) forgot

*Sorry, I **forgot** all about you.*
Mi dispiace, mi sono completamente dimenticata di voi.

■ PAST CONTINUOUS

I was forgetting, you were forgetting, we were forgetting, they were forgetting, he (she, it) was forgetting

*I **was forgetting** just how nasty you can be.*
Mi stavo dimenticando quanto tu possa essere cattivo.

■ PRESENT PERFECT

I have forgotten, you have forgotten, we have forgotten, they have forgotten, he (she, it) has forgotten

*I **have** never **forgotten** your kindness to me.*
Non ho mai dimenticato la tua cortesia verso di me.

■ PAST PERFECT

***Had** you really **forgotten** all that he said?*
Avevi davvero dimenticato tutto quello che aveva detto?

■ FUTURE (WILL)

*Perhaps I will forgive you but I certainly **won't forget** your words.*
Forse ti perdonerò, ma non potrò certo dimenticare le tue parole.

■ FUTURE (GOING TO)

*I **am going to forget** I ever met you.*
Dimenticherò di averti mai incontrato.

■ USED TO ≠ TO BE USED TO + -ING

*He **used to forget** everything but now his memory is improving.*
Si dimenticava sempre tutto, ma ora la sua memoria sta migliorando.

*He **is used to forgetting** everything.*
Si dimentica sempre tutto.

■ FIRST CONDITIONAL

*If I **forget** it, will you remind me of her birthday?*
Se me ne dimenticherò, mi ricorderai il suo compleanno?

■ SECOND CONDITIONAL

*If I **forgot** it, would you remind me of her birthday?*
Se me ne dimenticassi, mi ricorderesti il suo compleanno?

■ THIRD CONDITIONAL

*If I **had forgotten** it, would you have reminded me of her birthday?*
Se me ne fossi dimenticato, mi avresti ricordato il suo compleanno?

FORGIVE (fə´gɪv) **forgave** (fə´geɪv) **forgiven** (fə´gɪvn)

perdonare; rimettere; condonare

■ SIMPLE PRESENT

I forgive, you forgive, we forgive, they forgive, he forgives, she forgives, it forgives

He ***forgives*** *his son everything.*

Perdona tutto a suo figlio.

■ PRESENT CONTINUOUS

I am forgiving, you are forgiving, we are forgiving, they are forgiving, he (she, it) is forgiving

Is *he* ***forgiving*** *her for all she has done?*

La sta perdonando per tutto quello che ha fatto?

■ SIMPLE PAST

I forgave, you forgave, we forgave, they forgave, he (she, it) forgave

You never ***forgave*** *me, did you?*

Non mi hai mai perdonato, vero?

■ PAST CONTINUOUS

I was forgiving, you were forgiving, we were forgiving, they were forgiving, he (she, it) was forgiving

He ***wasn't forgiving*** *her for anything.*

Non la stava perdonando affatto.

■ PRESENT PERFECT

I have forgiven, you have forgiven, we have forgiven, they have forgiven, he (she, it) has forgiven

Has *he* ***forgiven*** *her for her terrible behaviour?*

L'ha perdonata per il suo terribile comportamento?

■ PAST PERFECT

She ***had forgiven*** *him his ignorance but not his stupidity.*

Aveva perdonato la sua ignoranza, ma non la sua stupidità.

■ FUTURE (WILL)

The Lord ***will forgive*** *all.*

Il Signore rimetterà tutti i peccati.

■ FUTURE (GOING TO)

Is *mother* ***going to forgive*** *us for the mess we made in the house?*

La mamma ci perdonerà per il disordine che abbiamo fatto in casa?

*My husband **used to forgive** me everything but recently he has become less understanding.*
Mio marito una volta mi perdonava tutto, ma di recente è diventato meno comprensivo.

*My husband **is used to forgiving** me my little sins.*
Mio marito di solito perdona i miei peccatucci.

■ FIRST CONDITIONAL

*If you **forgive** her, maybe you will forget her as well.*
Se la perdonerai, forse te ne dimenticherai pure.

■ SECOND CONDITIONAL

*If you **forgave** her, maybe you would forget her as well.*
Se la perdonassi, forse te ne dimenticheresti pure.

■ THIRD CONDITIONAL

*If you **had forgiven** her, maybe you would have forgotten her as well.*
Se l'avessi perdonata, forse te ne saresti pure dimenticato.

FREEZE (fri:z) **froze** (frəʊz) **frozen** (ˈfrəʊzn)

1 gelare, gelarsi; congelare, congelarsi; surgelare **2** bloccarsi, fermarsi di colpo

■ SIMPLE PRESENT

I freeze, you freeze, we freeze, they freeze, he freezes, she freezes, it freezes

This lake ***freezes*** *over during the winter.*
Questo lago ghiaccia durante l'inverno.

■ PRESENT CONTINUOUS

I am freezing, you are freezing, we are freezing, they are freezing, he (she, it) is freezing

I'm freezing *to death!*
Sto morendo di freddo!

■ SIMPLE PAST

I froze, you froze, we froze, they froze, he (she, it) froze

Last night the water in the pipes ***froze.***
Ieri notte ghiacciò l'acqua nelle tubature.

■ PAST CONTINUOUS

I was freezing, you were freezing, we were freezing, they were freezing, he (she, it) was freezing

The roads ***were freezing*** *over and the trees were covered in frost.*
Le strade stavano ghiacciando e gli alberi erano coperti di gelo.

■ PRESENT PERFECT

I have frozen, you have frozen, we have frozen, they have frozen, he (she, it) has frozen

The water ***has frozen*** *in the tubes.*
L'acqua si è giacciata nei condotti.

■ PAST PERFECT

It was so cold that even the oil in the pump ***had frozen****.*
Faceva così freddo che si era congelato anche l'olio nella pompa.

■ FUTURE (WILL)

Will *the water* ***freeze*** *in the pond?*
L'acqua del laghetto ghiaccerà?

■ FUTURE (GOING TO)

We ***are going to freeze*** *in this temperature.*
Con questa temperatura congeleremo.

■ USED TO ≠ TO BE USED TO + -ING

*His hands **used to freeze** until he bought some gloves.*
Le sue mani erano sempre congelate, fino a quando non si è comperato dei guanti.

*He **is used to** his fingers **freezing** every time he goes on the bike.*
Ha le dita gelate ogni volta che va in bicicletta.

■ FIRST CONDITIONAL

*If she **freezes** you out, I won't be amazed.*
Se ti escluderà, non mi meraviglierò.

■ SECOND CONDITIONAL

*If she **froze** you out, I wouldn't be amazed.*
Se ti escludesse, non mi meraviglierei.

■ THIRD CONDITIONAL

*If she **had frozen** you out, I wouldn't have been amazed.*
Se ti avesse esclusa, non mi sarei meravigliata.

PHRASAL VERBS

- **freeze out** — **escludere**
  *He was so unpleasant that he **froze** his partner **out** of the business.*
  È stato così scorretto da escludere il suo socio dall'affare.

- **freeze over** — **ghiacciarsi**
  *The river **has frozen over**!*
  Il fiume si è ghiacciato!

- **freeze up** — **congelare, congelarsi**
  *The pipes **have frozen up**.*
  Le tubature si sono congelate.

GET (get) **got** (gɒt) **got** (gɒt)
gotten (ˊgɒtn) *Am.*

1 ottenere; ricevere; guadagnare **2** prendere; afferare; catturare **3** indurre, persuadere **4** fare, farsi **5** diventare **6** arrivare, giungere **7** mettersi

■ SIMPLE PRESENT

I get, you get, we get, they get, he gets, she gets, it gets

*He **gets** angry everytime he speaks to his wife.*
Si arrabbia ogni volta che parla a sua moglie.

■ PRESENT CONTINUOUS

I am getting, you are getting, we are getting, they are getting, he (she, it) is getting

*I **am getting** the aeroplane at 7.00 a.m. tomorrow morning.*
Prenderò l'aereo alle 7 domani mattina.

■ SIMPLE PAST

I got, you got, we got, they got, he (she, it) got

*After the party we **got** home at 3.00 a.m.*
Dopo il party siamo arrivati a casa alle 3 del mattino.

■ PAST CONTINUOUS

I was getting, you were getting, we were getting, they were getting, he (she, it) was getting

*He **was getting** involved in a new business when I last saw him.*
Si stava facendo coinvolgere in un nuovo affare quando l'ho visto l'ultima volta.

■ PRESENT PERFECT

I have got (gotten), you have got (gotten), we have got (gotten), they have got (gotten), he (she, it) has got (gotten)

*Things **have got (gotten)** worse.*
Le cose sono andate peggio.

■ PAST PERFECT

*The patient **hadn't gotten (got)** better and eventually died.*
Il paziente non era migliorato e alla fine morì.

■ FUTURE (WILL)

*We **will get** some money from the bank.*
Otterremo un po' di denaro dalla banca.

■ FUTURE (GOING TO)

***Are** you **going to get** someone to convince him?*
Indurrete qualcuno a convincerlo?

■ USED TO ≠ TO BE USED TO + -ING

*She **used to get** a letter from her family every week but recently they have written less.*
Riceveva una lettera alla settimana dalla sua famiglia, ma ultimamente hanno scritto meno.

*As he is famous he **is used to getting** letters every day from his fans.*
Essendo famoso riceve ogni giorno lettere dai suoi fan.

■ FIRST CONDITIONAL

*If you **get** the chance, will you speak to him about the problem?*
Se ne avrai l'occasione, gli parlerai del problema?

■ SECOND CONDITIONAL

*If you **got** the chance, would you speak to him about the problem?*
Se ne avessi l'occasione, gli parleresti del problema?

■ THIRD CONDITIONAL

*If you **had got** the chance, would you have spoken to him about the problem?*
Se ne avessi avuto l'occasione, gli avresti parlato del problema?

PHRASAL VERBS

- **get about** — **andare in giro**
  *You'**ve been getting about**, haven't you?*
  Te ne stai andando in giro, vero?

- **get above** — **montarsi la testa**
  *She **gets above** herself for no reason at all.*
  Si monta la testa senza alcun motivo.

- **get across (1)** — **attraversare**
  *They **got across** the river last night.*
  Hanno attraversato il fiume ieri sera.

- **get across (2)** — **comunicare**
  *The politician **got** his programme **across** to the voters.*
  Il politico comunicò il suo programma all'elettorato.

- **get after** — **inseguire**
  *The police **got after** the gangsters.*
  La polizia inseguì i banditi.

- **get ahead** — **avere successo**
  *My daughter **is getting ahead** in her job.*
  Mia figlia sta avendo successo nel suo lavoro.

- **get along (1)** **andare d'accordo**
  *I **get along** with my boss.*
  Vado d'accordo col mio principale.

- **get along (2)** **cavarsela**
  *He**'s getting along** in a very difficult situation.*
  Se la sta cavando in una situazione molto difficile.

- **get along (3)** **andarsene**
  *I must **get along** because I'm very late.*
  Devo andarmene perché sono proprio in ritardo.

- **get around (1)** **andare in giro**
  *You don't **get around** much, do you?*
  Non vai molto in giro, vero?

- **get around (2)** **aggirare**
  *He always **gets around** problems.*
  Aggira sempre i problemi.

- **get around (3)** **diffondersi**
  *Word **is getting around** about your peculiar habits.*
  Si sta diffondendo la notizia delle vostre strane abitudini.

- **get around to** **mettersi (a fare qualcosa)**
  *When will **you get around to** washing the car?*
  Quando ti metterai a lavare la macchina?

- **get at (1)** **raggiungere**
  *Can you **get at** that book on the top shelf?*
  Puoi prendere quel libro sull'ultimo ripiano?

- **get at (2)** **scoprire**
  ***Did** he finally **get at** the truth?*
  Alla fine scoprì la verià?

- **get at (3)** **criticare duramente**
  *My teacher **has been getting at** me recently.*
  La mia insegnante ultimamente mi ha criticato aspramente.

- **get at (4)** **corrompere**
  *The jury **has been got at**.*
  La giuria è stata corrotta.

- **get at (5)** **intendere**
  *I don't understand. What **are you getting at**?*
  Non capisco. Che cosa intendi dire?

◆ **get away (1)** **andare via**
*Did you **get away** for the weekend?*
Siete andate via per il weekend?

◆ **get away (2)** **scappare, sfuggire**
*The two bankrobbers **got away** from the police in a fast car.*
I due rapinatori sfuggirono alla polizia su una macchina veloce.

◆ **get away from** **cambiare (parere, idea)**
*We must **get away from** those old ideas.*
Dobbiamo cambiare quelle idee antiquate.

◆ **get away with** **farla franca**
*The thief **got away with** the stolen money.*
Il ladro l'ha fatta franca con il denaro rubato.

◆ **get back (1)** **ritornare**
*I **got back** from Paris this morning.*
Sono ritornata da Parigi questa mattina.

◆ **get back (2)** **riavere**
*I **got** my car **back** from the garage yesterday.*
Ho riavuto la macchina dall'officina ieri.

◆ **get back (3)** **vendicarsi**
*He has insulted me but I will **get** him **back**.*
Mi ha insultato, ma io mi vendicherò.

◆ **get back into** **riprendere (un'abitudine)**
*I'll **get back into** writing after the holidays.*
Riprenderò a scrivere dopo le vancanze.

◆ **get back to (1)** **ritornare, tornare**
*Let's **get back to** what we were saying.*
Torniamo a ciò che stavamo dicendo.

◆ **get back to (2)** **richiamare (al telefono)**
*Can I **get back to** you later?*
Posso richiamarti più tardi?

◆ **get behind (1)** **rimanere indietro**
*He's **getting behind** with his work.*
Sta rimanendo indietro col suo lavoro.

◆ **get behind (2)** **sostenere**
*Will you **get behind** us on our proposal?*
Sosterrete la nostra proposta?

◆ **get beyond** **superare**
*We shall soon **get beyond** this difficulty.*
Dobbiamo superare in breve questa difficoltà.

◆ **get by (1)** **tirare avanti**
*My father **gets by** on his pension.*
Mio padre tira avanti con la sua pensione.

◆ **get by (2)** **evitare**
*Can you **get by** this problem?*
Sei in grado di evitare questo problema?

◆ **get down (1)** **scendere**
*She **is getting down** from the train now.*
Sta scendendo ora dal treno.

◆ **get down (2)** **abbassarsi, sdraiarsi**
*The policeman shouted at us to **get down** on the floor.*
Il poliziotto ci urlò di sdraiarci sul pavimento.

◆ **get down (3)** **visitare, andare a fare una visita**
*I'**m getting down** there on Saturday.*
Sabato andrò laggiù a fare una visita.

◆ **get down (4)** **mettere per iscritto**
***Are** you **getting down** my words?*
Sta mettendo per iscritto le mie parole?

◆ **get down (5)** **rattristare**
*His presence **gets** me **down**.*
La sua presenza mi rattrista.

◆ **get down to** **applicarsi, mettersi (a fare qualcosa)**
*I must **get down to** work.*
Devo mettermi seriamente a lavorare.

◆ **get in (1)** **arrivare**
*The train **gets in** at 6.00 p.m.*
Il treno arriva alle 6 di sera.

◆ **get in (2)** **rifornirsi, comperare**
*Will we **get in** some food?*
Compreremo qualcosa da mangiare?

◆ **get in (3)** **chiamare**
*Let's **get in** a plumber to fix the leak*
Chiamiamo un idraulico a riparare la perdita.

◆ **get in (4)** **essere eletto/votato**
*Which party **got in** at the last election?*
Che partito è stato votato nell'ultima elezione?

◆ **get in (5)** **includere (in un programma)**
*I am busy so I can't **get in** any squash today.*
Sono impegnata e non riesco a trovare un po' di tempo per lo squash oggi.

◆ **get in (6)** **intromettersi**
*Jack finally **got in** with his comment.*
Alla fine Jack si intromise con un suo commento.

◆ **get in on** **riuscire a entrare**
*I **got in on** a wonderful party last night.*
Sono riuscito a entrare a una festa favolosa ieri sera.

◆ **get into (1)** **entrare**
*They **got into** bed very late.*
Andarono a letto molto tardi.

◆ **get into (2)** **essere coinvolto**
*I don't want to **get into** this argument.*
Non voglio entrare in questa discussione.

◆ **get into (3)** **essere ammesso**
*I finally **got into** our local golf club.*
Alla fine sono stato ammesso al nostro club di golf della zona.

◆ **get into (4)** **avere un comportamento strano**
*Something **has got into** him. He keeps laughing all the time.*
C'è qualcosa di bizzarro in lui. Non fa altro che ridere.

◆ **get off (1)** **scendere**
*Peter **got off** the train.*
Pietro scese dal treno.

◆ **get off (2)** **andarsene**
*When **are** you **getting off** this evening?*
Quando te ne andrai questa sera?

◆ **get off (3)** **spedire**
*Did you **get** those letters **off**?*
Hai spedito quelle lettere?

◆ **get off (4)** **intimare di allontanarsi/levarsi**
*You are standing on my foot. **Get off**!*
Mi stai pestando il piede. Levati!

- **get off (5)** **svestirsi**

*The doctor told me to **get** my shirt **off**.*
Il dottore mi chiese di togliermi la camicia.

- **get off (6)** **ottenere (soldi, tempo ecc.)**

*I **got** some money **off** my brother.*
Ho ottenuto dei soldi da mio fratello.

- **get off (7)** **cavarsela**

*He **got off** with a light fine.*
Se la cavò con una piccola multa.

- **get off (8)** **cambiare discorso**

*Let's **get off** this subject!*
Cambiamo argomento!

- **get off (9)** **addormentarsi**

*I **got off** after midnight.*
Mi sono addormentata dopo mezzanotte.

- **get on (1)** **salire**

***Get on** the bus!*
Salite sull'autobus!

- **get on (2)** **parlare al telefono**

*He **got on** the telephone to me this morning.*
Mi ha parlato al telefono questa mattina.

- **get on (3)** **indossare, mettersi**

*I told him to **get** his coat **on** and follow me.*
Gli ho detto di mettersi il cappotto e di seguirmi.

- **get on (4)** **andare bene, progredire**

*He **is getting on** at his new school.*
Sta andando bene nella nuova scuola.

- **get on (5)** **riuscire (in un intento)**

*He **got on** the new television programme.*
È riuscito a partecipare al nuovo programma televisivo.

- **get on (6)** **invecchiare**

*Jim **is getting on**. He's nearly 80.*
Jim sta invecchiando. Ha quasi 80 anni.

- **get on (7)** **diventare tardi**

*It's **getting on** so I must go.*
Si sta facendo tardi e devo andare.

- **get on with (1)** **iniziare**
  *Can we **get on with** the discussion?*
  Possiamo aprire il dibattito?

- **get on with (2)** **andare d'accordo**
  *My boyfriend **gets on** well **with** my parents.*
  Il mio ragazzo va d'accordo con i miei genitori.

- **get on at** **criticare duramente**
  *He **gets on at** her all the time.*
  La critica continuamente in maniera aspra.

- **get on for** **raggiungere (quasi)**
  *He **is getting on for** 100.*
  Ha quasi raggiunto i 100 anni.

- **get on to/onto (1)** **iniziare a parlare**
  *Shall we **get onto** the next subject on the agenda?*
  Vogliamo iniziare a parlare dell'argomento successivo in programma?

- **get on to/onto (2)** **mettersi in contatto**
  *I will **get onto** her.*
  Mi metterò in contatto con lei.

- **get out (1)** **uscire, fuggire**
  *The house is on fire! **Get out**!.*
  La casa sta bruciando! Uscite fuori!

- **get out (2)** **togliere, rimouvere**
  *I can't **get** this stain **out** of your shirt.*
  Non riesco a togliere questa macchia dalla tua camicia.

- **get out (3)** **mettere sul mercato**
  *When will the new product **get out**?*
  Quando sarà messo sul mercato il nuovo prodotto?

- **get out (4)** **riuscire a dire**
  *He finally **got out** what he wanted to say.*
  Alla fine riusci a dire quello che voleva.

- **get out (5)** **trapelare**
  *The scandal finally **got out**.*
  Alla fine lo scandalo trapelò.

- **get out (6)** **uscire, lasciare**
  *Is he going to **get out** of the business?*
  Ha intenzione di lasciare la ditta?

- **get out (6)** **uscire, lasciare**
  *Is he going to **get out** of the business?*
  Ha intenzione di lasciare la ditta?

- **get out of (1)** **evitare (di fare qualcosa)**
  *He **got out of** paying taxes but I don't know how.*
  Ha evitato di pagare le tasse, ma non so come.

- **get out of (2)** **smettere, perdere (un'abitudine)**
  *He will never **get out of** smoking.*
  Non smetterà mai di fumare.

- **get over (1)** **superare**
  ***Has** Peter **got over** his illness?*
  Pietro è guarito dalla sua malattia?

- **get over (2)** **far capire**
  *He **got over** his knowledge to students very clearly.*
  Comunicava il suo sapere agli studenti in maniera molto chiara.

- **get over (3)** **visitare**
  *I'll **get over** to see you later.*
  Verrò a trovarvi più tardi .

- **get over (4)** **affrontare**
  *He **got over** the difficulties one by one.*
  Affrontò le difficoltà ad una ad una.

- **get through (1)** **superare**
  *The car **got through** the police barrier.*
  La macchina superò il blocco stradale.

- **get through (2)** **resistere**
  *The boat **got through** the storm.*
  La barca ha resistito alla tempesta.

- **get through (3)** **comprendere, entrare in testa**
  *Did my words **get through** to him?*
  Gli sono entrate in testa le mie parole?

- **get through (4)** **mettersi in contatto (telefonico)**
  *She **got through** to me yesterday on the phone.*
  Ieri si è messa in contatto telefonico con me.

- **get through (5)** **esaurire, finire**
  *We **got through** our holiday money in one day.*
  Abbiamo finito i nostri soldi per le vacanze in un giorno.

◆ **get to (1)** **arrivare**
*We **got to** town last night.*
Arrivammo in città ieri sera.

◆ **get to (2)** **essere toccato/impressionato**
*That terrible experience really **got to** me.*
Quella terribile esperienza mi ha veramente toccato.

◆ **get together (1)** **riunirsi, incontrarsi**
*We will **get together** after lunch.*
Ci incontreremo dopo pranzo.

◆ **get together (2)** **radunare**
***Get** the soldiers **together** for an inspection.*
Radunate i soldati per un'ispezione.

◆ **get together (3)** **raccogliere, mettere insieme**
*The family of the kidnapped man **got together** all his money.*
La famiglia del rapito mise insieme tutti i suoi soldi.

◆ **get together (4)** **controllarsi**
***Get** yourself **together** immediately!*
Controllati immediatamente!

◆ **get up (1)** **salire**
*The bus couldn't **get up** the mountain road.*
L'autobus non riusciva a salire sulla strada di montagna.

◆ **get up (2)** **alzarsi**
*He said '**Get up** and walk'.*
Egli disse: "Alzati e cammina".

◆ **get up (3)** **organizzare**
*He **got up** a special party for her.*
Organizzò per lei una festa speciale.

◆ **get up (4)** **vestirsi stranamente**
*She **got up** in strange clothes.*
Si vestì in modo bizzarro.

GIVE (gɪv) **gave** (geɪv) **given** (ˈgɪvn)

1 dare **2** cedere

■ SIMPLE PRESENT

I give, you give, we give, they give, he gives, she gives, it gives

*He **gives** me the creeps.*
Mi dà i brividi.

■ PRESENT CONTINUOUS

I am giving, you are giving, we are giving, they are giving, he (she, it) is giving

*I **am giving** up smoking.*
Sto smettendo di fumare.

■ SIMPLE PAST

I gave, you gave, we gave, they gave, he (she, it) gave

*Yesterday he **gave** me an unpleasant suprise.*
Ieri mi diede un'amara sorpresa.

■ PAST CONTINUOUS

I was giving, you were giving, we were giving, they were giving, he (she, it) was giving

*His behaviour **was giving** rise to alarm.*
Il suo atteggiamento stava dando origine a preoccupazione.

■ PRESENT PERFECT

I have given, you have given, we have given, they have given, he (she, it) has given

*She **has given** up the ghost.*
Ha reso l'anima a Dio.

■ PAST PERFECT

*The firm **had given** everyone a rise even though there was an economic crisis.*
La ditta aveva dato a ognuno un aumento nonostante ci fosse la crisi economica.

■ FUTURE (WILL)

*His behaviour in public **will give** grounds for complaints.*
Il suo atteggiamento in pubblico darà adito a lamentele.

■ FUTURE (GOING TO)

*Don't waste the opportunity he **is going to give** you.*
Non sprecare l'occasione che ti darà.

■ USED TO ≠ TO BE USED TO + -ING

*He always **used to give** way to his children but then he started being stricter.*
Una volta cedeva sempre di fronte ai suoi bambini, ma poi iniziò a essere più severo.

*He **is used to giving** way to his children.*
È solito cedere di fronte ai suoi bambini.

■ FIRST CONDITIONAL

*If the bank **gives** us a loan, we will buy a house.*
Se la banca ci concederà un prestito, ci compreremo la casa.

■ SECOND CONDITIONAL

*If the bank **gave** us a loan, we would buy a house.*
Se la banca ci concedesse un prestito, ci compreremmo la casa

■ THIRD CONDITIONAL

*If the bank **had given** us a loan, we would have bought a house.*
Se la banca ci avesse concesso un prestito, ci saremmo comprati la casa.

PHRASAL VERBS

◆ **give away (1)** — **donare**
*He **gave away** a lot of money to charity.*
Donò molti soldi in beneficienza.

◆ **give away (2)** — **rivelare**
*The spy stupidly **gave away** his identity.*
La spia rivelò stupidamente la sua identità.

◆ **give back (1)** — **rendere**
*I **gave** him **back** his car.*
Gli ho reso l'auto.

◆ **give back (2)** — **restituire**
*The new king **gave** them **back** their property.*
Il nuovo sovrano restituì le loro proprietà.

◆ **give in (1)** — **cedere**
*The new manager **gave in** to the workers' requests.*
Il nuovo manager ha ceduto alle richieste dei lavoratori.

◆ **give in (2)** — **consegnare**
*The student **gave** the book **in** to the library.*
Lo studente consegnò il libro alla biblioteca.

- **give off (1)** **emanare**
  *The burning tyre **gave off** a terrible smell.*
  La gomma bruciando emanava un odore terribile.

- **give off (2)** **smettere**
  *He **gave off** pretending to be intelligent.*
  Smise di fingersi intelligente.

- **give onto** **dare accesso**
  *That door **gives onto** a small garden.*
  Quellla porta dà accesso a un piccolo giardino.

- **give out (1)** **divulgare**
  *The embassy **gives out** a lot of tourist information.*
  L'ambasciata fornisce molte informazioni turistiche.

- **give out (2)** **smettere di funzionare, esaurirsi**
  *The engine **has given out**!*
  Il motore ha smesso di funzionare!

- **give out (3)** **emettere**
  *The fire **gave out** a lot of heat.*
  Il fuoco emetteva un gran calore.

- **give over** **smettere**
  ***Give over** smoking!*
  Smettila di fumare!

- **give over to (1)** **dedicarsi, darsi**
  *He **has given** himself **over to** drink.*
  Si è dato al bere.

- **give over to (2)** **consegnare**
  *They **gave over** all their money to the robbers.*
  Consegnarono ai ladri tutti i loro soldi.

- **give up (1)** **smettere**
  *She **gave up** smoking three times last month.*
  Smise di fumare tre volte lo scorso mese.

- **give up (2)** **rinunciare**
  *He **gave up** trying to marry her..*
  Rinunciò a cercare di sposarla.

- **give up (3)** **arrendersi**
  *The gangster **gave** himself **up** to the police.*
  Il malvivente si arrese alla polizia.

- **give up (4)** **dedicare**
  *He **gave up** a lot of time to charity.*
  Dedicava parecchio tempo a opere di beneficenza.

- **give up (5)** **lasciare**
  *She **gave up** her job at the factory.*
  Lasciò il suo lavoro in fabbrica.

- **give up on** **rinunciare**
  *She **gave up** on trying to understand him.*
  Rinunciò a tentare di capirlo.

- **give up to** **dedicarsi**
  *He **gave** himself **up** to women, gambling and alcohol.*
  Si dedicò alle donne, al gioco e all'alcool.

GO (gəʊ) **went** (went) **gone** (gɒn)

1 andare, andarsene; partire; passare **2** divenire, farsi **3** seguire **4** fare

■ SIMPLE PRESENT

I go, you go, we go, they go, he go<u>es</u>, she go<u>es</u>, it go<u>es</u>

*He **goes** to work by bus every day.*
Va al lavoro col pullman ogni giorno.

■ PRESENT CONTINUOUS

I am going, you are going, we are going, they are going, he (she, it) is going

*We **are going** mad with all the work we have to do.*
Stiamo diventando pazzi con tutto il lavoro che dobbiamo fare.

■ SIMPLE PAST

I went, you went, we went, they went, he (she, it) went

*The government's statement **went** a long way to restoring confidence.*
La dichiarazione del governo aiutò molto a ridare fiducia.

■ PAST CONTINUOUS

I was going, you were going, we were going, they were going, he (she, it) was going

*He **was going** to the bank when I saw him.*
Stava andando in banca quando lo vidi.

■ PRESENT PERFECT

I have gone, you have gone, we have gone, they have gone, he (she, it) has gone

*She **has gone** on a trip and I don't know when she'll be back.*
È andata in viaggio e non so quando sarà di ritorno.

■ PAST PERFECT

*Although initially she **had gone** purple at the news she then calmed down.*
Anche se inizialmente era diventata paonazza per la notizia, poi si è calmata.

■ FUTURE (WILL)

*I **will go** to law over this matter.*
Farò ricorso alla legge per questa faccenda.

■ FUTURE (GOING TO)

*She **is going to go** far in life, you can see that at a glance.*
Andrà lontano nella vita, si vede con un'occhiata.

■ USED TO ≠ TO BE USED TO + -ING

*He **used to go** to university but last year he stopped.*
Un tempo frequentava l'università, ma smise lo scorso anno.

*He **is used to going** daily to the university to study.*
Abitualmente va a studiare all'università tutti i giorni.

■ FIRST CONDITIONAL

*If you **go** on holiday by the sea, I will come with you.*
Se andrete in vacanza al mare, verrò con voi.

■ SECOND CONDITIONAL

*If you **went** on holiday by the sea, I would come with you.*
Se andaste in vacanza al mare, verrei con voi.

■ THIRD CONDITIONAL

*If you **had gone** on holiday by the sea, I would have come with you.*
Se foste andati in vacanza al mare, sarei venuto con voi.

PHRASAL VERBS

- **go about (1)** — **affrontare, trattare**
  *What is the best way of **going about** this problem?*
  Qual è il modo migliore per affrontare questo problema?

- **go about (2)** — **circolare, girare**
  *They **are going about** the town in the car.*
  Stanno girando la città in macchina.

- **go about (3)** — **occuparsi, fare**
  *He **was going about** his usual business.*
  Si stava occupando delle sue solite faccende.

- **go about (4)** — **frequentare**
  *Peter and Mary **are** always **going about** together.*
  Pietro e Maria si frequentano assiduamente.

- **go after** — **cercare di ottenere**
  *John **went after** a new job.*
  Giovanni cercò di ottenere un nuovo impiego.

- **go against (1)** — **essere contrario**
  *He **goes against** divorce.*
  Lui è contrario al divorzio.

- **go against (2)** **attaccare**
The Indians ***went against*** *the cowboys.*
Gli indiani attaccarono i cowboy.

- **go against (3)** **subire un giudizio sfavorevole**
The court's decision ***went against*** *us.*
Il verdetto della corte fu contro di noi.

- **go ahead (1)** **iniziare, dare il via**
The company ***went ahead*** *with its plans.*
La compagnia diede il via ai suoi progetti.

- **go ahead (2)** **andare avanti**
Your car is faster so ***go ahead*** *of us.*
La vostra macchina è più veloce perciò andate avanti voi.

- **go along (1)** **procedere**
We ***went along*** *the road until the corner.*
Procedemmo lungo la strada fino all'angolo.

- **go along (2)** **andare avanti**
She ***went along*** *without a precise idea.*
Andò avanti senza un'idea precisa.

- **go along with** **accompagnare**
Go along with *our guest, please.*
Per favore, accompagna il nostro ospite.

- **go at** **attaccare, gettarsi**
He ***went at*** *the food like a maniac.*
Si gettò come un pazzo sulla roba da mangiare.

- **go away (1)** **lasciare, andarsene**
He ***went away*** *from home when he was very young.*
Se ne andò di casa quando era molto giovane.

- **go away (2)** **scomparire**
This problem will never ***go away****.*
Questo problema non scomparirà mai.

- **go back (1)** **ritornare**
She ***went back*** *to her old job.*
Ritornò al suo vecchio lavoro.

- **go back (2)** **tornare indietro**
He ***went back*** *to the shop to buy some more wine.*
Tornò indietro al negozio per comperare ancora un po' di vino.

- **go back on** **rinnegare**
  *She **went back on** her word.*
  Lei rinnegò la sua parola.

- **go back over** **riconsiderare, riguardare**
  *The manager **went back over** the accounts.*
  L'amministratore riguardò la contabilità.

- **go back to** **ricominciare**
  *He **went back to** the start and began again.*
  Ricominciò ancora dall'inizio.

- **go before** **andare davanti, essere presentato**
  *His project will soon **go before** the committee.*
  Il suo progetto andrà presto davanti al comitato.

- **go by (1)** **passare, trascorrere**
  *Time **is going** slowly **by**.*
  Il tempo sta trascorrendo lentamente.

- **go by (2)** **seguire**
  *The police **went by** the information and arrested the gangster.*
  La polizia seguì l'informazione e arrestò il malvivente.

- **go by (3)** **non badare, non curarsi**
  *He let her comment **go by**.*
  Non si curò del suo commento.

- **go down (1)** **scendere**
  *They **went down** the hill on bikes.*
  Scesero dalla collina in bicicletta.

- **go down (2)** **visitare**
  ***Are** you **going down** to London?*
  Vai a visitare Londa?

- **go down (3)** **abbassarsi, diminuire**
  *Prices **have gone down** in the shops.*
  I prezzi nei negozi sono diminuiti.

- **go down (4)** **scomparire**
  *That lump on his head **has gone down**.*
  Quel nodulo sulla sua testa è scomparso.

- **go down (5)** **tramontare**
  *The sun **has gone down**.*
  Il sole è tramontato.

◆ **go down (6)** **affondare**
*The ship **went down** slowly.*
La nave affondò lentamente.

◆ **go down (7)** **perdere**
*Our team **went down** last Saturday.*
Sabato scorso la nostra squadra ha perso.

◆ **go down (8)** **annotare, mettere giù (per iscritto)**
*Will my words **go down** in writing?*
Le mie parole verranno messe per iscritto?

◆ **go down (9)** **lasciare (l'università)**
*He **went down** from Oxford last year.*
Lasciò l'università di Oxford lo scorso anno.

◆ **go down with** **prendere (una malattia)**
*He **has gone down with** a heavy cold.*
Ha preso un forte raffreddore.

◆ **go for (1)** **cercare di ottenere, battersi**
*She **is going for** a gold in the Olympics.*
Si sta battendo per l'oro alle Olimpiadi.

◆ **go for (2)** **piacere**
*I really **went for** her blue eyes.*
Mi piacevano da impazzire i suoi occhi azzurri.

◆ **go for (3)** **assalire**
*She **went for** him with a knife.*
Lei lo assalì con un coltello.

◆ **go for (4)** **valere, andare bene**
*What **goes for** me goes for you.*
Quello che vale per me, vale anche per te.

◆ **go forward (1)** **progredire**
*Our projects **are going forward** very well.*
I nostri progetti stanno procedendo molto bene.

◆ **go forward (2)** **candidare**
*His name **went forward** for the presidency.*
Il suo nome è stato candidato per la presidenza.

◆ **go forward (3)** **mettere avanti (l'orologio)**
*The clocks **are going forward** this evening.*
Gli orologi vanno messi avanti questa sera.

- **go in (1)** **entrare**
  Go in *that door on the left.*
  Entra da quella porta sulla sinistra.

- **go in (2)** **essere compreso/capito**
  Did your words ***go in****?*
  Le tue parole sono state capite?

- **go in (3)** **nascondersi**
  The sun ***has gone in*** *behind some clouds.*
  Il sole si è nascosto dietro le nuvole.

- **go in for (1)** **partecipare**
  He ***goes in for*** *bike races.*
  Partecipa alle corse ciclistiche.

- **go in for (2)** **decidere, scegliere (un'attività)**
  He ***has gone in for*** *medicine.*
  Ha scelto medicina.

- **go into (1)** **entrare**
  Go into *that room, will you?*
  Vuole accomodarsi in quella stanza?

- **go into (2)** **investigare**
  The police ***went into*** *the crime very thoroughly.*
  La polizia investigò il crimine molto accuratamente.

- **go in with** **associarsi**
  He ***went into*** *business* ***with*** *his brother.*
  Si associò in affari con suo fratello.

- **go off (1)** **lasciare**
  He ***went off*** *without her.*
  Se ne andò senza di lei.

- **go off (2)** **esplodere**
  The bomb ***went off*** *suddenly.*
  La bomba esplose all'improvviso.

- **go off (3)** **entrare in funzione**
  The alarm ***went off*** *with a loud noise.*
  L'allarme entrò in funzione con un gran baccano.

- **go off (4)** **smettere di funzionare**
  The electric device ***went off*** *without a warning.*
  Il dispositivo elettrico smise di funzionare senza preavviso.

- **go off (5)** **andare**
  *The concert **went off** well.*
  Il concerto è andato bene.

- **go off (6)** **andare a male, marcire**
  *All the food **has gone off**!*
  Tutte la roba da mangiare è andata a male!

- **go off (7)** **deviare, girare**
  *The major road **goes off** to the left.*
  La strada principale gira verso sinistra.

- **go off (8)** **smettere di prendere**
  *I **have gone off** tranquillizers.*
  Ho smesso di prendere tranquillanti.

- **go off (9)** **addormentarsi**
  *She just **went off** to sleep.*
  Si è proprio addormentata.

- **go off with (1)** **lasciare uno per un altro**
  *He **went off with** my wife!*
  Se ne è andato con mia moglie!

- **go off with (2)** **appropriarsi**
  *She **went off with** my jewels.*
  Si è appropriata dei miei gioielli.

- **go on (1)** **continuare, andare avanti**
  ***Is** he **going on** with his exams?*
  Va avanti con gli esami?

- **go on (2)** **andare avanti, proseguire**
  *The road **goes on** and on for miles.*
  La strada prosegue per chilometri e chilometri.

- **go on (3)** **tenere banco**
  *He **went on** talking for an hour!*
  Ha tenuto banco parlando per un'ora!

- **go on (4)** **basarsi**
  *The police **went on** the information and so arrested the terrorists.*
  La polizia si basò sull'informazione e così arrestò i terroristi.

- **go on (5)** **spendere**
  *A lot of time, money and energy **went on** this project.*
  È stato speso un sacco di tempo, soldi ed energia per questo progetto.

- **go on (6)** **andare sul palcoscenico**
  The great actor ***went on*** *for the last time yesterday.*
  Il grande attore andò sul palcoscenico per l'ultima volta ieri.

- **go on (7)** **iniziare a prendere**
  The patient ***went on*** *antibiotics this morning.*
  Il paziente ha iniziato a prendere antibiotici questa mattina.

- **go on (8)** **essere innamorato**
  She ***was*** *totally* ***gone on*** *him.*
  Era pazzamente innamorata di lui.

- **go out (1)** **uscire**
  She ***went out*** *to visit some friends.*
  Uscì per andare a trovare degli amici.

- **go out (2)** **diffondere, pubblicare**
  The news ***went out*** *on the radio.*
  Le notizie furono diffuse dalla radio.

- **go out (3)** **spegnere, andare via**
  The light ***has gone out****!*
  È andata via la luce!

- **go out (4)** **passare di moda**
  This model ***went out*** *of fashion last year.*
  Questo modello è passato di moda l'anno scorso.

- **go over (1)** **avvicinarsi**
  Look, John ***is going over*** *to Isabella.*
  Guarda, John si sta avvicinando a Isabella.

- **go over (2)** **esaminare attentamente**
  Shall we ***go over*** *your exam results?*
  Possiamo esaminare attentamente i risultati dei tuoi esami?

- **go overboard (1)** **cadere in mare**
  Man ***overboard****!*
  Uomo in mare!

- **go overboard (2)** **esagerare**
  *You'****re going overboard*** *with your anger, aren't you?*
  Non stai esagerando con la tua rabbia?

- **go over to** **cambiare**
  The Russians ***are going over to*** *a new political system.*
  I Russi stanno cambiando il loro sistema politico.

- **go round (1)** **frequentare**
  I often ***go round*** *with Philip.*
  Frequento spesso Filippo.

- **go round (2)** **visitare, andare a trovare**
  I'm going round *Paul's for five minutes.*
  Vado a trovare Paolo per qualche minuto

- **go round (3)** **fare il giro, visitare**
  Shall we ***go round*** *Corsica by bike this summer?*
  Faremo il giro della Corsica in bicicletta quest'estate?

- **go through (1)** **fare/avere un'esperienza**
  She ***has gone through*** *an unpleasant experience.*
  Lei ha avuto una spiacevole esperienza.

- **go through (2)** **fare, sottoporsi**
  Have *you* ***gone through*** *the medical and psychological examinations?*
  Ti sei sottoposto ai controlli medici e psicologici?

- **go through (3)** **attraversare**
  He ***went*** *slowly* ***through*** *the room.*
  Attraversò lentamente la stanza.

- **go through (4)** **esaminare attentamente**
  The detective ***went through*** *the man's documents.*
  L'ispettore esaminò attentamente i documenti di quell'uomo.

- **go through (5)** **esaurire, finire**
  We ***have gone through*** *all our money.*
  Abbiamo finito tutti i nostri soldi.

- **go through with** **portare a termine**
  Those gangsters will ***go through with*** *their plan whatever happens.*
  Qualsiasi cosa accada quei delinquenti porteranno a termine il loro piano.

- **go together** **associarsi, andare insieme**
  Fear, hatred and desire often ***go together****.*
  Paura, odio e bramosia vanno spesso insieme.

- **go towards** **contribuire**
  This money will ***go towards*** *paying your debts.*
  Qusti soldi contribuiranno a pagare i tuoi debiti.

- **go under (1)** **andare sotto**
  She ***went under*** *the water and drowned.*
  Andò sott'acqua e annegò.

- **go under (2)** **fallire**

  *Another bank **has gone under**.*
  È fallita un'altra banca.

- **go up (1)** **salire**

  *We **went up** the stairs.*
  Siamo saliti su per le scale.

- **go up (2)** **aumentare**

  *Prices **are going up**.*
  I prezzi stanno aumentando.

- **go up (3)** **costruire**

  *Houses **are going up** everywhere.*
  Stanno costruendo case dappertutto.

- **go up (4)** **alzarsi**

  *The curtain **is going up**.*
  Si sta alzando il sipario.

- **go up (5)** **esplodere, andare in fiamme**

  *The house **has gone up** in flames.*
  La casa è andata in fiamme.

- **go up (6)** **iniziare (l'università)**

  *My son **is going up** to university next week.*
  Mio figlio inizierà l'università la prossima settimana.

- **go with** **andare, avere rapporti sessuali**

  *He **went with** her last night.*
  La notte scorsa è andato con lei.

- **go without** **fare a meno**

  *He **went without** food for three days.*
  Ha fatto a meno del cibo per tre giorni.

GROW (grəʊ) **grew** (gruː) **grown** (grəʊn)

1 crescere; far crescere; aumentare **2** diventare **3** coltivare

■ SIMPLE PRESENT

I grow, you grow, we grow, they grow, he grows, she grows, it grows

*He has retired and now **grows** flowers.*
È andato in pensione e ora coltiva fiori.

■ PRESENT CONTINUOUS

I am growing, you are growing, we are growing, they are growing, he (she, it) is growing

*He **is growing** into a little devil.*
Sta diventando un diavoletto.

■ SIMPLE PAST

I grew, you grew, we grew, they grew, he (she, it) grew

*I was born in Scotland but I **grew** up in London.*
Sono nata in Scozia ma sono cresciuta a Londra.

■ PAST CONTINUOUS

I was growing, you were growing, we were growing, they were growing, he (she, it) was growing

*He **was growing** too big for his boots.*
Si stava montando la testa.

■ PRESENT PERFECT

I have grown, you have grown, we have grown, they have grown, he (she, it) has grown

*The weeds **have grown** all over the garden.*
Le erbacce sono cresciute in tutto il giardino.

■ PAST PERFECT

*Physically he **had grown** but not mentally.*
Era cresciuto fisicamente, ma non mentalmente.

■ FUTURE (WILL)

*In a very short period this industry **will grow** beyond measure.*
In poco tempo questa industria crescerà a dismisura.

■ FUTURE (GOING TO)

*It **is going to grow** into an important industry.*
Diventerà un'industria importante.

■ USED T ≠ TO BE USED TO + -ING

*She **used to grow** flowers but recently has lost all interest.*
Una volta coltivava fiori, ma di recente ha perso ogni interesse.

*She **is used to growing** flowers, especially roses.*
È solita coltivare fiori, specialmente rose.

■ FIRST CONDITIONAL

*If she **grows** up into a beautiful girl, I'll be surprised.*
Se diventerà una bella ragazza, mi stupirò.

■ SECOND CONDITIONAL

*If she **grew** up into a beautiful girl, I would be surprised.*
Se diventasse una bella ragazza, mi stupirei.

■ THIRD CONDITIONAL

*If she **had grown** up into a beautiful girl, I would have been surprised.*
Se fosse diventata una bella ragazza, mi sarei stupito.

PHRASAL VERBS

- **grow apart** — **estraniarsi, diventare estranei**
  *My brother and I **have grown apart**.*
  Mio fratello e io siamo diventati degli estranei.

- **grow away from** — **allontanarsi**
  *We **have grown away from** each other.*
  Ci siamo allontanati l'uno dall'altro.

- **grow into** — **diventare**
  *He **has grown into** a mature man.*
  È diventato un uomo maturo.

- **grow on** — **piacere (gradualmente)**
  *He eventually **grew on** me.*
  Alla fine cominciò a piacermi.

- **grow out of** — **diventare troppo grande**
  *I **have grown out of** this town.*
  Questa città mi sta stretta.

- **grow up** — **crescere**
  *I **grew up** in a small house.*
  Sono cresciuta in una piccola casa.

HAVE (hæv) **had** (hæd) **had** (hæd)

1 avere, possedere **2** prendere; ricevere

■ 1 SIMPLE PRESENT
I have, you have, we have, they have, he has, she has, it has

She usually ***has*** *tea and toast for breakfast.*
Solitamente prende tè e pane tostato per colazione.

■ 2 SIMPLE PRESENT (FORMA CONTRATTA)
I've, you've, we've, they've, he's, she's, it's

*She'****s*** *got two brothers and one sister.*
Ha due fratelli e una sorella.

■ PRESENT CONTINUOUS
I am having, you are having, we are having, they are having, he (she, it) is having

He ***is having*** *a bath right now.*
Sta facendo il bagno proprio adesso.

■ 1 SIMPLE PAST
I had, you had, we had, they had, he (she, it) had

He ***had*** *difficulty with his car last year.*
Ebbe dei problemi con l'auto lo scorso anno.

■ 2 SIMPLE PAST (FORMA CONTRATTA)
I'd, you'd, we'd, they'd, he (she, it) 'd

*He'****d*** *no money last week.*
La settimana scorsa non aveva soldi.

■ PAST CONTINUOUS
I was having, you were having, we were having, they were having, he (she, it) was having

They ***were having*** *an argument when the boss came in.*
Stavano litigando quando entrò il principale.

■ PRESENT PERFECT
I have had, you have had, we have had, they have had, he (she, it) has had

I've had *enough of you!*
Ne ho abbastanza di te!

■ PAST PERFECT

*He'****d had*** *a bottle of wine and was drunk.*
Aveva bevuto una bottiglia di vino ed era ubriaco.

■ FUTURE (WILL)

I ***will have*** *a swim after lunch.*
Farò una nuotata dopo pranzo.

■ FUTURE (GOING TO)

*I'm **going to have** a chat with her.*
Farò quattro chiacchiere con lei.

■ USED TO ≠ TO BE USED TO + -ING

*I **used to have** a holiday in June but now I have them in July.*
Un tempo facevo le vacanze in giugno, ora invece le ho in luglio.

*She **is used to having** nervous breakdowns.*
È solita avere esaurimenti nervosi.

■ FIRST CONDITIONAL

*If I **have** a holiday, I will certainly go abroad.*
Se avrò una vacanza, andrò certamente all'estero.

■ SECOND CONDITIONAL

*If I **had** a holiday, I would certainly go abroad.*
Se avessi una vacanza, andrei certamente all'estero.

■ THIRD CONDITIONAL

*If I **had had** a holiday, I would have certainly gone abroad.*
Se avessi avuto una vacanza, sarei andato certamente all'estero.

PHRASAL VERBS

- **have in** — **far fare (dei lavori)**
  *I **had** some workers **in** last week to repair the roof.*
  La settimana scorsa ho avuto gli operai in casa per ripararmi il tetto.

- **have off** — **farsela, avere rapporti sessuali**
  *Mary **is having** it **off** with an Italian.*
  Mary se la sta facendo con un italiano.

- **have on (1)** — **indossare, avere addosso**
  *She **had** a lot of rings **on**.*
  Aveva addosso un sacco di anelli.

- **have on (2)** — **prendere in giro**
  ***Are** you **having** me **on**?*
  Mi stai prendendo in giro?

- **have out** — **farsi togliere, estrarre**
  *Grandad **had** two teeth **out** yesterday.*
  Il nonno si è fatto togliere due denti ieri.

HIT (hɪt) **hit** (hɪt) **hit** (hɪt)

colpire; battere, urtare

■ SIMPLE PRESENT

I hit, you hit, we hit, they hit, he hits, she hits, it hits

Our teacher never ***hits*** *us.*
Il nostro maestro non ci picchia mai.

■ PRESENT CONTINUOUSIMPLE

I am hitting, you are hitting, we are hitting, they are hitting, he (she, it) is hitting

We ***are hitting*** *it off with our new neighbours.*
Stiamo andando d'accordo con i nostri nuovi vicini.

■ SIMPLE PAST

I hit, you hit, we hit, they hit, he (she, it) hit

The car ***hit*** *a tree then went into the ditch.*
La macchina urtò contro un albero e poi andò nel fosso.

■ PAST CONTINUOUS

I was hitting, you were hitting, we were hitting, they were hitting, he (she, it) was hitting

When the police arrived he ***was*** *still* ***hitting*** *his wife.*
Quando la polizia arrivò stava ancora picchiando sua moglie.

■ PRESENT PERFECT

I have hit, you have hit, we have hit, they have hit, he (she, it) has hit

I ***have*** *just* ***hit*** *upon a brilliant idea.*
Ho appena avuto un'idea brillante.

■ PAST PERFECT

The boxer ***had hit*** *back continuously but he eventually lost the match.*
Il pugile aveva contrattaccato continuamente ma alla fine perse l'incontro.

■ FUTURE (WILL)

Don't worry, you ***will hit*** *on the right path in life.*
Non preoccupatevi, troverete la vostra strada nella vita.

■ FUTURE (GOING TO)

I ***am going to hit*** *you right on the nose.*
Ti colpirò dritto sul naso.

■ USED TO ≠ TO BE USED TO + -ING

*My father never **used to hit** me when I was a child.*
Mio padre non mi picchiava mai quando ero bambino.

*She **is used to hitting** the bottle.*
Beve sempre a dismisura.

■ FIRST CONDITIONAL

*If they **hit back**, it will not be with words.*
Se ribatteranno, non sarà a parole.

■ SECOND CONDITIONAL

*If they **hit back**, it would not be with words.*
Se ribattessero, non sarebbe a parole.

■ THIRD CONDITIONAL

*If they **had hit back**, it would not have been with words.*
Se avessero ribattuto, non sarebbe stato a parole.

PHRASAL VERBS

◆ **hit at** — **colpire, attaccare**
*Germany **hit at** Russia in spite of their non-aggression pact.*
La Germania attaccò la Russia nonostante il loro patto di non aggressione.

◆ **hit back** — **contrattaccare, ribattere**
*The minister **hit back** at his critics.*
Il ministro ribatté a chi lo criticava.

◆ **hit off** — **andare d'accordo**
*Linda and I immediately **hit** it **off** together.*
Linda e io andammo immediatamente d'accordo.

◆ **hit on/upon** — **imbattersi, trovare**
*The scientist **hit upon** the discovery by chance.*
Lo scienziato si è imbattuto casualmente nella scoperta.

◆ **hit out** — **reagire**
*She **hit out** at her opponents with violence.*
Reagì ai suoi avversari con violenza.

HOLD (həʊld) **held** (held) **held** (held)
1 tenere; reggere **2** sostenere **3** contenere **4** possedere **5** credere, ritenere **6** resistere

■ PRESENT
I hold, you hold, we hold, they hold, he hold<u>s</u>, she hold<u>s</u>, it hold<u>s</u>

*He **holds** very strongly to certain principles.*
Sostiene molto fermamente certi principi.

■ PRESENT CONTINUOUS
I am holding, you are holding, we are holding, they are holding, he (she, it) is holding

*He **is holding** forth about football, as usual!*
Sta parlando a vanvera di calcio, come al solito!

■ SIMPLE PAST
I held, you held, we held, they held, he (she, it) held

*The bandits **held** up the bank.*
I banditi rapinarono la banca.

■ PAST CONTINUOUS
I was holding, you were holding, we were holding, they were holding, he (she, it) was holding

*He **was holding** the baby very carefully in his hands.*
Stava reggendo il neonato tra le mani con grande attenzione.

■ PRESENT PERFECT
I have held, you have held, we have held, they have held, he (she, it) has held

*She **has held** the job for years.*
Ha tenuto quel lavoro per anni.

■ PAST PERFECT

*The bank **had held** up his company for years before suddenly withdrawing his credit overnight.*
La banca aveva sostenuto la sua società per anni prima di chiudergli improvvisamente il credito un giorno con l'altro.

■ FUTURE (WILL)

*He **will hold** nothing against you.*
Non ti serberò rancore.

■ FUTURE (GOING TO)

*They **are going to hold** a meeting on Tuesday.*
Terranno una riunione martedì.

■ USED TO ≠ TO BE USED TO + -ING

The town ***used to hold*** *fairs many years ago.*
La città teneva delle fiere molti anni fa.

Our village ***is used to holding*** *a fair annually.*
Nel nostro paese si tiene una fiera ogni anno.

■ FIRST CONDITIONAL

If I ***hold*** *your case, will you open the boot?*
Se reggerò la tua valigia, aprirai il bagagliaio?

■ SECOND CONDITIONAL

If I ***held*** *your case, would you open the boot?*
Se reggessi la tua valigia, apriresti il bagagliaio?

■ THIRD CONDITIONAL

If I ***had held*** *your case, would you have opened the boot?*
Se avessi retto la tua valigia, avresti aperto il bagagliaio?

PHRASAL VERBS

◆ **hold against** — **avercela**
My ex boyfriend ***holds*** *a lot* ***against*** *me.*
Il mio ex-fidanzato ce l'ha a morte con me.

◆ **hold back (1)** — **trattenere, trattenersi**
He ***held back*** *from speaking.*
Si trattenne dal parlare.

◆ **hold back (2)** — **impedire**
He ***was held back*** *from leaving the building.*
Gli fu impedito di lasciare l'edificio.

◆ **hold back (3)** — **nascondere**
The businessman ***held back*** *the information from his partners.*
L'uomo d'affari nascose l'informazione ai suoi soci.

◆ **hold by** — **tener fede**
He ***held by*** *his word.*
Tenne fede alla sua parola.

◆ **hold down (1)** — **dominare, sottomettere**
The population ***was held down*** *by the invaders.*
La popolazione fu sottomessa dagli invasori.

◆ **hold down (2)** **contenere**
*The government **held down** prices for one year.*
Il governo ha contenuto i prezzi per un anno.

◆ **hold down (3)** **tenere giù, trattenere**
*The patient couldn't **hold down** his food.*
Il paziente non riusciva a tenere giù il cibo.

◆ **hold forth** **sproloquiare, parlare a vanvera**
*The politician **held forth** about public morality.*
Il politico sproloquiava sulla moralità pubblica.

◆ **hold in** **trattenere**
*They **held in** their laughter.*
Trattenevano le risate.

◆ **hold off (1)** **tenere a distanza/lontano**
*The Trojans **held off** the Greeks for ten years.*
I Troiani tennero lontani i Greci per dieci anni.

◆ **hold off (2)** **ritardare, rimandare**
*The supermarket **held off** increasing prices.*
Il supermercato rimandò l'aumento dei prezzi.

◆ **hold off (3)** **stare/rimanere lontano**
*The bad weather **held off** all day.*
Il brutto tempo se ne è rimasto lontano tutta la giornata.

◆ **hold on (1)** **aggrapparsi, afferrare**
*The climbers **held on** to the rockface.*
Gli scalatori si aggrappavano alla parete rocciosa.

◆ **hold on (2)** **mantenere (una posizione/decisone)**
*The army **held on** despite being attacked.*
L'esercito mantenne la sua posizione nonostante gli attacchi.

◆ **hold on (3)** **attendere, aspettare (al telefono)**
*Would you mind **holding on**?*
Le spiace attendere?

◆ **hold out (1)** **allungare**
***Hold out** your hands and take this, please.*
Allunga le mani per prendere questo, per favore.

◆ **hold out (2)** **tendere**
*They **are holding out** their plates for a second portion.*
Stanno tendendo i loro piatti per avere una seconda porzione.

- **hold out (3)** **resistere**
*The Russians **held out** against the Germans at Stalingrad.*
I Russi resistettero contro i Tedeschi a Stalingrado.

- **hold out (4)** **bastare**
*Will our water supplies **hold out** in the desert?*
La nostra scorta d'acqua ci basterà nel deserto?

- **hold out on** **rifiutarsi di dare (aiuto, informazioni)**
*The informer **held out on** the police for days.*
L'informatore si rifiutò per giorni di dare informazioni alla polizia.

- **hold together** **stare/mantenersi uniti**
*The soldiers **held together** in the battle.*
I soldati si mantennero uniti durante la battaglia.

- **hold up (1)** **alzare**
*The student **held up** his hand.*
Lo studente alzò la mano.

- **hold up (2)** **ritardare**
*The investment programme **was held up** by the government.*
Il piano degli investimenti venne ritardato dal governo.

- **hold up (3)** **rapinare**
*Bonney and Clyde **held up** a lot of banks.*
Bonney e Clyde rapinarono molte banche.

- **hold up** **usare come modello**
*Ceasar **is** often **held up as** a model tyrant.*
Cesare viene spesso indicato come esempio di tiranno.

- **hold up (5)** **resistere**
*Our umbrellas **held up** in the storm.*
I nostri ombrelli hanno resistito alla tempesta.

- **hold up (6)** **essere valido**
*Your theories no longer **hold up**.*
Le tue teorie non sono più valide.

- **hold with** **approvare**
*I **hold with** his principles.*
Approvo i suoi principi.

HURT (hɜːt) **hurt** (hɜːt) **hurt** (hɜːt)

1 dolere, far male **2** ferire, ferirsi **3** danneggiare

■ SIMPLE PRESENT

I hurt, you hurt, we hurt, they hurt, he hurt<u>s</u>, she hurt<u>s</u>, it hurt<u>s</u>

*My arm **hurts** every time I move it.*
Il braccio mi fa male ogni volta che lo muovo.

■ PRESENT CONTINUOUS

I am hurting, you are hurting, we are hurting, they are hurting, he (she, it) is hurting

*His behaviour **is hurting** the firm's reputation.*
Il suo comportamento sta danneggiando la reputazione della ditta.

■ SIMPLE PAST

I hurt, you hurt, we hurt, they hurt, he (she, it) hurt

*She **hurt** her leg in an accident.*
Si ferì la gamba in un incidente.

■ PAST CONTINUOUS

I was hurting, you were hurting, we were hurting, they were hurting, he (she, it) was hurting

*He pretended that her words **weren't hurting** him.*
Fingeva che le sue parole non lo stessero ferendo.

■ PRESENT PERFECT

I have hurt, you have hurt, we have hurt, they have hurt, he (she, it) has hurt

*You **have** deeply **hurt** his feelings.*
Lo avete profondamente ferito nei suoi sentimenti.

■ PAST PERFECT

*He recognized that he **had hurt** her but he didn't care.*
Si rese conto che le aveva fatto male, ma non se ne preoccupò.

■ FUTURE (WILL)

*This **will hurt** me more than it does you.*
Questo mi duolerà più di quanto non faccia a te.

■ FUTURE (GOING TO)

*I promise the injection **is not going to hurt** you.*
Ti prometto che l'iniezione non ti farà male.

■ USED TO ≠ TO BE USED TO + -ING

*They **used to hurt** him with their insults but now he just ignores them.*
Lo offendevano sempre con insulti, però ora lui li ignora.

*They are **used to hurting** him with their insults and indeed never cease doing so.*
Lo hanno sempre coperto di insulti e non smettono di farlo.

■ FIRST CONDITIONAL

*If you **hurt** the child, I will hit you.*
Se tu farai del male al bambino, ti picchierò.

■ SECOND CONDITIONAL

*If you **hurt** the child, I would hit you.*
Se tu facessi del male al bambino, ti picchierei.

■ THIRD CONDITIONAL

*If you **had hurt** the child, I would have hit you.*
Se tu avessi fatto del male al bambino, ti avrei picchiato.

KEEP (ki:p) **kept** (kept) **kept** (kept)

1 tenere; mantenere, conservare, custodire **2** gestire; amministrare **3** trattenere, trattenersi **4** osservare, tenere fede

■ SIMPLE PRESENT

I keep, you keep, we keep, they keep, he keeps, she keeps, it keeps

*He **keeps** the company's books.*
Tiene la contabilità della ditta.

■ PRESENT CONTINUOUS

I am keeping, you are keeping, we are keeping, they are keeping, he (she, it) is keeping

*She **is keeping** the children indoors because of the bad weather.*
Sta tenendo in casa i bambini a causa del cattivo tempo.

■ SIMPLE PAST

I kept, you kept, we kept, they kept, he (she, it) kept

*The witness **kept** some information back from the police.*
Il testimone ha tenuto nascosto alcune informazioni alla polizia.

■ PAST CONTINUOUS

I was keeping, you were keeping, we were keeping, they were keeping, he (she, it) was keeping

*He **was keeping** a secret from me.*
Mi stava tenendo nascosto un segreto.

■ PRESENT PERFECT

I have kept, you have kept, we have kept, they have kept, he (she, it) has kept

*He **has kept** his promises.*
Ha mantenuto le sue promesse.

■ PAST PERFECT

*He **had kept** away from drink but only for a week.*
Si è tenuto lontano dall'alcool, ma solo per una settimana.

■ FUTURE (WILL)

*I **will keep** you informed.*
Ti terrò informato.

■ FUTURE (GOING TO)

*You **are going to keep** in with your neighbours, aren't you?*
Manterrete dei buoni rapporti col vicinato, vero?

■ USED TO ≠ TO BE USED TO + -ING

*She **used to keep** him waiting all the time, but since they got married...*
Lo faceva aspettare tutte le volte, ma da quando si sono sposati...

*... he **is** now **used to keeping** her waiting all the time!*
... è lui ora che la fa aspettare ogni volta!

■ FIRST CONDITIONAL

*If you **keep** on at him, he will pay you back.*
Se lo tormenterai, si vendicherà.

■ SECOND CONDITIONAL

*If you **kept** on at him, he would pay you back.*
Se lo tormentassi, si vendicherebbe.

■ THIRD CONDITIONAL

*If you **had kept** on at him, he would have paid you back.*
Se lo avessi tormentato, si sarebbe vendicata.

PHRASAL VERBS

- **keep at (1)** — **continuare, persistere**
  *He **kept at** the job for another hour.*
  Continuò nel suo lavoro per un'altra ora.

- **keep at (2)** — **far continuare, costringere a fare**
  *My boss **kept** me **at** that job for hours.*
  Il mio capo mi ha fatto continuare quel lavoro per ore.

- **keep after** — **inseguire**
  *The dogs **kept after** the rabbit.*
  I cani inseguirono il coniglio.

- **keep away** — **allontanare, tener lontano**
  *This poison **keeps** rats **away**.*
  Questo veleno tiene lontano i topi.

- **keep away from** — **tenersi lontano**
  *They **kept away from** each other.*
  Si tenevano lontano l'uno dall'altro.

- **keep back (1)** — **nascondere, tenere nascosto**
  *Her husband **kept back** the truth from her.*
  Suo marito le nascondeva la verità.

◆ **keep back (2)** **trattenere**
*The girl **kept back** her tears.*
La ragazza trattenne le lacrime.

◆ **keep down (1)** **limitare**
*The company **keeps down** the number of employees.*
La compagnia limita il numero degli impiegati.

◆ **keep down (2)** **opprimere**
*Black people **have been kept down** for centuries.*
I neri sono stati oppressi per secoli.

◆ **keep down (3)** **tenere giù**
*The baby can't **keep** its food **down** so it vomits all the time.*
Il bambino non riesce a tener giù il cibo e rigurgita continuamente.

◆ **keep from** **trattenersi**
*I **keep** myself **from** smoking but with difficulty.*
Mi trattengo dal fumare, ma con gran fatica.

◆ **keep in** **trattenere**
*The police **kept** him **in** prison.*
La polizia lo trattenne in prigione.

◆ **keep off (1)** **stare lontano/fuori**
***Keep off** the grass!*
Non calpestare l'erba!

◆ **keep off (2)** **evitare**
*I **keep off** alcohol, cigarettes and women.*
Evito l'alcool, il fumo e le donne.

◆ **keep off (3)** **stare/rimanere lontano**
*Fortunately the storm **kept off**.*
Fortunatamente la tempesta è rimasta lontano.

◆ **keep on (1)** **continuare (a fare qualcosa)**
*He **kept on** drinking whisky so he died.*
Continuava a bere whisky e così morì.

◆ **keep on (2)** **sproloquiare**
*She **kept on** talking for hours.*
Continuava per ore a sproloquiare.

◆ **keep on (3)** **tenere in servizio**
*He didn't retire but **was kept on**.*
Non andò in pensione e rimase in servizio.

- **keep on at** **tormentare**
  *She **kept on at** him so he left her.*
  Lei lo tormentava, pertanto lui la lasciò.

- **keep to (1)** **attenersi**
  *Will he **keep to** the agreement?*
  Si atterrà agli accordi?

- **keep to (2)** **limitarsi**
  *The government must **keep to** a small defence budget.*
  Il governo deve limitarsi a un esiguo budget per la difesa.

- **keep to (3)** **tenere per sé**
  *The spy **kept** the secret **to** himself so he was executed.*
  La spia mantenne il segreto e pertanto fu giustiziata.

- **keep up (1)** **continuare**
  *He **is keeping up** all his activities.*
  Sta continuando tutte le sue attività.

- **keep up (2)** **tenersi aggiornato**
  *She **keeps up** with all the new developments.*
  Si tiene aggiornata su tutti i nuovi sviluppi.

- **keep it up (3)** **mantenere un certo ritmo**
  *He **kept up** with his colleagues.*
  Sta al passo dei suoi colleghi.

- **keep up (4)** **tenere alzato**
  *That film **kept** me **up** all night.*
  Quel film mi ha tenuto alzata tutta la notte.

- **keep up with** **mantenere i contatti**
  *She **kept up with** her best friend for years.*
  Ha mantenuto i contatti con la sua migliore amica per anni.

LAY (ləɪ) **laid** (ləɪd) **laid** (ləɪd)

1 posare, collocare; stendere **2** gettare **3** deporre (uova)

■ SIMPLE PRESENT

I lay, you lay, we lay, they lay, he lays, she lays, it lays

That chicken never ***l ays*** *eggs.*
Quella gallina non depone mai uova.

■ PRESENT CONTINUOUS

I am laying, you are laying, we are laying, they are laying, he (she, it) is laying

The builders ***are laying*** *the new foundations now.*
I costruttori stanno gettando ora le nuove fondamenta.

■ SIMPLE PAST

I laid, you laid, we laid, they laid, he (she, it) laid

The boxer ***laid*** *heavily into his opponent.*
Il pugile si scagliò pesantemente contro il suo avversario.

■ PAST CONTINUOUS

I was laying, you were laying, we were laying, they were laying, he (she, it) was laying

In the meeting he ***was laying*** *a lot of stress on punctuality.*
Alla riunione stava insistendo molto sulla puntualità.

■ PRESENT PERFECT

I have laid, you have laid, we have laid, they have laid, he (she, it) has laid

He ***has laid*** *flowers on her tomb.*
Ha posato dei fiori sulla sua tomba.

■ PAST PERFECT

I ***had laid*** *great hopes on her.*
Avevo riposto grandi speranze su di lei.

■ FUTURE (WILL)

The rebels ***will lay*** *down their arms tomorrow.*
I ribelli deporranno le armi domani.

■ FUTURE (GOING TO)

I am going to lay *hold of him sooner or later.*
Prima o poi lo acchiaperò.

■ USED TO ≠ TO BE USED TO + -ING

*The firm **used to lay** off a lot of people but hasn't done so recently.*
La ditta lasciava a casa un sacco di gente, ma recentemente non lo ha fatto.

*The managers in that firm **aren't used to laying** off people.*
I dirigenti di quella ditta non sono soliti lasciare a casa i dipendenti.

■ FIRST CONDITIONAL

*If I **lay** the tablecloth, will you do the same for the cutlery?*
Se io metterò la tovaglia, farai altrettanto con le posate?

■ SECOND CONDITIONAL

*If I **laid** the tablecloth, would you do the same for the cutlery?*
Se io mettessi la tovaglia, faresti altrettanto con le posate?

■ THIRD CONDITIONAL

*If I **had laid** the tablecloth, would you have done the same for the cutlery?*
Se io avessi messo la tovaglia, avresti fatto altrettanto con le posate?

PHRASAL VERBS

◆ **lay about** — **picchiare a destra e a manca**
*The madmen **lay about** the children with a stick.*
Il pazzo picchiava i bambini a destra e a manca con un bastone.

◆ **lay aside (1)** — **mettere giù, appoggiare**
*The teacher **lay aside** the book and began to ask questions.*
La maestra appoggiò il libro e cominciò a interrogare.

◆ **lay aside (2)** — **mettere da parte**
*The boy **lay aside** his toys for an hour.*
Il ragazzo mise da parte i suoi giocattoli per un'ora.

◆ **lay before** — **mettere dinanzi**
*The legislative proposal **was lain before** the committee.*
La proposta legislativa fu messa davanti al comitato.

◆ **lay down (1)** — **deporre**
*The soldiers **laid down** their arms.*
I soldati deposero le armi.

◆ **lay down (2)** — **approvare**
*New laws **have been laid down**.*
Sono state approvate delle nuove leggi.

- **lay down (3)** **costruire**
A new car park will ***be laid down*** *in the town centre.*
Un nuovo parcheggio verrà costruito nel centro della città.

- **lay down (4)** **morire**
Who is prepared to ***lay down*** *their life for a cause?*
Chi è disposto a morire per una giusta causa?

- **lay in** **fare scorta**
The government ***has laid in*** *supplies of petrol.*
Il governo ha fatto scorta di benzina.

- **lay into (1)** **scagliarsi**
He ***lay into*** *her violently.*
Si scagliò su di lei violentemente.

- **lay into (2)** **criticare pesantamente**
Stop ***laying into*** *me with stupid comments.*
Smettila di criticarmi pesantemente con stupidi commenti.

- **lay into (3)** **mangiare voracemente, divorare**
The fat man ***lay into*** *the mountain of food.*
Il ciccione mangiò voracemente una montagna di cibo.

- **lay off (1)** **smettere**
I told him to ***lay off*** *hitting her.*
Gli ho detto di smetterla di picchiarla.

- **lay off (2)** **lasciare a casa**
The workers ***were laid off*** *for six months.*
Gli operai furono lasciati a casa per sei mesi.

- **lay on (1)** **organizzare**
Will we ***lay on*** *a party for the children?*
Organizzeremo una festa per i bambini?

- **lay on (2)** **esagerare**
*He****'s laying*** *it* ***on****, isn't he?*
Sta esagerando, non è vero?

- **lay out (1)** **disporre**
The mechanic ***laid out*** *the engine pieces on the floor.*
Il meccanico dispose i pezzi del motore sul pavimento.

- **lay out (2)** **presentare**
*He l****aid out*** *his idea to the committee.*
Presentò la sua idea innanzi al comitato.

- **lay out (3)** **impaginare**
  *The book **has been laid out.***
  Il libro è stato impaginato.

- **lay out (4)** **mettere fuori combattimento**
  *The boxer **was laid out**.*
  Il pugile fu messo fuori combattimento.

- **lay out (5)** **spendere**
  *The government **laid out** a lot of money on research.*
  Il governo spese un sacco di soldi nella ricerca.

- **lay over** **sostare, fermarsi**
  *We can **lay over** in Switzerland.*
  Possiamo fermarci in Svizzera.

- **lay up (1)** **rimanere nascosto**
  *The criminal **laid up** for several months.*
  Il criminale rimase nascosto per diversi mesi.

- **lay up (2)** **restare a letto**
  *She **was laid up** with an illness.*
  Restò a letto ammalata.

LEAD (li:d) **led** (led) **led** (led)

1 condurre, guidare; indurre **2** giocare per primo (a carte)

■ SIMPLE PRESENT

I lead, you lead, we lead, they lead, he leads, she leads, it leads

*My boyfriend **leads** me on all the time.*
Il mio ragazzo mi prende in giro continuamente.

■ PRESENT CONTINUOUS

I am leading, you are leading, we are leading, they are leading, he (she, it) is leading

*He **is leading** you up the garden path.*
Ti sta prendendo in giro.

■ SIMPLE PAST

I led, you led, we led, they led, he (she, it) led

*After the illness he **led** a very simple life.*
Dopo la malattia condusse una vita molto semplice.

■ PAST CONTINUOUS

I was leading, you are leading, we are leading, they were leading, he (she, it) was leading

*He **was leading** the way when she slipped.*
Stava facendo strada quando lei scivolò.

■ PRESENT PERFECT

I have led, you have led, we have led, they have led, he (she, it) has led

*He **has led** a dissolute life.*
Ha condotto una vita dissoluta.

■ PAST PERFECT

*The black horse **had led** from the first bend.*
Il cavallo nero stava conducendo dalla prima curva.

■ FUTURE (WILL)

*You **won't lead** him to believe that, will you?*
Non lo indurrete a credere questo, vero?

■ FUTURE (GOING TO)

*'I **am going to lead** this country into the promised land' said the Prime Minister.*
"Porterò questo paese nella terra promessa", disse il primo ministro.

■ USED TO ≠ TO BE USED TO + -ING

His poems ***used to lead*** *the avantgarde but recently he has become very traditionalist.*
Un tempo le sue poesie guidavano l'avanguardia, ma di recente è diventato molto tradizionalista.

He ***is used to*** *his designs* ***leading*** *the way internationally.*
È abituato al fatto che i suoi modelli raggiungano fama mondiale.

■ FIRST CONDITIONAL

If you ***lead*** *the way through the crowd, I will follow you.*
Se farai strada tra la folla, io ti seguirò.

■ SECOND CONDITIONAL

If you ***led*** *the way through the crowd, I would follow you.*
Se tu facessi strada tra la folla, io ti seguirei.

■ THIRD CONDITIONAL

If you ***had led*** *the way through the crowd, I would have followed you.*
Se tu avessi fatto strada tra la folla, io ti avrei seguito.

PHRASAL VERBS

◆ **lead in** — **presentare, introdurre**
The chairman ***lead in*** *the discussion with a short talk.*
Il presidente introdusse il dibattito con un breve discorso.

◆ **lead off (1)** — **cominciare, iniziare**
The corridor ***leads off*** *from the second door.*
Il corridoio comincia dopo la seconda porta.

◆ **lead off (2)** — **condurre**
The General personally ***lead off*** *the attack.*
Il generale condusse personalmente l'attacco.

◆ **lead on** — **prendere in giro**
Your friends ***are leading*** *you* ***on****.*
I tuoi amici ti stanno prendendo in giro.

◆ **lead up to** — **condurre, arrivare, portare**
What exactly ***are*** *you* ***leading up to****?*
A che cosa vuoi arrivare, esattamente?

LEAP (li:p) | **leapt** (lept) **leaped** | **leapt** (lept) **leaped**

saltare; far saltare; lanciarsi

■ SIMPLE PRESENT
I leap, you leap, we leap, they leap, he leaps, she leaps, it leaps

*That athlete **leaps** fences very gracefully.*
L'atleta salta gli ostacoli con molta grazia.

■ PRESENT CONTINUOUS
I am leaping, you are leaping, we are leaping, they are leaping, he (she, it) is leaping

*She **is leaping** with joy at the news.*
Sta saltando di gioia per quelle notizie.

■ SIMPLE PAST
I leapt, you leapt, we leapt, they leapt, he (she, it) leapt

*He **leapt (leaped)** to her defence.*
Si lanciò in sua difesa.

■ PAST CONTINUOUS
I was leaping, you are leaping, we are leaping, they were leaping he (she, it) was leaping

*She **was leaping** a ditch when she hurt herself.*
Stava saltando un fosso quando si ferì.

■ PRESENT PERFECT
I have leapt, you have leapt, we have leapt, they have leapt, he (she, it) has leapt

*He **has leapt (leaped)** to a wrong conclusion.*
È saltato a una conclusione sbagliata.

■ PAST PERFECT

*He **had leapt (leaped)** in the dark but luck was on his side.*
Aveva fatto un salto nel buio, ma la fortuna era dalla sua parte.

■ FUTURE (WILL)

*His career **will leap** forward.*
La sua carriera farà un salto innanzi.

■ FUTURE (GOING TO)

*They **are going to leap** about with joy at the news.*
Faranno salti di gioia alla notizia.

■ USED TO ≠ TO BE USED TO + -ING

*He **used to leap** at every opportunity but not anymore.*
Una volta si lanciava su ogni opportunità, ora però non lo fa più.

*He'**s used to leaping** at every opportunity that comes.*
È solito lanciarsi su ogni opportunità che si presenta.

■ FIRST CONDITIONAL

*If I **leap** at the chance, will you help me?*
Se coglierò quell'occasione, mi aiuterai?

■ SECOND CONDITIONAL

*If I **leapt (leaped)** at the chance, would you help me?*
Se cogliessi quell'occasione, mi aiuteresti?

■ THIRD CONDITIONAL

*If I **had leapt (leaped)** at the chance, would you have helped me?*
Se avessi colto quell'occasione, mi avresti aiutato?

LEARN (lɜːn) | **learnt** (lɜːnt) **learned** | **learnt** (lɜːnt) **learned**

1 imparare, studiare **2** venire a sapere, sentire

■ SIMPLE PRESENT

I learn, you learn, we learn, they learn, he learn<u>s</u>, she learn<u>s</u>, it learn<u>s</u>

*Your **learn** something new every day living in this world.*
Si impara qualcosa di nuovo ogni giorno a questo mondo.

■ PRESENT CONTINUOUS

I am learning, you are learning, we are learning, they are learning, he (she, it) is learning

*Peter **is learning** how difficult foreign languages are.*
Pietro sta imparando quanto sono difficili le lingue straniere.

■ SIMPLE PAST

I learnt, you learnt, we learnt, they learnt, he (she, it) learnt

*I **learnt (learned)** of your difficulties only yesterday.*
Ho saputo dei vostri problemi solo ieri.

■ PAST CONTINUOUS

I was learning, you were learning, we were learning, they were learning, he (she, it) was learning

*Amazing. She **was learning** three languages at the same time.*
Incredibile. Stava imparando tre lingue contemporaneamente.

■ PRESENT PERFECT

I have learnt, you have learnt, we have learnt, they have learnt, he (she, it) has learnt

*He **has learnt (learned)** about her the hard way.*
Ha imparato a conoscerla nel modo più difficile.

■ PAST PERFECT

*She **had learnt (learned)** a lot about the job before she was transferred.*
Aveva imaprato molto intorno al lavoro prima di essere trasferita.

■ FUTURE (WILL)

*I don't think she **will learn** from her new teacher.*
Non penso che imparerà con la nuova insegnante.

■ FUTURE (GOING TO)

***Are** you **going to learn** how to ride a horse? At your age?*
Imparerai ad andare a cavallo? Alla tua età?

■ USED TO ≠ TO BE USED TO + -ING

As a child he ***used to learn*** *everything quickly but as an adolescent he is very slow.*
Da bambino imparava tutto velocemente, ma da adolescente è lentissimo.

He ***is used to learning*** *everything by heart.*
È solito imparare ogni cosa a memoria.

■ FIRST CONDITIONAL

If you ***learn*** *to use the computer, you will save a lot of time.*
Se imparerai a usare il computer, risparmierai un sacco di tempo.

■ SECOND CONDITIONAL

If you ***learnt (learned)*** *to use the computer, you would save a lot of time.*
Se imparassi a usare il computer, risparmieresti un sacco di tempo.

■ THIRD CONDITIONAL

If you ***had learnt (learned)*** *to use the computer, you would have saved a lot of time.*
Se avessi imparato a usare il computer, avresti risparmiato un sacco di tempo.

LEAVE (liːv) **left** (left) **left** (left)

1 lasciare **2** partire; uscire

■ SIMPLE PRESENT

I leave, you leave, we leave, they leave, he leave<u>s</u>, she leave<u>s</u>, it leave<u>s</u>

*That student always **leaves** his books behind in the classroom.*
Quello studente si dimentica sempre i libri in aula.

■ PRESENT CONTINUOUS

I am leaving, you are leaving, we are leaving, they are leaving, he (she, it) is leaving

*This time I **am leaving** you forever. Goodbye!*
Questa volta ti sto lasciando per sempre. Addio!

■ SIMPLE PAST

I left, you left, we left, they left, he (she, it) left

*He **left** for Japan this morning.*
È partito per il Giappone questa mattina.

■ PAST CONTINUOUS

I was leaving, you were leaving, we were leaving, they were leaving, he (she, it) was leaving

*The rain **was leaving** off when she arrived.*
Stava smettendo di piovere quando arrivò.

■ PRESENT PERFECT

I have left, you have left, we have left, they have left, he (she, it) has left

*He **has left** word with your parents.*
Ha lasciato detto ai vostri genitori.

■ PAST PERFECT

*I **had left** it at that, and why not?*
L'avevo lasciato così, perché no?

■ FUTURE (WILL)

*He **will leave** the country soon.*
Lascierà il paese presto.

■ FUTURE (GOING TO)

*Don't tell me we **are going to leave** right now?*
Non dirmi che partiremo proprio adesso?

■ USED TO ≠ TO BE USED TO + -ING

*She **used to leave** her clothes everywhere when she was a child.*
Da bambina lasciava i vestiti dappertutto.

*Her mother **is used to** her **leaving** her clothes everywhere.*
Sua madre è abituata al fatto che lei lasci i vestiti dappertutto.

■ FIRST CONDITIONAL

*If we **leave** the meeting, I will inform you.*
Se lasceremo il convegno, vi informerò.

■ SECOND CONDITIONAL

*If we **left** the meeting, I would inform you.*
Se lasciassimo il convegno, vi informerei.

■ THIRD CONDITIONAL

*If we **had left** the meeting, I would have informed you.*
Se avessimo lasciato il convegno, vi avrei informato.

PHRASAL VERBS

- **leave behind** — **abbandonare, tralasciare**
  *Let's **leave** that problem **behind**.*
  Tralasciamo quel problema.

- **leave off (1)** — **smettere**
  ***Leave off** kissing me!*
  Smettila di baciarmi!

- **leave off (2)** — **finire**
  *The book **left off** at a strange point.*
  Il libro finiva in maniera strana.

- **leave out (1)** — **lasciare fuori**
  *I **have been left out** of my football team.*
  Sono stato lasciato fuori dalla mia squadra di calcio.

- **leave over** — **rimandare, rinviare**
  *This problem will **be left over** until next week.*
  Questo problema sarà rinviato alla settimana prossima.

LEND (lend) **lent** (lent) **lent** (lent)

1 prestare **2** concedere prestiti

■ SIMPLE PRESENT

I lend, you lend, we lend, they lend, he lends, she lends, it lends

*He **lends** himself to all sorts of crazy ideas.*
Si presta a ogni sorta di pazzia.

■ PRESENT CONTINUOUS

I am lending, you are lending, we are lending, they are lending, he (she, it) is lending

***Is** he still **lending** money to you?*
Ti sta ancora prestando del denaro?

■ SIMPLE PAST

I lent, you lent, we lent, they lent, he (she, it) lent

*The opposition party **lent** all its weight to the proposal.*
Il partito di opposizione diede tutto il suo appoggio alla proposta.

■ PAST CONTINUOUS

I was lending, you were lending, we were lending, they were lending, he (she, it) was lending

*He **was lending** money to me at an exorbitant interest rate.*
Mi stava concedendo un prestito a un interesse esorbitante.

■ PRESENT PERFECT

I have lent, you have lent, we have lent, they have lent, he (she, it) has lent

*The bright colours **have lent** the place a whole new tone.*
I colori brillanti hanno conferito al posto una tonalità completamente diversa.

■ PAST PERFECT

*The gracious building **had lent** itself to the occasion.*
Il bel palazzo si era prestato all'occasione.

■ FUTURE (WILL)

*Certainly the bank **will lend**, but only with security.*
Certamente la banca concederà prestiti, ma solo dietro garanzia.

■ FUTURE (GOING TO)

***Is** he **going to lend** you a hand to move house?*
Ti darà una mano nel trasloco?

■ USED TO ≠ TO BE USED TO + -ING

*He always **used to lend** me an ear but not any more.*
Una volta mi prestava sempre ascolto, ma adesso non più.

*He **is** always **willing to lend** me an ear no matter how pushed for time he is.*
Mi dà sempre ascolto anche quando è di fretta.

■ FIRST CONDITIONAL

*If I **lend** you some money, will you pay me back?*
Se vi presterò dei soldi, me li restituirete?

■ SECOND CONDITIONAL

*If I **lent** you some money, would you pay me back?*
Se vi prestassi dei soldi, me li restituireste?

■ THIRD CONDITIONAL

*If I **had lent** you some money, would you have paid me back?*
Se vi avessi prestato dei soldi, me li avreste restituiti?

LIE (laɪ) **lay** (leɪ) **lain** (leɪn)

1 giacere **2** trovarsi **3** estendersi

■ SIMPLE PRESENT

I lie, you lie, we lie, they lie, he lies, she lies, it lies

The town ***lies*** *on the river.*
La città giace sulla riva del fiume.

■ PRESENT CONTINUOUS

I am lying, you are lying, we are lying, they are lying, he (she, it) is lying

Our boat ***is lying*** *at anchor.*
La nostra barca si trova all'ancora.

■ SIMPLE PAST

I lay, you lay, we lay, they lay, he (she, it) lay

The case ***lay*** *outside his jurisdiction.*
Il caso è fuori dalla sua giurisdizione.

■ PAST CONTINUOUS

I was lying, you were lying, we were lying, they were lying, he (she, it) was lying

He ***was lying*** *back enjoying the summer sun.*
Se ne stava sdraiato godendosi il sole estivo.

■ PRESENT PERFECT

I have lain, you have lain, we have lain, they have lain, he (she, it) has lain

The factory ***has lain*** *idle for months.*
La fabbrica è rimasta improduttiva per mesi.

■ PAST PERFECT

The body ***had lain*** *in the ditch for days.*
Il corpo era rimasto a giacere nel fossato per giorni.

■ FUTURE (WILL)

His crimes ***will lie*** *on his conscience.*
I suoi crimini gli resteranno sulla coscienza.

■ FUTURE (GOING TO)

He ***is going to lie*** *up in bed for a week.*
Resterà a letto per una settimana.

■ USED TO ≠ TO BE USED TO + -ING

*She **used to lay** and look up at the sky all day but now she has found a job.*
Se ne stava sdraiata a guardare per aria tutto il giorno, ora però ha trovato lavoro.

*He **is used to lying** around doing nothing all day long.*
Di solito ozia tutto il giorno senza far nulla.

■ FIRST CONDITIONAL

*If you **lay** down, you will relax.*
Se ti coricherai, ti rilasserai.

■ SECOND CONDITIONAL

*If you **laid** down, you would relax.*
Se ti coricassi, ti rilasseresti.

■ THIRD CONDITIONAL

*If you **had lain** down, you would have relaxed.*
Se ti fossi coricato, ti saresti rilassato.

PHRASAL VERBS

- **lie about/around** — **oziare**
  *They **lay about (around)** all day doing nothing.*
  Oziano tutto il giorno senza fare nulla.

- **lie ahead** — **aspettare, essere in attesa**
  *That is the next problem which **lies ahead**.*
  Quello è il prossimo problema che ci aspetta.

- **lie back** — **appoggiarsi indietro, stare sdraiato**
  *Please **lie back** in the chair.*
  Per favore si appoggi indietro allo schienale.

- **lie behind** — **essere alle spalle**
  *That problem **lies behind** us.*
  Quel problema ce lo siamo lasciati alle spalle.

- **lie down** — **coricarsi**
  *Can you **lie down** on the bed please?*
  Può coricarsi sul lettino, per favore?

- **lie over** — **estendersi**
  *Our territory **lies over** a large area.*
  Il nostro territorio si estende su un'ampia zona.

LOSE (luːz) **lost** (lɒst) **lost** (lɒst)

perdere, far perdere; smarrire

■ SIMPLE PRESENT

I lose, you lose, we lose, they lose, he loses, she loses, it loses

*She often **loses** her keys.*
Perde spesso le chiavi.

■ PRESENT CONTINUOUS

I am losing, you are losing, we are losing, they are losing, he (she, it) is losing

*They **are losing** control of the situation.*
Stanno perdendo il controllo della situazione.

■ SIMPLE PAST

I lost, you lost, we lost, they lost, he (she, it) lost

*The teacher **lost** his patience and started shouting.*
L'insegnante perse la pazienza e cominciò a urlare.

■ PAST CONTINUOUS

I was losing, you were losing, we were losing, they were losing, he (she, it) was losing

*We **were losing** time with that company.*
Stavamo perdendo tempo con quella società.

■ PRESENT PERFECT

I have lost, you have lost, we have lost, they have lost, he (she, it) has lost

*She **has lost** a lot of weight with the new diet.*
Ha perso molto peso con la nuova dieta.

■ PAST PERFECT

*Although he **had lost** a lot of money he wasn't angry.*
Anche se aveva perso parecchi soldi, non era arrabbiato.

■ FUTURE (WILL)

*They **will lose** heavily on their investments.*
Subiranno un'ingente perdita sui loro investimenti.

■ FUTURE (GOING TO)

*People **are going to lose** trust in the government.*
La gente finirà col perdere la fiducia nel governo.

■ USED TO ≠ TO BE USED TO + -ING

*He **used to lose** a lot of money by gambling but not anymore.*
Perdeva continuamente molto denaro con le scommesse, ma ora non più.

*She **is used to losing** her way when driving the car.*
Perde sempre la strada quando guida.

■ FIRST CONDITIONAL

*If you **lose** your money, I will lend you some.*
Se perderai il tuo denaro, te ne presterò io.

■ SECOND CONDITIONAL

*If you **lost** your money, I would lend you some.*
Se tu perdessi il tuo denaro, te ne presterei io.

■ THIRD CONDITIONAL

*If you **had lost** your money, I would have lent you some.*
Se tu avessi perso il tuo denaro, te ne avrei prestato io.

PHRASAL VERBS

◆ **lose out** **essere svantaggiato**
*Poor people often **lose out** in life.*
Le persone povere sono spesso svantaggiate nella vita.

◆ **lose out to** **essere in svantaggio**
*We **are losing out to** our main rivals.*
Siamo in svantaggio rispetto ai nostri principali avversari.

MAKE (meɪk) **made** (meɪd) **made** (meɪd)

fare; creare; fabbricare; produrre

■ SIMPLE PRESENT

I make, you make, we make, they make, he makes, she makes, it makes

*What does the factory **make**?*
Che cosa produce la fabbrica?

■ PRESENT CONTINUOUS

I am making, you are making, we are making, they are making, he (she, it) is making

*You **are making** a terrible noise.*
State facendo un baccano tremendo.

■ SIMPLE PAST

I made, you made, we made, they made, he (she, it) made

*We **made** it to the train, but only just.*
Riuscimmo a prendere il treno, ma appena in tempo.

■ PAST CONTINUOUS

I was making, you were making, we were making, they were making, he (she, it) was making

*The scientists **werent't making** any progress and so they gave up the research.*
Gli scienziati non stavano facendo nessun progresso e pertanto cessarono la ricerca.

■ PRESENT PERFECT

I have made, you have made, we have made, they have made, he (she, it) has made

*I **have made** a toy for my son's birthday.*
Ho costruito un giocattolo per il compleanno di mio figlio.

■ PAST PERFECT

*Though she **had made** many applications she was unemployed for a long time.*
Anche se aveva inoltrato molte domande, rimase disoccupata per lungo tempo.

■ FUTURE (WILL)

*I **will** certainly **make** you understand my meaning.*
Riuscirò certo a farvi capire ciò che intendo dire.

■ FUTURE (GOING TO)

*First I'**m going to make** a cake followed by a cup of tea.*
Innanzitutto farò un dolce e poi una tazza di tè.

■ USED TO ≠ TO BE USED TO + -ING

*He **used to make** an effort in his studies but recently has become rather lazy.*
Un tempo si impegnava regolarmente nello studio, però ultimamente è diventato un po' pigro.

*She **is used to making** an effort in her studies and you can see it in her exam results.*
Si impegna nello studio con regolarità e lo si vede dai risultati degli esami.

■ FIRST CONDITIONAL

*If I **make** a promise, I will keep it.*
Se farò una promessa, la manterrò.

■ SECOND CONDITIONAL

*If I **made** a promise, I would keep it.*
Se facessi una promessa, la manterrei.

■ THIRD CONDITIONAL

*If I **had made** a promise, I would have kept it.*
Se avessi fatto una promessa, l'avrei mantenuta.

PHRASAL VERBS

- **make after** — **inseguire**
  *We **made after** him on foot.*
  Lo inseguimmo a piedi.

- **make away with (1)** — **rubare**
  *Somebody **made away with** her money.*
  Qualcuno ha rubato i suoi soldi.

- **make away with (2)** — **uccidere**
  *She **made away with** her husband.*
  Uccise suo marito.

- **make for** — **dirigersi**
  *The children **were making for** the school.*
  I bambini si stavano dirigendo verso la scuola.

- **make into (1)** — **trasformare**
  *The small port **was made into** a tourist centre.*
  Il porticciolo fu trasformato in un centro turistico.

- **make into (2)** — **far diventare**
  *I'll **make** you **into** a star.*
  Ti farò diventare una star.

- **make of** **capire, pensare**
  *What do you **make of** him?*
  Cosa ne pensi di lui?

- **make off** **scappare, fuggire**
  *He **made off** with the diamond.*
  Scappò via con il diamante.

- **make out (1)** **compilare**
  ***Make out** this form, please.*
  Compili questo modulo, per favore.

- **make out (2)** **scorgere, intravedere**
  *He **made out** the house behind the trees.*
  Intravedeva la casa oltre gli alberi.

- **make out (3)** **capire, dare un senso**
  *Can you **make out** what he is saying?*
  Riesci a capire cosa sta dicendo?

- **make out (4)** **cavarsela, passarsela**
  *How **is** your brother **making out** after the accident?*
  Come se la passa tuo fratello dopo l'incidente?

- **make out to (5)** **fingere**
  *He **made out to** leave the room.*
  Fingeva di uscire dalla stanza.

- **make out with** **fare l'amore**
  *I **made out with** her last night.*
  Ho fatto l'amore con lei ieri sera.

- **make over (1)** **convertire, trasformare**
  *The house **was made** into a restaurant.*
  La casa fu trasformata in un ristorante.

- **make over (2)** **trasferire**
  *He **made over** all his money to her.*
  Trasferì a lei tutti i suoi soldi.

- **make up (1)** **costituire**
  *Women **make up** a third of our workforce.*
  Le donne costituiscono un terzo della nostra forza-lavoro.

- **make up (2)** **inventare**
  *She **makes up** stories all the time.*
  Inventa continuamente storie.

- **make up (3)** **decidere**
__Make up__ your mind!
Deciditi!

- **make up (4)** **impaginare**
Who __made up__ this book?
Chi ha impaginato questo libro?

- **make up (5)** **truccarsi**
That actress always __makes__ herself __up__.
Quell'attrice si trucca sempre da sola.

- **make up (6)** **completare**
They __made up__ the battalion with inexperienced men.
Completarono il battaglione con uomini inesperti.

- **make up for** **compensare**
Our company will __make up for__ your damages.
La nostra compagnia vi compenserà per i vostri danni.

- **make up with** **riconciliarsi**
The two friends __made it up__ after the quarrel.
I due amici si riconciliarono dopo la lite.

- **make up to** **ingraziarsi**
I __made up to__ her with some flowers.
Entrai nelle sue grazie mandandole dei fiori.

- **make with** **propinare, preparare**
__Make with__ the whisky!
Dacci del whisky!

MEET (mi:t) **met** (met) **met** (met)

1 incontrare; incontrarsi; trovarsi **2** fare conoscenza, conoscersi

■ SIMPLE PRESENT

I meet, you meet, we meet, they meet, he meets, she meets, it meets

*He **meets** with his boss every Tuesday.*
Si incontra col suo capo ogni martedì.

■ PRESENT CONTINUOUS

I am meeting, you are meeting, we are meeting, they are meeting, he (she, it) is meeting

*Ladies and Gentlemen, we **are meeting** to discuss something very serious.*
Signore e signori, ci stiamo incontrando per discutere qualcosa di estremamente serio.

■ SIMPLE PAST

I met, you met, we met, they met, he (she, it) met

*He **met** his difficulties with great courage.*
Affrontò le difficoltà con gran coraggio.

■ PAST CONTINUOUS

I was meeting, you were meeting, we were meeting, they were meeting, he (she, it) was meeting

*They **were meeting** at 6.00 p.m., I think.*
Si trovavano alle 6, penso.

■ PRESENT PERFECT

I have met, you have met, we have met, they have met, he (she, it) has met

*I **have** never **met** them before.*
Non li avevo mai incontrati prima.

■ PAST PERFECT

*He **had** not **met** his financial obligations and so was declared bankrupt.*
Non aveva fatto fronte ai suoi obblighi finanziari e così fece bancarotta.

■ FUTURE (WILL)

*I don't think he **will meet** us without his lawyer.*
Non penso che ci incontrerà senza il suo avvocato.

■ FUTURE (GOING TO)

***Are** you **going to meet** us half way on this aspect of the question?*
Ci verrete incontro su questo aspetto della questione?

■ USED TO ≠ TO BE USED TO + -ING

*He **used to meet** his clients anytime but nowadays he meets only by appointment.*
Una volta incontrava i clienti in qualsiasi momento, ma ora li riceve solo per appuntamento.

*He **is used to meeting** his clients at all hours anywhere they want.*
Accetta di veder i suoi clienti sempre e dovunque.

■ FIRST CONDITIONAL

*If he **meets** us, it will be in the morning.*
Se ci incontrerà, sarà di mattina.

■ SECOND CONDITIONAL

*If he **met** us, it would be in the morning.*
Se ci incontrasse, sarebbe di mattina.

■ THIRD CONDITIONAL

*If he **had met** us, it would have been in the morning.*
Se ci avesse incontrato, sarebbe stato di mattina.

PHRASAL VERBS

- **meet up (1)** — **congiungersi**
  *The two roads **meet up** in the town centre.*
  Le due strade si congiungono al centro della città.

- **meet up (2)** — **imbattersi, incontrare**
  *We **met up** with them by chance at the station.*
  Li abbiamo incontrati per caso alla stazione.

- **meet with (1)** — **incontrare**
  *His book **met with** a great success.*
  Il suo libro ha incontrato molto successo.

- **meet with (2)** — **accogliere**
  *His words **were met with** coldness.*
  Le sue parole furono accolte con freddezza.

PAY (peɪ) **paid** (peɪd) **paid** (peɪd)

pagare, versare, sborsare; liquidare

■ SIMPLE PRESENT

I pay, you pay, we pay, they pay, he pays, she pays, it pays

My boyfriend always ***pays*** *for everything.*
Il mio ragazzo paga sempre tutto.

■ PRESENT CONTINUOUS

I am paying, you are paying, we are paying, they are paying, he (she, it) is paying

Who ***is paying*** *the bill?*
Chi sta pagando il conto?

■ SIMPLE PAST

I paid, you paid, we paid, they paid, he (she, it) paid

He ***paid*** *for the car in hard cash.*
Pagò l'automobile tutto in contanti.

■ PAST CONTINUOUS

I was paying, you were paying, we were paying, they were paying, he (she, it) was paying

I ***was paying*** *money into my account when the bank robbers came in.*
Stavo versando i soldi sul mio conto corrente, quando entrarono i rapinatori.

■ PRESENT PERFECT

I have paid, you have paid, we have paid, they have paid, he (she, it) has paid

Has *she* ***paid*** *back all the money she owes you?*
Ti ha restituito tutti i soldi che ti deve?

■ PAST PERFECT

My investments ***had paid*** *up quite a lot even though the interest rate has dropped.*
I miei investimenti avevano fruttato parecchio, anche se il tasso d'interesse è sceso.

■ FUTURE (WILL)

They ***won't pay*** *for everything, will they?*
Non pagheranno tutto, vero?

■ FUTURE (GOING TO)

The company ***is going to pay*** *dearly for this error.*
La compagnia pagherà caro questo errore.

■ USED TO ≠ TO BE USED TO + -ING

*He **used to pay** visits to all his friends but now he never leaves home.*
Andava sempre a trovare tutti gli amici, ma ora non si muove mai di casa.

*He **is used to** his friends **paying** him visits continually.*
È abituato a ricevere continue visite dagli amici.

■ FIRST CONDITIONAL

*If I **pay** up immediately, will you be satisfied?*
Se salderò immediatamente, sarai soddisfatta?

■ SECOND CONDITIONAL

*If I **paid** up immediately, would you be satisfied?*
Se saldassi immediatamente, saresti soddisfatta?

■ THIRD CONDITIONAL

*If I **had paid** up immediately, would you have been satisfied?*
Se avessi saldato immediatamente, saresti stata soddisfatta?

PHRASAL VERBS

◆ **pay back (1)** — **restituire (denaro)**
*When will you **pay back** the bank?*
Quando restituirai i soldi alla banca?

◆ **pay back (2)** — **farla pagare, vendicarsi**
*I'll **pay** her **back**!*
Gliela farò pagare!

◆ **pay in/into** — **depositare**
*Can I **pay** some money **into** our account?*
Posso depositare dei soldi sul nostro conto?

◆ **pay off (1)** — **liquidare**
*He **paid off** his debts to everybody.*
Ha liquidato i suoi debiti con tutti.

◆ **pay off (2)** — **valere la pena**
*The risk **paid off**.*
Il rischio valeva la pena.

◆ **pay up** — **saldare**
*The insurance company **paid up** immediately.*
La compagnia di assicurazioni saldò immediatamente.

PUT (pʊt) **put** (pʊt) **put** (pʊt)

mettere, porre

■ SIMPLE PRESENT

I put, you put, we put, they put, he puts, she puts, it puts

*She always **puts** on too much perfume.*
Si mette sempre troppo profumo.

■ PRESENT CONTINUOUS

I am putting, you are putting, we are putting, they are putting, he (she, it) is putting

*I **am putting** her name down on the list.*
Sto annotando il suo nome sulla lista.

■ SIMPLE PAST

I put, you put, we put, they put, he (she, it) put

*I **put** you to a lot of trouble last week.*
La settimana scorsa Le ho causato parecchi problemi.

■ PAST CONTINUOUS

I was putting, you were putting, we were putting, they were putting, he (she, it) was putting

*I **was putting** on my jacket when the telephone rang.*
Mi stavo mettento la giacca quando suonò il telefono.

■ PRESENT PERFECT

I have put, you have put, we have put, they have put, he (she, it) has put

*He **has put** up with a lot from her.*
Ha sopportato tanto per causa sua.

■ PAST PERFECT

*I **had put** her irritability down to all the work she was doing in that period.*
Avevo attribuito la sua irritabilità a tutto il lavoro che stava facendo in quel periodo.

■ FUTURE (WILL)

*I **will put** forward your idea at the next meeting.*
Avanzerò la tua proposta nel prossimo incontro.

■ FUTURE (GOING TO)

***Is** he really **going to put** off his marriage?*
Davvero rimanderà il suo matrimonio?

■ USED TO ≠ /TO BE USED TO + -ING

*When he was a child he never **used to put** his things away but now he's tidy.*
Quando era bambino non metteva mai via le sue cose, ora invece è ordinato.

*He **is used to putting** away his clothes and keeping his room tidy.*
È abituato a mettere via i suoi vestiti e a tenere la sua camera in ordine.

■ FIRST CONDITIONAL

*If I **put** by some money, I will soon buy a new car.*
Se metterò da parte un po' di soldi, comprerò presto una nuova auto.

■ SECOND CONDITIONAL

*If I **put** by some money, I would soon buy a new car.*
Se mettessi da parte un po' di soldi, comprerei presto una nuova auto.

■ THIRD CONDITIONAL

*If I **had put** by some money, I would have soon bought a new car.*
Se avessi messo da parte un po' di soldi, avrei comprato presto una nuova auto.

PHRASAL VERBS

◆ **put about (1)** — **mettere in giro, diffondere**
*Who **put** that rumour **about**?*
Chi ha diffuso quella voce?

◆ **put about (2)** — **mettere attorno, circondare**
*She **put** her arm **about** her lover.*
Mise il braccio attorno al suo amante.

◆ **put above** — **mettere al di sopra**
*He **puts** his family **above** everything.*
Mette la sua famiglia al di sopra di tutto.

◆ **put across** — **spiegare, far comprendere**
*That teacher **puts** things **across** very clearly.*
La maestra spiegava le cose in maniera molto chiara.

◆ **put aside** — **mettere da parte, risparmiare**
*I'**m putting** some money **aside** for the holidays.*
Sto mettendo da parte dei soldi per le vacanze.

◆ **put at** — **valutare**
*The picture **was put at** a ridiculous price.*
Il quadro fu valutato un prezzo ridicolo.

- **put away (1)** **mettere via, riordinare**
  Put *your toys* ***away****!*
  Metti via i tuoi giocattoli!

- **put away (2)** **consumare (cibo, bevande)**
  We ***put away*** *a mountain of food at the party.*
  Alla festa abbiamo consumato una montagna di roba da mangiare.

- **put away (3)** **mettere dentro, rinchiudere**
  The criminal ***was put away*** *for ten years.*
  Il criminale fu messo dentro per dieci anni.

- **put away (4)** **mettere via, risparmiare**
  Have you ***put away*** *any money?*
  Avete messo via dei soldi?

- **put back (1)** **rallentare, subire un ritardo**
  Our progress ***is being put back*** *by your behaviour.*
  I nostri progressi stanno subendo un ritardo a causa del vostro atteggiamento.

- **put back (2)** **consumare**
  Did you ***put back*** *much beer last night?*
  Avete consumato molta birra ieri sera?

- **put back into** **rinvestire**
  The bank ***put back*** *a lot of money* ***into*** *their investment programme.*
  La banca ha rinvestito parecchi soldi nel suo programma di investimenti.

- **put before** **mettere davanti**
  She ***put*** *some biscuits* ***before*** *the child.*
  Mise dei biscotti davanti al bambino.

- **put behind (1)** **mettersi alle spalle, dimenticare**
  He ***put*** *the unpleasant memories* ***behind*** *him.*
  Si mise alle spalle i ricordi spiacevoli.

- **put behind (2)** **investire**
  The company ***put*** *a lot of money* ***behind*** *him.*
  La compagnia investì molti soldi su di lui.

- **put by** **mettere da parte, risparmiare**
  He has ***put by*** *a lot of money.*
  Ha messo da parte un mucchio di soldi.

- **put down (1)** **mettere giù, posare**
  Put *the pencil* ***down*** *on the table.*
  Posate la matita sul tavolo.

- **put down (2)** **annotare**
  Put *these numbers* ***down****, will you?*
  Vuoi annotare questi numeri?

- **put down (3)** **attribuire**
  I ***put down*** *her irritability to tiredness.*
  Attribuivo la sua irritabilità alla stanchezza.

- **put down (4)** **mortificare**
  He ***put*** *her* ***down*** *easily.*
  La mortifica con facilità.

- **put down (5)** **assegnare**
  I will ***put down*** *this job to you.*
  Le assegnerò questo lavoro.

- **put down (6)** **sopprimere/abbattere (un animale)**
  The vet ***put down*** *the dog.*
  Il veterinario abbattè il cane.

- **put down (7)** **atterrare**
  The plane will ***put down*** *at 8.00 a.m.*
  L'aereo atterrerà alle 8 del mattino.

- **put down to** **attribuire**
  I ***put*** *that experience* ***down to*** *bad luck.*
  Ho attribuito quell'esperienza alla sfortuna.

- **put forth (1)** **proporre**
  The scientist ***put forth*** *an interesting idea.*
  Lo scienziato propose un'idea interessante.

- **put forth (2)** **mettere fuori, buttare (di piante)**
  In spring plants ***put forth*** *buds.*
  In primavera le piante mettono fuori le gemme.

- **put forward (1)** **proporre**
  The politician ***put forward*** *his ideas in parliament.*
  Il politico propose le sue idee in parlamento.

- **put forward (2)** **anticipare**
  The meeting ***was put forward*** *two hours.*
  Il meeting fu anticipato di due ore.

- **put in** **investire**
  We ***put in*** *a lot of time into that project.*
  Abbiamo investito molto tempo in quel progetto.

- **put in (2)** **intromettersi**
  *Don't **put in** when I am speaking!*
  Non intrometterti quando sto parlando!

- **put in (3)** **contattare**
  *He **put in** a call to his wife.*
  Contattò sua moglie per telefono.

- **put in (4)** **assegnare**
  *We **put** the new secretary **in** your office.*
  Abbiamo assegnato al vostro ufficio la nuova segreteria.

- **put in (5)** **mettere al potere, insediare**
  *The tyrant **was put in** power by the army.*
  Il tiranno fu messo al potere dall'esercito.

- **put in for** **inoltrare/fare domanda**
  *I **am putting in for** a new job.*
  Sto facendo domanda per un nuovo impiego.

- **put off (1)** **rinviare**
  *The meeting **was put off** for a month.*
  L'incontro fu rinviato di un mese.

- **put (2)** **dissuadere, scoraggiare**
  *He **put** her **off** going to the cinema.*
  La dissuase dall'andare al cinema.

- **put off (3)** **spegnere**
  ***Put off** that light!*
  Spegnete quella luce!

- **put on (1)** **mettere su, appoggiare**
  *He **put** his feet **on** the table.*
  Appoggiò i piedi sul tavolo.

- **put on (2)** **mettersi, indossare**
  ***Put on** your shoes children.*
  Bambini, mettetevi le scarpe.

- **put on (3)** **mettersi su, truccarsi**
  *She **put on** her lipstick.*
  Si mise il rossetto.

- **put on (4)** **mettere su, organizzare**
  *Our school **put on** a concert.*
  La nostra scuola ha organizzato un concerto.

- **put on (5)** **accendere**
  *Who **put** the light **on**?*
  Chi ha acceso la luce?

- **put on (6)** **mettere in azione/funzione**
  *The driver **put** the brakes **on**.*
  L'autista mise in funzione i freni.

- **put on (7)** **fingere**
  *She **put on** the smile for the journalists.*
  Fingeva di sorridere per i giornalisti.

- **put on (8)** **prendere in giro**
  *Stop **putting** me **on**!*
  Smettila di prendermi in giro!

- **put on (9)** **assegnare, imporre**
  *The doctor **put** her **on** a strict diet.*
  Il dottore la mise a dieta ferrea.

- **put on (10)** **mettere su (peso)**
  *She **put on** a lot at Christmas.*
  Sotto Natale ha messo su un bel po' di peso.

- **put on to/onto** **appoggiare**
  *I **put** the cup **onto** the table.*
  Appoggiai la tazza sul tavolo.

- **put out (1)** **diffondere, mettere fuori**
  *The news **was put out** by the government.*
  La notizia venne diffusa dal governo.

- **put out (2)** **spegnere**
  *The fire **was put out** quickly.*
  Il fuoco fu spento rapidamente.

- **put out (3)** **irritare, dar fastidio**
  *Your behaviour **is putting** a lot of people **out**.*
  Il vostro atteggiamento sta irritando molte persone.

- **put out (4)** **rendere incosciente, addormentare**
  *The doctor **put out** the patient with a drug.*
  Il dottore addormentò il paziente con un farmaco.

- **put out (5)** **darsi da fare**
  *I **put** myself **out** to get you that job.*
  Mi sono dato da fare per farti avere quel lavoro.

- **put out (6)** **mettere fuori, germogliare**
The trees ***are putting out*** *buds.*
Gli alberi stanno mettendo fuori i germogli.

- **put out (7)** **mettere fuori, produrre**
That factory ***puts out*** *a lot of high quality products.*
Quell'industria mette fuori molti prodotti di buona qualità.

- **put out of** **rendere inoperante/inutilizzabile**
The equipment ***was put out of*** *action by the fire.*
L'equipaggiamento fu reso inutilizzabile a causa del fuoco.

- **put over (1)** **mettere sopra, coprire**
She ***put*** *the blanket* ***over*** *her body.*
Mise la coperta sul corpo di lei.

- **put over (2)** **comunicare in maniera chiara**
Have I put *the idea* ***over*** *clearly?*
Ho reso bene l'idea?

- **put round** **mettere intorno, circondare**
He ***put*** *his arm around her shoulders.*
Mise il suo braccio intorno alle spalle di lei.

- **put through (1)** **far passare attraverso varie tappe**
The proposals ***were put through*** *the official channels.*
Le proposte furono fatte passare attraverso i canali ufficiali.

- **put through (2)** **far approvare**
Your proposals ***were put through*** *yesterday.*
Le vostre proposte furono fatte approvare ieri.

- **put through (3)** **mettere in comunicazione (telefonica)**
Put *me* ***through*** *to the boss, please.*
Mi metta in comunicazione con il direttore, per favore.

- **put through (4)** **far passare/subire**
My girlfriend ***put*** *me* ***through*** *a terrible time.*
La mia ragazza mi ha fatto passare un periodo terribile.

- **put to** **fare una domanda**
Can I ***put*** *a question* ***to*** *you?*
Posso farti una domanda?

- **put up (1)** **costruire, erigere**
They ***put up*** *the house in two months.*
Costruirono la casa in due mesi.

- **put up (2)** **alzare, aprire**
  Put up *your umbrella, it's raining.*
  Apri l'ombrello, sta piovendo.

- **put up (3)** **affiggere, attaccare**
  Who ***put up*** *that poster?*
  Chi ha affisso quel poster?

- **put up (4)** **aumentare, accrescere**
  Shops ***have put up*** *their prices everywhere.*
  I negozi hanno aumentato i prezzi ovunque.

- **put up (5)** **ospitare**
  I ***put*** *her* ***up*** *for the weekend.*
  L'ho ospitata per il fine settimana.

- **put up (6)** **candidare**
  My cousin ***was put up in*** *the latest elections.*
  Mio cugino è stato candidato alle ultime elezioni.

- **put upon** **dare fastidio**
  He ***puts upon*** *everyone!*
  Dà fastidio a tutti!

- **put up to** **istigare**
  Who ***put*** *them* ***up to*** *this crime?*
  Chi li ha istigati a questo crimine?

- **put up with** **sopportare**
  I can't ***put up with*** *you anymore!*
  Non riesco più a sopportarvi!

READ (ri:d) **read** (red) **read** (red)
leggere

▪ SIMPLE PRESENT
I read, you read, we read, they read, he reads, she reads, it reads

*He **reads** you like a book.*
Legge dentro di te come in un libro aperto.

▪ PRESENT CONTINUOUS
I am reading, you are reading, we are reading, they are reading, he (she, it) is reading

*I **am reading** this article through very carefully.*
Sto leggendo quest'articolo molto attentamente.

▪ SIMPLE PAST
I read, you read, we read, they read, he (she, it) read

*I **read** his message between the lines.*
Ho letto il suo messaggio fra le righe.

▪ PAST CONTINUOUS
I was reading, you were reading, we were reading, they were reading, he (she, it) was reading

*Me? I **was reading** a book.*
Io? Stavo leggendo un libro.

▪ PRESENT PERFECT
I have read, you have read, we have read, they have read, he (she, it) has read

*I **have read** of his exploits though I've never met him.*
Ho letto delle sue imprese, però non l'ho mai incontrato.

▪ PAST PERFECT

*The teacher **had read** the list out but many pupils didn't hear him.*
L'insegnante aveva letto l'elenco ad alta voce, ma tanti allievi non lo sentirono.

▪ FUTURE (WILL)

*I promise I **will read** every word of your book.*
Prometto che leggerò ogni parola del tuo libro.

▪ FUTURE (GOING TO)

*I **am not going to read** anymore of his awful poetry.*
Non leggerò mai più le sue orribili poesie.

*I **used to read** a book a day but recently I don't read anything at all.*
Una volta leggevo un libro al giorno, ma recentemente non leggo più nulla.

*He **is used to reading** a book a day.*
È abituato a leggere un libro al giorno.

■ FIRST CONDITIONAL

*If you **read** this book, you'll find it interesting.*
Se leggerai questo libro, lo troverai interessante.

■ SECOND CONDITIONAL

*If you **read** this book, you would find it interesting.*
Se tu leggessi questo libro, lo troveresti interessante.

■ THIRD CONDITIONAL

*If you **had read** this book, you would have found it interesting.*
Se tu avessi letto questo libro, lo avresti trovato interessante.

PHRASAL VERBS

◆ **read back** — **rileggere**
__Read back__ the letter to me, will you?
Vuole rileggermi la lettera, per favore?

◆ **read into** — **attribuire iportanza, dare peso**
*I wouldn't **read** anything **into** her words.*
Non darei peso alle sue parole.

◆ **read out** — **leggere ad alta voce**
*The lawyer **read out** the words from the document.*
L'avvocato lesse ad alta voce il testo del documento.

◆ **read over** — **controllare**
*He **read over** the document very slowly.*
Controllò accuratamente il documento.

◆ **read through** — **leggere dall'inizio alla fine**
*Please, **read through** the contract carefully.*
Prego, leggete attentamente il contratto dall'inizio alla fine.

◆ **read up** — **documentarsi**
*I **have read up** on this subject.*
Mi sono documentato su questo argomento.

RING (rɪŋ) **rang** (ræŋ) **rung** (rʌŋ)

1 suonare; risuonare **2** telefonare, chiamare (al telefono)

■ SIMPLE PRESENT

I ring, you ring, we ring, they ring, he rings, she rings, it rings

*The bell **rings** every hour.*
La campanella suona ogni ora.

■ PRESENT CONTINUOUS

I am ringing, you are ringing, we are ringing, they are ringing, he (she, it) is ringing

*The church bells **are ringing** in the New Year.*
Le campane della chiesa stanno suonando per l'anno nuovo.

■ SIMPLE PAST

I rang, you rang, we rang, they rang, he (she, it) rang

*Their voices **rang** in the clear mountain air.*
Le loro voci risuonavano nell'aria limpida dei monti.

■ PAST CONTINUOUS

I was ringing, you were ringing, we were ringing, they were ringing, he (she, it) was ringing

*Her words **were ringing** with emotion.*
Le sue parole tremavano per l'emozione.

■ PRESENT PERFECT

I have rung, you have rung, we have rung, they have rung, he (she, it) has rung

*Our team **has rung** up a lot of victories.*
La nostra squadra ha ottenuto molte vittorie.

■ PAST PERFECT

*Her words **had rung** false at the trial.*
Le sue parole erano suonate false al processo.

■ FUTURE (WILL)

*They **will ring** you directly this evening.*
Ti chiameranno direttamente questa sera.

■ FUTURE (GOING TO)

*They **are going to ring** up at 8.00 p.m. sharp.*
Telefoneranno alle 8 in punto.

■ USED TO ≠ TO BE USED TO + -ING

*He **used to ring** me every day but recently he hasn't called at all.*
Mi telefonava ogni giorno però ultimamente non mi chiama più.

*He **is used to** her **ringing** him every day but he doesn't care.*
È abituato al fatto che lei lo chiami tutti i giorni, ma non gli importa.

■ FIRST CONDITIONAL

*If I **ring** back, will you answer?*
Se ti ritelefonerò, mi risponderai?

■ SECOND CONDITIONAL

*If I **rung** back, would you answer?*
Se ti ritelefonassi, mi risponderesti?

■ THIRD CONDITIONAL

*If I **had rung** back, would you have answered?*
Se ti avessi ritelefonato, mi avresti risposto?

PHRASAL VERBS

- **ring back** — **ritelefonare**
  ***Ring** me **back** later, will you?*
  Mi ritelefoni più tardi, va bene?
- **ring in** — **chiamare (al telefono)**
  *She always **rings in** to the office.*
  Chiama sempre in ufficio.
- **ring off** — **riattaccare (il telefono)**
  *He **rang off** suddenly.*
  Riattaccò di colpo.
- **ring round** — **fare un giro di telefonate**
  *Can you **ring round** to my relatives?*
  Puoi fare un giro di telefonate ai miei parenti?
- **ring up (1)** — **telefonare**
  *Did anyone **ring up**?*
  Ha telefonato qualcuno?
- **ring up (2)** — **registrare (alla cassa)**
  *The shop assistant **rang up** the bill.*
  La commessa registrò il conto alla cassa.

RISE (raɪz) **rose** (rəʊz) **risen** (ˈrɪzn)

1 sorgere; alzarsi **2** aumentare **3** insorgere

■ SIMPLE PRESENT

I rise, you rise, we rise, they rise, he rise<u>s</u>, she rise<u>s</u>, it rise<u>s</u>

*He **rises** early every morning.*
Si alza presto ogni mattina.

■ PRESENT CONTINUOUS

I am rising, you are rising, we are rising, they are rising, he (she, it) is rising

*The sun **is rising.***
Il sole sta sorgendo.

■ SIMPLE PAST

I rose, you rose, we rose, they rose, he (she, it) rose

*New buildings **rose** everywhere after the war.*
Nuove costruzioni sorsero dappertutto dopo la guerra.

■ PAST CONTINUOUS

I was rising, you were rising, we were rising, they were rising, he (she, it) was rising

*Smoke **was rising** from the chimneys.*
Il fumo stava salendo dai camini.

■ PRESENT PERFECT

I have risen, you have risen, we have risen, they have risen, he (she, it) has risen

*The wind **has risen.***
Si è levato il vento.

■ PAST PERFECT

*The river water **had risen** and flooded everything.*
L'acqua del fiume si era alzata e straripava ovunque.

■ FUTURE (WILL)

*Prices **will rise** dramatically.*
I prezzi aumenteranno drasticamente.

■ FUTURE (GOING TO)

*The population **is going to rise** in protest against the government.*
La popolazione si leverà in protesta conto il governo.

■ USED TO ≠ TO BE USED TO + -ING

*She **used to rise** early but nowadays never before 10.00 p.m.*
Era solita alzarsi presto, ma ora mai prima delle 10.

*We **are** all **used to rising** early.*
Tutti noi siamo abituati ad alzarci presto.

■ FIRST CONDITIONAL

*If prices **rise**, will you still buy a house?*
Se i prezzi aumenteranno, comprerai ugualmente una casa?

■ SECOND CONDITIONAL

*If prices **rose**, would you still buy a house?*
Se i prezzi aumentassero, compreresti ugualmente una casa?

■ THIRD CONDITIONAL

*If prices **had risen**, would you still have bought a house?*
Se i prezzi fossero aumentati, avresti comperato ugualmente una casa?

PHRASAL VERBS

- **rise above** — **saper affrontare**
  *She **rises above** everything.*
  Sa affrontare qualunque cosa.

- **rise up (1)** — **alzarsi, salire**
  *The birds **rose up** from the bushes.*
  Gli uccelli si alzarono in volo dai cespugli.

- **rise up (2)** — **apparire**
  *The mountains **rose up** in the distance.*
  Le montagne apparvero da lontano.

- **rise up (3)** — **ribellarsi**
  *The population **rose up** against the tyrant.*
  La popolazione si ribellò contro il tiranno.

RUN (rʌn) **ran** (ræn) **run** (rʌn)

1 correre **2** concorrere, partecipare **3** scorrere **4** gestire, dirigere

■ SIMPLE PRESENT

I run, you run, we run, they run, he runs, she runs, it runs

*He **runs** a small shop.*
Gestisce un piccolo negozio.

■ PRESENT CONTINUOUS

I am running, you are running, we are running, they are running, he (she, it) is running

*James Black **is running** for president.*
James Black sta concorrendo alla presidenza.

■ SIMPLE PAST

I ran, you ran, we ran, they ran, he (she, it) ran

*He **ran** into your son at the restaurant.*
Ha incontrato tuo figlio al ristorante.

■ PAST CONTINUOUS

I was running, you were running, we were running, they were running, he (she, it) was running

*Yesterday we **were running** out of butter and milk when the delivery man arrived.*
Ieri stavamo finendo burro e latte quando arrivò il rifornitore.

■ PRESENT PERFECT

I have run, you have run, we have run, they have run, he (she, it) has run

*Our project **has run** up against serious difficulties.*
Il nostro progetto ha incontrato delle serie difficoltà.

■ PAST PERFECT

*He **had run** over a pedestrian but didn't stop and eventually he was arrested.*
Aveva investito un pedone, ma non si è fermato e alla fine fu arrestato.

■ FUTURE (WILL)

*The way he spends money he **will** soon **run** through his inheritance.*
Con il suo modo di spendere, presto sperpererà la sua eredità.

■ FUTURE (GOING TO)

*Your girlfriend **is going to run** off with your best friend.*
La tua fidanzata scapperà con il tuo migliore amico.

■ USED TO ≠ TO BE USED TO + -ING

*She **used to run** down her husband but recently she has stopped this unpleasant habit.*
Una volta sparlava di suo marito, ma di recente ha perso questa spiacevole abitudine.

*My mother in law **is used to running** down everybody she knows.*
Mia suocera è abituata a sparlare di tutte le persone che conosce.

■ FIRST CONDITIONAL

*If I **run** out of money, will you lend me your credit card?*
Se rimarrò senza soldi, mi presterai la tua carta di credito?

■ SECOND CONDITIONAL

*If I **ran** out of money, would you lend me your credit card?*
Se rimanessi senza soldi, mi presteresti la tua carta di credito?

■ THIRD CONDITIONAL

*If I **had run** out of money, would you have lent me your credit card?*
Se fossi rimasto senza soldi, mi avresti prestato la tua carta di credito?

PHRASAL VERBS

- **run across (1)** — **imbattersi**
  *I **ran across** Peter in Paris.*
  Mi sono imbattuto in Pietro a Parigi.

- **run across (2)** — **correre**
  *The children **ran across** the room.*
  I bambini correvano attraverso la stanza.

- **run after** — **rincorrere**
  *She **ran after** the bus.*
  Rincorse l'autobus.

- **run along** — **andar via**
  ***Run along** children!*
  Andate via bambini!

- **run around** — **correre qua e là**
  *The boys **ran around** in the courtyard.*
  I ragazzi correvano qua e là per il cortile.

- **run around with** — **frequentare**
  *He**'s running around with** some delinquents.*
  Sta frequentando dei delinquenti.

- **run away** **scappare, fuggire**
*He **ran away** with his best friend's wife.*
Scappò con la moglie del suo migliore amico.

- **run away with** **stravincere**
*Our team **ran away with** the cup.*
La nostra squadra ha stravinto la coppa.

- **run back** **riconsiderare**
*Let's **run back** over your idea.*
Riconsideriamo la vostra idea.

- **run down (1)** **correre/scendere giù**
*He **ran down** to the shop.*
Scese giù di corsa al negozio.

- **run down (2)** **denigrare**
*She **runs down** her husband all the time.*
Denigra continuamente suo marito.

- **run down (3)** **rintracciare**
*The police **ran down** the criminal.*
La polizia rintracciò il criminale.

- **run down (4)** **ridurre**
*The government **is running down** the Health Service.*
Il governo sta riducendo l'assistenza sanitaria.

- **run down (5)** **scaricarsi**
*Our batteries **are running down**.*
Le nostre pile si stanno scaricando.

- **run down (6)** **investire**
*The boy **was run down** by a car.*
Il ragazzo fu investito da una macchina.

- **run down (7)** **essere esaurito**
*I **am** very **run down**.*
Sono proprio esaurita.

- **run in (1)** **entrare di corsa**
*The girl **ran in** through the open door.*
La ragazza entrò di corsa attraverso la porta aperta.

- **run in (2)** **arrestare**
*Who **was run in** by the police?*
Chi è stato arrestato dalla polizia?

◆ **run into (1)** **incontrare (problemi, difficoltà)**
*We **ran into** a lot of problems on holiday.*
Abbiamo avuto tante difficoltà impreviste in vacanza.

◆ **run into (2)** **imbattersi**
*We **ran into** John yesterday.*
Ieri ci siamo imbattuti in Giovanni.

◆ **run into (3)** **tamponare**
*The bus **ran into** the car.*
L'autobus ha tamponato la macchina.

◆ **run into (4)** **confluire**
*Here the two rivers **run into** each other.*
Qui i due fiumi confluiscono l'uno nell'altro.

◆ **run off (1)** **correre fuori**
*They **ran off** to buy some food.*
Sono corsi fuori a comperare da mangiare.

◆ **run off (2)** **scappare (in segreto)**
*The girl **ran off** into the woods.*
La ragazza scappò via nei boschi.

◆ **run off (3)** **scappare (con qualcuno)**
*She'**s run off** with my boyfriend!*
È scappata con il mio fidanzato!

◆ **run off (4)** **scorrere**
*The path **ran off** into the woods.*
Il sentiero scorreva nella foresta.

◆ **run off (5)** **stampare**
*We **have run off** 1,000 copies.*
Abbiamo stampato 1.000 copie.

◆ **run off with** **rubare**
*He **ran off with** my money!*
Ha rubato i miei soldi!

◆ **run on (1)** **continuare**
*This road **runs on** for two more miles.*
Questa strada continua per altre due miglia.

◆ **run on (2)** **continuare a parlare**
*He **runs on** for hours and hours.*
Continua a parlare per ore e ore.

- **run out (1)** **uscire di corsa**
  *The man **ran out** of the building.*
  L'uomo uscì fuori di corsa dal palazzo.

- **run out (2)** **scorrere**
  *The liquid **runs out** of this tube.*
  Il liquido scorre attraverso questo tubo.

- **run out (3)** **esaurire**
  *We'**ve run out** of milk.*
  Abbiamo finito il latte.

- **run out (4)** **scadere**
  *Your contract **ran out** yesterday.*
  Il tuo contratto è scaduto ieri.

- **run out (5)** **abbandonare**
  *He **ran out** on his wife.*
  Ha abbandonato sua moglie.

- **run out (6)** **srotolare**
  *Can you **run out** the rope?*
  Puoi srotolare la corda?

- **run out of** **costringere a lasciare**
  *The sheriff **ran** him **out of** town.*
  Lo sceriffo lo costrinse a lasciare la città.

- **run over (1)** **avvicinarsi velocemente**
  *She **ran over** to her boyfriend.*
  Si avvicinò velocemente al suo ragazzo.

- **run over (2)** **investire, travolgere**
  *The train **ran over** the dog.*
  Il treno travolse il cane.

- **run over (3)** **traboccare**
  *The cup **was running over** with wine.*
  La coppa stava traboccando di vino.

- **run over (4)** **rivedere/ripassare velocemente**
  *Can we **run over** the last exercise?*
  Possiamo rivedere velocemente l'ultimo esercizio?

- **run through (1)** **diffondersi**
  *The news **ran through** the crowd.*
  Le notizie si diffusero tra la folla.

◆ **run through (2)** **riguadare velocemente**
*They **ran through** the list.*
Rriguardarono velocemente la lista.

◆ **run through (3)** **sperperare**
*She **ran through** a lot of money in a short period of time.*
Ha sperperato un sacco di soldi in poco tempo.

◆ **run through (4)** **trafiggere**
*He **ran** him **through** with a sharp knife.*
Lo trafisse con un coltello tagliente.

◆ **run to (1)** **ricorrere**
*He **ran to** his mother for help.*
Ricorse all'aiuto di sua madre.

◆ **run to (2)** **ammontare**
*The bill **runs to** £ 900.*
Il conto ammonta a £ 900.

◆ **run up (1)** **condurre**
*That road **runs up** to a large house.*
Quella strada conduce a una grande casa.

◆ **run up (2)** **accumulare**
*We **are running up** a large debt.*
Stiamo accumulando un debito ingente.

◆ **run up (3)** **fare rapidamente**
*Can you **run up** a design for me?*
Puoi farmi rapidamente uno schema?

◆ **run up (4)** **innalzare**
*The captain **ran up** the flag.*
Il capitano innalzò la bandiera.

◆ **run up against** **incontrare, imbattersi**
*We **ran up against** a lot of difficulties.*
Abbiamo incontrato un mucchio di difficoltà.

SAY (seɪ) **said** (sed) **said** (sed)

dire, affermare; sostenere

■ SIMPLE PRESENT

I say, you say, we say, they say, he says, she says, it says

*He always **says** what he thinks.*
Dice sempre ciò che pensa.

■ PRESENT CONTINUOUS

I am saying, you are saying, we are saying, they are saying, he (she, it) is saying

*Whatever he **is saying** I'm sure it is rubbish.*
Qualsiasi cosa stia dicendo sono sicuro che è una stupidaggine.

■ SIMPLE PAST

I said, you said, we said, they said, he (she, it) said

*He **said** no to one thing after another.*
Disse di no a una cosa dopo l'altra.

■ PAST CONTINUOUS

I was saying, you were saying, we were saying, they were saying, he (she, it) was saying

*She **was saying** one thing but thinking another.*
Stava dicendo una cosa ma pensandone un'altra.

■ PRESENT PERFECT

I have said, you have said, we have said, they have said, he (she, it) has said

*I **have said** the same thing a thousand times but nobody seems to listen.*
Ho detto la stessa cosa mille volte, ma nessuno sembra ascolatare.

■ PAST PERFECT

*She **had said** she was delighted at the idea but I didn't believe her.*
Aveva detto di essere felicissima all'idea, ma io non le credevo.

■ FUTURE (WILL)

*I'**ll say** this for them, they're very efficient.*
Lo dirò io per loro, sono molto efficienti.

■ FUTURE (GOING TO)

*I **am going to say** exactly what I think of you, so shut up and listen!*
Dirò esattamente ciò che penso di te, quindi stai zitto e ascolta!

■ USED TO ≠ TO BE USED TO + -ING

*She **used to say** the first thing that came into her head but recently she's learnt to hold her tongue.*
Una volta diceva la prima cosa che le veniva in mente, ma recentemente ha imparato a tenere la bocca chiusa.

*He**'s used to saying** the truth at any price: it can be unnerving!*
È abituato a dire la verità a qualsiasi costo: è snervante!

■ FIRST CONDITIONAL

*If he **says** something interesting, I will be surprised.*
Se dirà qualcosa di interessante, ne sarò sorpreso.

■ SECOND CONDITIONAL

*If he **said** something interesting, I would be surprised.*
Se dicesse qualcosa di interessante, ne sarei sorpreso.

■ THIRD CONDITIONAL

*If he **had said** something interesting, I would have been surprised.*
Se avesse detto qualcosa di interessante, ne sarei stato sorpreso.

SEE (siː) **saw** (sɔː) **seen** (siːn)

1 vedere, osservare **2** capire

■ SIMPLE PRESENT

I see, you see, we see, they see, he sees, she sees, it sees

*He **sees** her at least twice a week.*
La vede almeno due volte alla settimana.

■ PRESENT CONTINUOUS

I am seeing, you are seeing, we are seeing, they are seeing, he (she, it) is seeing

***Is** she still **seeing** him?*
Lo sta frequentando ancora?

■ SIMPLE PAST

I saw, you saw, we saw, they saw, he (she, it) saw

*She **saw** red when she heard your voice.*
Vide rosso quando sentì la tua voce.

■ PAST CONTINUOUS

I was seeing, you were seeing, we were seeing, they were seeing, he (she, it) was seeing

*Peter **was seeing** into the possibilities of a new job.*
Pietro stava esaminando la possibilità di un nuovo impiego.

■ PRESENT PERFECT

I have seen, you have seen, we have seen, they have seen, he (she, it) has seen

*Your car **has seen** better days.*
La tua macchina ha visto giorni migliori.

■ PAST PERFECT

*They **hadn't** really ever **seen** eye to eye, you know that?*
In realtà non erano mai stati della stessa opinione, lo sai vero?

■ FUTURE (WILL)

***Will** you **see** to this?*
Ti occuperai di questa cosa?

■ FUTURE (GOING TO)

*He **is going to see** that justice is done.*
Si accerterà che sia fatta giustizia.

■ USED TO ≠ TO BE USED TO + -ING

*He **used to see** us off at the station but not anymore.*
Una volta ci veniva a salutare alla stazione, ma adesso non lo fa più.

*He **is used to seeing** us off at the station.*
Di solito ci viene a salutare alla stazione.

■ FIRST CONDITIONAL

*If I **see** to the booking, will you pay for the tickets?*
Se mi occuperò della prenotazione, pagherete i biglietti?

■ SECOND CONDITIONAL

*If I **saw** to the booking, would you pay for the tickets?*
Se mi occupassi della prenotazione, pagheresti i biglietti?

■ THIRD CONDITIONAL

*If I **had seen** to the booking, would you have paid for the tickets?*
Se mi fossi occupato della prenotazione, avreste pagato i biglietti?

PHRASAL VERBS

◆ **see about** — **occuparsi**
*Can you **see about** this problem?*
Potete occuparvi di questo problema?

◆ **see across** — **far attraversare, accompagnare**
*The policeman **saw** the children **across** the street.*
Il poliziotto fece attraversare la strada ai bambini.

◆ **see after** — **prendersi cura, badare**
*Will you **see after** the children?*
Ti prenderai cura dei bambini?

◆ **see as** — **considerare**
*I **see** him **as** an intelligent man.*
Lo considero un uomo intelligente.

◆ **see beyond** — **vedere oltre**
*She can't **see beyond** her nose.*
Non vede oltre il suo naso.

◆ **see for** — **guardare/capire da sé**
*You don't believe me? **See for** yourself!*
Non mi credi? Guarda da te!

- **see in** **vedere, percepire**
  *I **see** little good **in** her.*
  Vedo poca bontà in lei.

- **see into** **accompagnare**
  *I am going to **see** grandfather **into** the hospital.*
  Accompagnerò il nonno all'ospedale.

- **see of** **vedersi, incontrarsi**
  *We **saw** little **of** them during the holidays.*
  Li vedremo poco durante le vacanze.

- **see off (1)** **salutare (alla partenza)**
  *She **saw** him **off** at the station.*
  Lo salutò alla stazione.

- **see off (2)** **scacciare, cacciare via**
  *I **saw** him **off**!*
  L'ho cacciato via!

- **see out (1)** **accompagnare (all'uscita, alla porta)**
  *I **saw** her **out** of the office.*
  L'ho accompagnata alla porta dell'ufficio.

- **see out (2)** **trascorrere, passare**
  *He **saw out** his youth in the army.*
  Passò tutta la sua gioventù nell'esercito.

- **see out (3)** **sopravvivere**
  *Seriously ill? She will **see** us all **out!***
  Seriamente ammalata? Ma se sopravviverà a tutti noi!

- **see over (1)** **guardare/esaminare attentamente**
  *I **saw over** his car but didn't like it.*
  Ho guardato attentamente la sua auto, ma non mi è piaciuta.

- **see over (2)** **visitare**
  *They **saw over** the exhibition last week.*
  Visitarono la mostra la scorsa settimana.

- **see through (1)** **vedere attraverso**
  *She **saw** the other boys **through** the window.*
  Vedeva gli altri ragazzi attraverso la finestra.

- **see through (2)** **capire**
  *I **saw through** her game.*
  Ho capito il suo gioco.

- **see through (3)** **sostenere**
  *My friends **saw** me **through** a difficult period.*
  I miei amici mi hanno sostenuto in un momento difficile.

- **see through (4)** **portare a termine**
  *The designer **saw** the project **through**.*
  Il disegnatore portò a termine il progetto.

- **see to** **occuparsi**
  ***See to** that problem, can you?*
  Puoi occuparti di quella questione?

SEEK (si:k) **sought** (sɔ:t) **sought** (sɔ:t)

1 cercare; tentare **2** domandare; ricorrere

■ SIMPLE PRESENT

I seek, you seek, we seek, they seek, he seeks, she seeks, it seeks

He ***seeks*** *but doesn't seem to find the answer.*
Tenta, ma non sembra trovare la risposta giusta.

■ PRESENT CONTINUOUS

I am seeking, you are seeking, we are seeking, they are seeking, he (she, it) is seeking

We ***are seeking*** *for shelter from the rain.*
Stiamo cercando un riparo dalla pioggia.

■ SIMPLE PAST

I sought, you sought, we sought, they sought, he (she, it) sought

He ***sought*** *for advice.*
Chiese consiglio.

■ PAST CONTINUOUS

I was seeking, you were seeking, we were seeking, they were seeking, he (she, it) was seeking

His wife's lover ***was seeking*** *to kill him.*
L'amante di sua moglie stava cercando di ucciderlo.

■ PRESENT PERFECT

I have sought, you have sought, we have sought, they have sought, he (she, it) has sought

I ***have sought*** *for you everywhere.*
Ti ho cercato dappertutto.

■ PAST PERFECT

He ***hadn't sought*** *for fame yet he found it.*
Non aveva cercato la fama, eppure la trovò.

■ FUTURE (WILL)

He ***will seek*** *her out everywhere.*
La cercherà dappertutto.

■ FUTURE (GOING TO)

He ***is going to seek*** *for a reason for her behaviour.*
Cercherà una ragione per il suo comportamento.

■ USED TO ≠ TO BE USED TO + -ING

*He **used to seek** me out but recently he hasn't.*
Una volta mi cercava sempre, ma ultimamente non più.

*He **is used to seeking** me out.*
Di solito mi cerca sempre.

■ FIRST CONDITIONAL

*If you **seek**, you will find the truth.*
Se cercherai, troverai la verità.

■ SECOND CONDITIONAL

*If you **sought**, you would find the truth.*
Se tu cercassi, troveresti la verità.

■ THIRD CONDITIONAL

*If you **had sought**, you would have found the truth.*
Se tu avessi cercato, avresti trovato la verità.

PHRASAL VERB

◆ **seek out** — **ricercare, scovare**
***Seek out** the answer immediately!*
Ricerca subito la risposta!

SELL (sel) **sold** (səʊld) **sold** (səʊld)

1 vendere **2** commerciare

■ SIMPLE PRESENT

I sell, you sell, we sell, they sell, he sells, she sells, it sells

*That shop **sells** everything under the sun.*
Quel negozio vende veramente di tutto.

■ PRESENT CONTINUOUS

I am selling, you are selling, we are selling, they are selling, he (she, it) is selling

*Her book **is selling** like hot cakes.*
Il suo libro si sta vendendo come noccioline.

■ SIMPLE PAST

I sold, you sold, we sold, they sold, he (she, it) sold

*They **sold** up and went away.*
Vendettero tutto e se ne andarono.

■ PAST CONTINUOUS

I was selling, you were selling, we were selling, they were selling, he (she, it) was selling

*He **was selling** wholesale last time I heard.*
L'ultima volta che l'ho sentito vendeva all'ingrosso.

■ PRESENT PERFECT

I have sold, you have sold, we have sold, they have sold, he (she, it) has sold

*So far we **have sold** everything on commission.*
Fino ad ora abbiamo venduto tutto su commissione.

■ PAST PERFECT

***Hadn't** they **sold** out everything by last Friday?*
Non avevano venduto tutto entro lo scroco venerdì?

■ FUTURE (WILL)

*The house **will be sold** by public auction.*
La casa sarà venduta all'asta.

■ FUTURE (GOING TO)

*I **am going to sell** off the whole property.*
Liquiderò l'intera proprietà.

■ USED TO ≠ TO BE USED TO + -ING

*We **used to sell** wholesale but not any more.*
Una volta vendevamo all'ingrosso, ma adesso non più.

*Our firm **is used to selling** on any market.*
La nostra ditta è solita vendere su qualsiasi piazza.

■ FIRST CONDITIONAL

*If you **sell** your car, I will buy it.*
Se venderai la macchina, la comprerò io.

■ SECOND CONDITIONAL

*If you **sold** your car, I would buy it.*
Se tu vendessi la macchina, la comprerei io.

■ THIRD CONDITIONAL

*If you **had sold** your car, I would have bought it.*
Se tu avessi venduto la macchina, l'avrei comperata io.

PHRASAL VERBS

◆ **sell off** — **svendere**
*They'**re selling off** everything in that shop.*
Stanno svendendo tutto in quel negozio.

◆ **sell on** — **essere entusiasta**
*I'**m sold on** your new idea.*
Sono entusiasta della tua nuova idea.

◆ **sell out (1)** — **esaurire, esaurirsi (di merce)**
*Terribly sorry, but we **have sold out** off cigarrettes.*
Sono spiacente, ma abbiamo esaurito le sigarette.

◆ **sell out (2)** — **tradire**
*She **has sold out** her dreams.*
Ha tradito i suoi sogni.

◆ **sell up** — **vendere (p. es. per sanare un fallimento)**
*He **sold up** the shop and went away.*
Vendette il negozio e se ne andò via.

SEND (send) **sent** (sent) **sent** (sent)

mandare, inviare, spedire

■ SIMPLE PRESENT

I send, you send, we send, they send, he sends, she sends, it sends

She ***sends*** *him roses every day.*
Gli manda ogni giorno delle rose.

■ PRESENT CONTINUOUS

I am sending, you are sending, we are sending, they are sending, he (she, it) is sending

Are *they* ***sending*** *him overseas?*
Lo manderanno all'estero?

■ SIMPLE PAST

I sent, you sent, we sent, they sent, he (she, it) sent

Are you certain you ***sent*** *me the parcel?*
Sei sicuro di avermi mandato il pacco?

■ PAST CONTINUOUS

I was sending, you were sending, we were sending, they were sending, he (she, it) was sending

He ***was sending*** *her both flowers and chocolates, but she didn't care.*
Le stava mandando sia fiori sia cioccolatini, ma lei non se ne curò.

■ PRESENT PERFECT

I have sent, you have sent, we have sent, they have sent, he (she, it) has sent

The news ***has sent*** *prices soaring.*
La notizia ha mandato i prezzi alle stelle.

■ PAST PERFECT

Had *they* ***sent*** *the invitation?*
Avevano spedito l'invito?

■ FUTURE (WILL)

Will *they* ***send*** *the medicine in time?*
Invieranno in tempo il medicinale?

■ FUTURE (GOING TO)

*We'****re going to send*** *it to you.*
Te lo spediremo.

■ USED TO ≠ TO BE USED TO + -ING

*He **used to send** his letters by post but now he uses only fax.*
Una volta spediva le sue lettere per posta, mentre ora usa soltanto il fax.

*He **is used to sending** all his communications by fax.*
Di solito manda tutte le comunicazioni via fax.

■ FIRST CONDITIONAL

*If I **send** the product, will you pay cash on delivery?*
Se manderò il prodotto, pagherete in contanti alla consegna?

■ SECOND CONDITIONAL

*If I **sent** the product, would you pay cash on delivery?*
Se mandassi il prodotto, paghereste in contanti alla consegna?

■ THIRD CONDITIONAL

*If I **had sent** the product, would you have paid cash on delivery?*
Se avessi mandato il prodotto, avreste pagato in contanti alla consegna?

PHRASAL VERBS

- **send across** — **mandare**
  *Who will **send** this letter **across** to the head office?*
  Chi manderà questa lettera in direzione?

- **send after** — **rincorrere**
  ***Send after** him with this packet, please.*
  Rincorrilo con questo pacchetto, per favore.

- **send ahead** — **mandare avanti**
  *I'**m sending** some money **ahead** to the bank.*
  Sto mandando avanti alla banca del denaro.

- **send along** — **inviare**
  ***Send some** flowers **along** to her this evening.*
  Mandale dei fiori questa sera.

- **send away (1)** — **mandare via**
  *He **sent** the children **away** to a private school.*
  Mandò i bambini in una scuola privata.

- **send away (2)** — **ordinare (per posta)**
  *The boy **sent away** for a model boat.*
  Il ragazzo ordinò il modellino di una barca.

- **send back (1)** **restituire**
  *They **sent back** the free sample.*
  Restituiremo il campione omaggio.

- **send down (1)** **cacciare dall'università**
  *He **was sent down** last year.*
  L'anno scorso fu cacciato dall'università.

- **send down (2)** **mandare in prigione**
  *She **was sent down** for prostitution.*
  Fu mandata in prigione per prostituzione.

- **send for (1)** **mandare a chiamare**
  *I **sent for** her.*
  La mandai a chiamare.

- **send for (2)** **ordinare, richiedere**
  ***Have** you **sent for** the books?*
  Avete ordinato i libri?

- **send forth** **emanare**
  *The dead body **sent forth** a horrible smell.*
  Il cadavere emanava un odore terribile.

- **send in (1)** **presentare, sottoporre**
  *Did they **send in** their report?*
  Hanno presentato la loro relazione?

- **send in (2)** **inviare**
  *The policemen **were sent in** to rescue the hostages.*
  I poliziotti furono inviati a liberare gli ostaggi.

- **send off (1)** **spedire**
  *The company **sent off** publicity to all their prospective clients.*
  La compagnia spedì della pubblicità a tutti i suoi possibili clienti.

- **send off (2)** **espellere**
  *Two football players **were sent off** during the match.*
  Due calciatori furono espulsi nel corso della partita.

- **send on** **inoltrare**
  *His clothes **were sent on** to his new address.*
  I suoi abiti furono inoltrati al suo nuovo indirizzo.

- **send out (1)** **distribuire**
  *Thousands of letters **were sent out**.*
  Vennero distribuite migliaia di lettere.

- **send out (2)** **mandare fuori, emettere**
  *That neon sign **sends out** a lot of light.*
  Quell'insegna al neon emette tanta luce.

- **send up (1)** **far aumentare**
  *Inflation **is sending up** prices.*
  L'inflazione sta facendo aumentare i prezzi.

- **send up (2)** **mettere in ridicolo**
  *The politician **was sent up** by his opponents.*
  Il politico fu messo in ridicolo dai suoi avversari.

SET (set) **set** (set) **set** (set)

1 mettere, porre **2** sistemare, collocare

■ SIMPLE PRESENT

I set, you set, we set, they set, he sets, she sets, it sets

Mother always ***sets*** *the table at 7.00 p.m. every evening.*
Mia madre prepara sempre la tavola alle 7 di sera.

■ PRESENT CONTINUOUS

I am setting, you are setting, we are setting, they are setting, he (she, it) is setting

The sun ***is setting.***
Il sole sta tramontando.

■ SIMPLE PAST

I set, you set, we set, they set, he (she, it) set

The alarm ***was set*** *for 7.30 p.m.*
L'allarme era inserito a partire dalle 19.30.

■ PAST CONTINUOUS

I was setting, you were setting, we were setting, they were setting, he (she, it) was setting

The athlete ***was setting*** *a record when suddenly he fell.*
L'atleta stava battendo il record quando improvvisamente cadde.

■ PRESENT PERFECT

I have set, you have set, we have set, they have set, he (she, it) has set

I ***have set*** *a plant in the garden.*
Ho piantato una pianta in giardino.

■ PAST PERFECT

The author ***had set*** *the novel in London but then he changed his idea.*
L'autore aveva ambientato a Londra il romanzo, ma poi cambiò idea.

■ FUTURE (WILL)

The market ***will set*** *the share price.*
Il mercato azionario stabilirà le quotazioni di Borsa.

■ FUTURE (GOING TO)

The concrete ***isn't going to set*** *quickly in this damp weather.*
Il cemento non si solidificherà rapidamente con questo tempo umido.

■ USED TO ≠ TO BE USED TO + -ING

*She **used to set** herself above everyone but recently events have changed her.*
Usava saltare in testa a chiunque, ma le recenti esperienze l'hanno cambiata.

*He **is used to set** backs in business but he always gets through somehow.*
È abituato agli ostacoli negli affari, ma in qualche modo se la cava sempre.

■ FIRST CONDITIONAL

*If you **set** the patients mind at rest the therapy will work better.*
Se tranquillizzerete i pazienti, la terapia funzionerà meglio.

■ SECOND CONDITIONAL

*If you **set** the patients mind at rest the therapy would work better.*
Se tranquillizzaste i pazienti, la terapia funzionerebbe meglio.

■ THIRD CONDITIONAL

*If you **had set** the patients mind at rest the therapy would have worked better.*
Se aveste tranquillizzato i pazienti, la terapia avrebbe funzionato meglio.

PHRASAL VERBS

◆ **set about** — **cominciare**
*She **set about** convincing him.*
Cominciava a convincerlo.

◆ **set after** — **inseguire**
*The police **set after** the thief.*
La polizia inseguì il ladro.

◆ **set against** — **appoggiare**
*The solidier **set** the rifle **against** the wall.*
Il soldato appoggiò al muro il fucile.

◆ **set apart** — **distinguere**
*What **sets** him **apart**?*
Che cosa lo distingue?

◆ **set aside** — **mettere da parte, accantonare**
*We **have set aside** some money.*
Abbiamo messo da parte dei soldi.

◆ **set back (1)** — **rimettere a posto**
***Set** this sheet **back** in its place, please.*
Rimetti questo foglio al suo posto, per favore.

- **set back (2)** **ostacolare**
  *Nothing will **set** us **back**.*
  Niente ci ostacolerà.

- **set back (3)** **costare**
  *That car will **set** us **back** a lot of money.*
  Quell'auto ci costerà un sacco di soldi.

- **set by** **riservare, mettere da parte**
  *Could you **set by** some money for me?*
  Potresti mettermi da parte un po' di denaro?

- **set down** **mettere giù, mettere per iscritto**
  *Please, **set down** your idea in writing.*
  Per cortesia, mettete giù la vostra idea per iscritto.

- **set forth** **esporre**
  *She **set forth** her plan.*
  Espose il suo progetto.

- **set forward** **presentare, avanzare**
  *Can we **set** the proposals **forward** to the committee?*
  Possiamo presentare al comitato le proposte?

- **set in** **inserire**
  *He **was set in** the list.*
  Fu inserito nella lista.

- **set off (1)** **far esplodere**
  *Who **set** the bomb **off**?*
  Chi fece esplodere la bomba?

- **set off (2)** **causare, provocare**
  *His comment **set** everybody **off** complaining.*
  Il suo commento provocò le lamentele di tutti.

- **set on** **far assalire, sguinzagliare**
  *He **set** the dog **on** the thief.*
  Sguinzagliò il cane contro il ladro.

- **set out (1)** **sistemare**
  *The workman **set out** his tools.*
  L'operaio sistemò i suoi strumenti.

- **set out (2)** **iniziare un viaggio**
  *He **set out** for Paris at 7.00 p.m.*
  Iniziò il viaggio per Parigi alle 7 di sera.

- **set to** **darci sotto, mettersi (a lavorare)**
  ***Set to** work!*
  Mettiti a lavorare!

- **set up (1)** **fondare**
  *He **has set up** a new company.*
  Ha fondato una nuova società.

- **set up (2)** **incastrare**
  *The gangster **set up** the policeman.*
  Il bandito incastrò il poliziotto.

SHAKE (ʃeɪk) **shook** (ʃʊk) **shaken** (ˈʃeɪkən)

1 scuotere, scuotersi **2** agitare, agitarsi, tremare

■ SIMPLE PRESENT

I shake, you shake, we shake, they shake, he shakes, she shakes, it shakes

*He never **shakes** hands.*
Non stringe mai la mano.

■ PRESENT CONTINUOUS

I am shaking, you are shaking, we are shaking, they are shaking, he (she, it) is shaking

*He **is shaking** out his umbrella before closing it.*
Sta scuotendo l'ombrella prima di chiuderla.

■ SIMPLE PAST

I shook, you shook, we shook, they shook, he (she, it) shook

*She **shook** the dust off her clothes.*
Scrollò via la polvere dai suoi abiti.

■ PAST CONTINUOUS

I was shaking, you were shaking, we were shaking, they were shaking, he (she, it) was shaking

*She **was shaking** with anxiety.*
Stava tremando per l'agitazione.

■ PRESENT PERFECT

I have shaken, you have shaken, we have shaken, they have shaken, he (she, it) has shaken

*Who **has shaken** the bottle?*
Chi ha agitato la bottiglia?

■ PAST PERFECT

*The ground **hadn't shaken** so much as it did that day.*
La terra non aveva mai tremato così forte come fece quel giorno.

■ FUTURE (WILL)

*Threats **won't shake** his purpose.*
Le minacce non faranno vacillare il suo proposito.

■ FUTURE (GOING TO)

*She **is going to shake** at this news.*
Si agiterà a questa notizia.

■ USED TO ≠ TO BE USED TO + -ING

*He **used to shake** my hand but now he doesn't even look at me.*
Era solito stringermi la mano, mentre ora non mi guarda nemmeno.

*We are **used to** him **shaking** his fist at people.*
Siamo abituati a vederlo minacciare la gente col pugno.

■ FIRST CONDITIONAL

*If you **shake** me awake, I will be angry.*
Se mi scuoterai per svegliarmi, mi arrabbierò.

■ SECOND CONDITIONAL

*If you **shook** me awake, I would he angry.*
Se tu mi scuotessi per svegliarmi, mi arrabbierei.

■ THIRD CONDITIONAL

*If you **had shaken** me awake, I would have been angry.*
Se tu mi avessi scosso per svegliarmi, mi sarei arrabbiato.

PHRASAL VERBS

◆ **shake down (1)** — **adattarsi**
*He'**ll** soon **shake down** to the new job.*
Si adatterà presto al suo nuovo impiego.

◆ **shake down (2)** — **sistemarsi per la notte**
*Are we going to **shake down** here?*
Ci sistemeremo qui per la notte?

◆ **shake off** — **liberarsi, scrollarsi di dosso**
*I always **shake off** my worries.*
Mi libero sempre delle mie preoccupazioni.

◆ **shake out** — **scrollare, scrollarsi**
*She **shook** the snow **out** of her hair.*
Si scrollò via la neve dai capelli.

◆ **shake up** — **scuotere**
*The sudden explosion **shook** her **up**.*
L'improvvisa esplosione la scosse terribilmente.

SHOW (ʃəʊ) **showed** **shown** (ʃəʊn) **showed**

1 mostrare, mostrarsi; far vedere **2** dimostrare

■ SIMPLE PRESENT

I show, you show, we show, they show, he shows, she shows, it shows

*Our profits **show** an increase of 5%.*
I nostri profitti mostrano un aumento del 5%.

■ PRESENT CONTINUOUS

I am showing, you are showing, we are showing, they are showing, he (she, it) is showing

*She **is showing** the car to the customer.*
Sta mostrando la macchina al cliente.

■ SIMPLE PAST

I showed, you showed, we showed, they showed, he (she, it) showed

*He **showed** her his house.*
Le mostrò la sua casa.

■ PAST CONTINUOUS

I was showing, you were showing, we were showing, they were showing, he (she, it) was showing

*She **was showing** him her books when I arrived.*
Gli stava facendo vedere i suoi libri quando arrivai.

■ PRESENT PERFECT

I have shown, you have shown, we have shown, they have shown, he (she, it) has shown

*They **have shown (showed)** us the wrong pictures.*
Ci hanno fatto vedere i quadri sbagliati.

■ PAST PERFECT

***Had** they **shown (showed)** you how to do it?*
Vi avevano spiegato come farlo?

■ FUTURE (WILL)

*I'll **show** her!*
Le farò vedere io!

■ FUTURE (GOING TO)

***Are** they **going to show** us the exhibition?*
Ci faranno vedere la mostra?

■ USED TO ≠ TO BE USED TO + -ING

*He never **used to show** his age at all.*
Una volta non dimostrava affatto la sua età.

*He **is used to showing** his paintings in public.*
Espone abitualmente i suoi quadri in pubblico.

■ FIRST CONDITIONAL

*If I **show** you the letter, will you read it?*
Se ti mostrerò la lettera, la leggerai?

■ SECOND CONDITIONAL

*If I **showed** you the letter, would you read it?*
Se ti mostrassi la lettera, la leggeresti?

■ THIRD CONDITIONAL

*If I **had shown (showed)** you the letter, would you have read it?*
Se ti avessi mostrato la lettera, l'avresti letta?

PHRASAL VERBS

◆ **show around/over/round** — **far visitare**
*Who will **show** the chairman **over** the factory?*
Chi farà visitare lo stabilimento al presidente?

◆ **show in (to)** — **accogliere**
*The Queen **was shown into** the White House.*
La regina fu accolta alla Casa Bianca.

◆ **show off** — **far sfoggio**
*He always **shows off** his money.*
Fa sempre sfoggio della sua ricchezza.

◆ **show out** — **accompagnare all'uscita**
***Show** this gentleman **out**, please.*
Per cortesia, accompagni questo signore all'uscita.

◆ **show up** — **evidenziare**
*This colour will **show up** the design.*
Questo colore evidenzierà il disegno.

◆ **show up as** — **rivelarsi**
*She **was shown up as** being hysterical and malicious.*
Si era rivelata isterica e perfida.

SHRINK (ʃrɪŋk) **shrank** (ʃræŋk) **shrunk** (ʃrʌŋk)
shrunk (ʃrʌŋk)

1 restringersi; contrarsi **2** ritirarsi, indietreggiare

■ SIMPLE PRESENT

I shrink, you shrink, we shrink, they shrink, he shrinks, she shrinks, it shrinks

This material always ***shrinks.***
Questo materiale si restringe sempre.

■ PRESENT CONTINUOUS

I am skrinking, you are shrinking, we are shrinking, they are shrinking, he (she, it) is shrinking

Our profits ***are shrinking.***
I nostri profitti stanno diminuendo.

■ SIMPLE PAST

I shrank (shrunk), you shrank (shrunk), we shrank (shrunk), they shrank (shrunk), he (she, it) shrank (shrunk)

She ***shrank (shrunk)*** *away from him.*
Rifuggiva da lui.

■ PAST CONTINUOUS

I was shrinking, you were shrinking, we were shrinking, they were shrinking, he (she, it) was shrinking

Why ***was*** *he* ***shrinking*** *into the corner?*
Perché se ne stava rintanato nell'angolo?

■ PRESENT PERFECT

I have shrunk, you have shrunk, we have shrunk, they have shrunk, he (she, it) has shrunk

My jumper ***has shrunk*** *in the wash.*
Il mio maglione si è ristretto lavandolo.

■ PAST PERFECT

Had *the cloth* ***shrunk*** *in the water?*
La stoffa si era ristretta bagnandola con l'acqua?

■ FUTURE (WILL)

She ***will shrink*** *away from her responsabilities.*
Sfuggirà alle sue responsabilità.

■ FUTURE (GOING TO)

Is *she* ***going to shrink*** *into herself?*
Si chiuderà in se stessa?

■ USED TO ≠ TO BE USED TO + -ING

*He **used to shrink** away from people but not anymore.*
Un tempo evitava la gente, ma ora non lo fa più.

*He **is used to shrinking** away from people.*
È solito evitare la gente.

■ FIRST CONDITIONAL

*If you **shrink** back from this opportunity, he will not forgive you.*
Se vi ritirerete di fronte a questa opportunità, non ve lo perdonerà.

■ SECOND CONDITIONAL

*If you **shrank (shrunk)** back from this opportunity, he would not forgive you.*
Se vi ritiraste di fronte a questa opportunità, non ve lo perdonerebbe.

■ THIRD CONDITIONAL

*If you had **shrunk** back from this opportunity, he would not have forgiven you.*
Se vi foste ritirati di fronte a questa opportunità, non ve lo avrebbe perdonato.

PHRASAL VERBS

- **shrink away** — **fuggire (impaurito)**
  *I always **shrink away** from blood.*
  Fuggo sempre di fronte al sangue.

- **shrink back** — **indietreggiare, allontanarsi**
  *He **shrank back** from her in fright.*
  Si allontanò da lei spaventato.

- **shrink from** — **evitare**
  *She **shrank from** accepting responsibility.*
  Evitò di assumersi delle responsabilità.

- **shrink up** — **farsi piccolo**
  *She **shrinks up** when you speak to her.*
  Si fa piccola, piccola quando le parli.

SING (sɪŋ) **sang** (sæŋ) **sung** (sʌŋ)
cantare, intonare

■ SIMPLE PRESENT
I sing, you sing, we sing, they sing, he sings, she sings, it sings

She ***sings*** *wonderfully.*
Canta meravigliosamente.

■ PRESENT CONTINUOUS
I am singing, you are singing, we are singing, they are singing, he (she, it) is singing

*You'****re singing*** *out of tune.*
Stai stonando.

■ SIMPLE PAST
I sang, you sang, we sang, they sang, he (she, it) sang

The choir ***sang*** *a famous hymn.*
Il coro intonò un inno famoso.

■ PAST CONTINUOUS
I was singing, you were singing, we were singing, they were singing, he (she, it) was singing

They ***were singing*** *an old Irish song.*
Stavano cantando una vecchia canzone irlandese.

■ PRESENT PERFECT
I have sung, you have sung, we have sung, they have sung, he (she, it) has sung

The band ***has sung*** *a variety of songs.*
L'orchestra ha cantato una varietà di canzoni.

■ PAST PERFECT

He got the job because somebody ***had*** *certainly* ***sung*** *his praises.*
Ottenne il lavoro perché di certo qualcuno aveva cantato le sue lodi.

■ FUTURE (WILL)

I ***will sing*** *a gentle melody.*
Canterò un motivo delicato.

■ FUTURE (GOING TO)

Is *he really* ***going to sing*** *to us? Good heavens!*
Ci canterà veramente qualcosa? Santo cielo!

■ USED TO ≠ TO BE USED TO + -ING

*He **used to sing** in a choir but now is a soloist.*
Una volta cantava in un coro, mentre ora è una solista.

*She **is used to singing** both in a choir and as a soloist.*
È abituata a cantare sia in gruppo che come solista.

■ FIRST CONDITIONAL

*If I **sing**, will you accompany me on the piano?*
Se canterò, mi accompagnerai al pianoforte?

■ SECOND CONDITIONAL

*If I **sang**, would you accompany me on the piano?*
Se cantassi, mi accompagneresti al pianoforte?

■ THIRD CONDITIONAL

*If I **had sung**, would you have accopanied me on the piano?*
Se avessi cantato, mi avresti accompagnato al pianoforte?

PHRASAL VERBS

◆ **sing out** — **cantare ad alta voce**
*She **sang out** in the night.*
Cantava ad alta voce di notte.

◆ **sing up** — **cantare più forte**
*Please **sing up**! I can't hear you!*
Per favore cantate più forte! Non riesco a sentirvi!

SIT (sɪt) **sat** (sæt) **sat** (sæt)

sedere, sedersi; star seduto; far sedere

■ SIMPLE PRESENT

I sit, you sit, we sit, they sit, he sits, she sits, it sits

*Parliament **sits** for most of the year.*
Il parlamento è in seduta per la maggior parte dell'anno.

■ PRESENT CONTINUOUS

I am sitting, you are sitting, we are sitting, they are sitting, he (she, it) is sitting

*He **is sitting** in that armchair over there.*
È seduto in quella poltrona là in fondo.

■ SIMPLE PAST

I sat, you sat, we sat, they sat, he (she, it) sat

*The boy **sat** under the tree and ate an apple.*
Il ragazzo si sedette sotto l'albero e mangiò una mela.

■ PAST CONTINUOUS

I was sitting, you were sitting, we were sitting, they were sitting, he (she, it) was sitting

*They **were sitting** together, watching television.*
Stavano seduti assieme a guardare la televisione.

■ PRESENT PERFECT

I have sat, you have sat, we have sat, they have sat, he (she, it) has sat

*We **have sat** through a terribly boring meeting.*
Siamo rimasti fino alla fine di una riunione noiosissima.

■ PAST PERFECT

*I **had** just **sat** the baby down when the phone rang.*
Avevo appena fatto sedere il bambino che suonò il telefono.

■ FUTURE (WILL)

*The children **will sit** at the table and eat with us.*
I bambini siederanno a tavola e mangeranno con noi.

■ FUTURE (GOING TO)

***Are** you **going to sit** up all night?*
Rimmarete alzate tutta la notte?

■ USED TO ≠ TO BE USED TO + -ING

*The dog **used to sit** by the window but now it never leaves the fire.*
Il cane si sedeva vicino alla finestra, ma ora non si allontana mai dal caminetto.

*The cat **is used to sitting** by the fire all day.*
Il gatto si accovaccia vicino al camino tutto il giorno.

■ FIRST CONDITIONAL

*If you **sit** in for me at the meeting, I will be grateful.*
Se mi sostituirai alla riunione, te ne sarò grato.

■ SECOND CONDITIONAL

*If you **sat** in for me at the meeting, I would be grateful.*
Se mi sostituissi alla riunione, te ne sarei grato.

■ THIRD CONDITIONAL

*If you **had sat** in for me at the meeting, I would have been grateful.*
Se mi avessi sostituito alla riunione, te ne sarei stato grato.

PHRASAL VERBS

◆ **sit about/around** — **oziare**
*We **sat about** all Sunday.*
Abbiamo oziato tutta la domenica.

◆ **sit back (1)** — **riposarsi**
*He **sat back** and relaxed.*
Si riposò e si rilassò.

◆ **sit back (2)** — **rimanere in disparte**
*I **sat back** and didn't speak.*
Rimasi in disparte e non parlai.

◆ **sit by** — **restare inerte/inattivo**
*The police can't **sit by** and do nothing!*
La polizia non può restare inerte e non fara nulla!

◆ **sit down (1)** — **sedersi, accomodarsi**
*Please, **sit down**.*
Si accomodi, prego.

◆ **sit down (2)** — **impegnarsi/mettersi a fare qualcosa**
*I will **sit down** and prepare the letter carefully.*
Mi metterò a preparare la lettera con scrupolo.

- **sit for (1)** **sostenere/dare (un esame)**
  Are *you* ***sitting for*** *an exam next week?*
  Darai l'esame la settimana prossima?

- **sit for (2)** **posare**
  She ***sat for*** *every day until the portrait was finished.*
  Posò ogni giorno finché il ritratto fu finito.

- **sit in (1)** **assistere**
  Can I ***sit in*** *as an observer?*
  Posso assistere come osservatore?

- **sit in (2)** **protestare, occupare**
  The workers ***are sitting in*** *against the factory closure.*
  I lavoratori stanno protestando contro la chiusura della fabbrica.

- **sit on (1)** **fare parte**
  She ***is sitting on*** *a new commission.*
  Fa parte di una nuova commissione.

- **sit on (2)** **tergiversare**
  The personnel manager ***sat on*** *my job application.*
  Il capo del personale ha tergiversato sulla mia domanda di assunzione.

- **sit on (3)** **sistemare**
  We ***sat*** *heavily* ***on*** *him.*
  L'abbiamo sistemato a dovere.

- **sit out (1)** **aspettare/essere seduti fuori**
  The protesters ***sat outside*** *the building.*
  I dimostranti erano seduti fuori dal palazzo.

- **sit out (2)** **aspettare la fine**
  Me? I'm ***sitting out*** *the recession.*
  Io? Sto aspettando la fine della recessione.

- **sit over (1)** **prendere tempo per riflettere**
  They ***sat over*** *their coffees, thinking.*
  Con la scusa del caffè presero tempo per pensare.

- **sit over (2)** **sorvegliare**
  He ***sat over*** *the children.*
  Sorvegliava i bambini.

- **sit through** **rimanere fino alla fine**
  I ***sat through*** *a boring history lesson.*
  Sono rimasta fino alla fine di una noiosa lezione di storia.

- **sit up (1)** **sedersi diritto**
  ***Sit up** and stop daydreaming!*
  Siediti diritto e smettila di fantasticare!

- **sit up (2)** **stare alzato**
  *I **sat up** all night watching the film.*
  Sono rimasto alzato tutta la notte a guardare il film.

- **sit up (3)** **fare un salto, spaventare**
  *The terrible news made me **sit up**.*
  La terribile notizia mi fece fare un salto.

SLEEP (sli:p) **slept** (slept) **slept** (slept)

dormire; riposare

■ SIMPLE PRESENT

I sleep, you sleep, we sleep, they sleep, he sleeps, she sleeps, it sleeps

*Your daughter **sleeps** all day long.*
Tua figlia dorme tutto il giorno.

■ PRESENT CONTINUOUS

I am sleeping, you are sleeping, we are sleeping, they are sleeping, he (she, it) is sleeping

*He**'s sleeping** in, isn't he?*
Sta ancora dormendo, vero?

■ SIMPLE PAST

I slept, you slept, we slept, they slept, he (she, it) slept

*I **slept** like a log.*
Ho dormito come un ghiro.

■ PAST CONTINUOUS

I was sleeping, you were sleeping, we were sleeping, they were sleeping, he (she, it) was sleeping

*I **was sleeping** when the fire started.*
Stavo riposando quando scoppiò l'incendio.

■ PRESENT PERFECT

I have slept, you have slept, we have slept, they have slept, he (she, it) has slept

*Our guests **have slept** well.*
I nostri ospiti hanno riposato bene.

■ PAST PERFECT

*He **had** only **slept** for an hour when they reawoke him.*
Aveva dormito solo per un'ora quando lo svegliarono di nuovo.

■ FUTURE (WILL)

***Will** he **sleep** all day?*
Dormirà tutto il giorno?

■ FUTURE (GOING TO)

*I**'m not going to sleep** until much later on.*
Non dormirò fino a molto più tardi.

■ USED TO ≠ TO BE USED TO + -ING

*As a child he **used to sleep** very heavily.*
Da bambino dormiva sodo.

*We **are used to** our children **sleeping** lightly.*
Siamo abituati al fatto che i nostri figli abbiano il sonno leggero.

■ FIRST CONDITIONAL

*If you **sleep**, I will wake you.*
Se dormirete, vi sveglierò.

■ SECOND CONDITIONAL

*If you **slept**, I would wake you.*
Se dormiste, vi sveglierei.

■ THIRD CONDITIONAL

*If you **had slept**, I would have woken you.*
Se aveste dormito, vi avrei svegliato.

PHRASAL VERBS

- **sleep in** — **dormire fino a tardi**
  *I **slept in** all morning.*
  Ho dormito tutta la mattina.

- **sleep off** — **smaltire con una dormita**
  *I always **sleep off** a heavy dinner.*
  Smaltisco sempre una cena pesante con una dormita.

- **sleep on** — **dormirci sopra**
  *He likes to **sleep on** his problems.*
  Quando ha dei problemi gli piace dormirci sopra.

- **sleep out** — **dormire fuori casa**
  *We **are sleeping out** this week.*
  Dormiremo fuori casa questa settimana .

- **sleep through** — **dormire malgrado tutto**
  *He would **sleep through** an earthquake.*
  Dormirebbe anche durante un terremoto.

SLIDE (slaɪd) **slid** (slɪd) **slid** (slɪd)

scivolare; far scivolare; scorrere; far scorrere

■ SIMPLE PRESENT

I slide, you slide, we slide, they slide, he slides, she slides, it slides

*Cars always **slide** easily on that road.*
Le auto scivolano sempre facilmente su quella strada.

■ PRESENT CONTINUOUS

I am sliding, you are sliding, we are sliding, they are sliding, he (she, it) is sliding

*Our firm **is sliding** into bankruptcy.*
La nostra ditta è sull'orlo del fallimento.

■ SIMPLE PAST

I slid, you slid, we slid, they slid, he (she, it) slid

*She **slid** on the pavement.*
Scivolò sul marciapiede.

■ PAST CONTINUOUS

I was sliding, you were sliding, we were sliding, they were sliding, he (she, it) was sliding

*You **were sliding** into your old habits.*
Stavate scivolando nelle vostre vecchie abitudini.

■ PRESENT PERFECT

I have slid, you have slid, we have slid, they have slid, he (she, it) has slid

*Grandmother **has slid** on the ice.*
La nonna è scivolata sul ghiaccio.

■ PAST PERFECT

*He **had slid** over the problem in silence.*
Aveva sorvolato sul problema in silenzio.

■ FUTURE (WILL)

*The sledges **will** only **slide** on compact snow.*
Le slitte scivoleranno soltanto sulla neve compatta.

■ FUTURE (GOING TO)

*That cup **is going to slide** off the tray and break.*
Quella tazza sta per scivolare dal vassoio e rompersi.

■ USED TO ≠ TO BE USED TO + -ING

*Your party **used to slide** to the left but now it is to the right.*
Un tempo il vostro partito andava verso sinistra, ma ora va verso destra.

*Your party **is used to sliding** to the left and right from one day to the next!*
Il vostro partito è solito passare da sinistra a destra da un giorno all'altro.

■ FIRST CONDITIONAL

*If the car **slides** on the ice, it will crash.*
Se la macchina scivolerà sul ghiaccio, andrà a urtare.

■ SECOND CONDITIONAL

*If the car **slid** on the ice, it would crash.*
Se la macchina scivolasse sul ghiaccio, andrebbe a urtare.

■ THIRD CONDITIONAL

*If the car **had slid** on the ice, it would have crashed.*
Se la macchina fosse scivolata sul ghiaccio, sarebbe andata a urtare.

PHRASAL VERBS

- **slide into** — **scivolare (in un'abitudine, in un vizio)**
  *We **are sliding into** bad habits.*
  Stiamo prendendo delle cattive abitudini.

- **slide over** — **sorvolare**
  *Shall we **slide over** her complaints?*
  Vogliamo sorvolare sulle sue critiche?

SMELL (smel) | **smelt** (smelt) **smelled** | **smelt** (smelt) **smelled**

1 annusare, fiutare **2** odorare **3** puzzare

■ SIMPLE PRESENT

I smell, you smell, we smell, they smell, he smells, she smells, it smells

*She always **smells** of fresh flowers.*
Profuma sempre di fiori freschi.

■ PRESENT CONTINUOUS

I am smelling, you are smelling, we are smelling, they are smelling, he (she, it) is smelling

*Your dog **is smelling** my leg.*
Il tuo cane sta annusando la mia gamba.

■ SIMPLE PAST

I smelt, you smelt, we smelt, they smelt, he (she, it) smelt

*He **smelt (smelled)** the aroma of cooking.*
Sentiva il profumo della cucina.

■ PAST CONTINUOUS

I was smelling, you were smelling, we were smelling, they were smelling, he (she, it) was smelling

*The dogs **were smelling** around the wolf's den.*
I cani stavano fiutando la tana del lupo.

■ PRESENT PERFECT

I have smelt, you have smelt, we have smelt, they have smelt, he (she, it) has smelt

***Have** you **smelt (smelled)** that perfume before?*
Hai già sentito quel profumo?

■ PAST PERFECT

*We **hadn't smelt (smelled)** anything like it in our lives.*
Non avevamo sentito un odore simile in tutta la nostra vita.

■ FUTURE (WILL)

*His reputation **won't smell** nice after this scandal.*
Godrà di una cattiva reputazione dopo quello scandalo.

■ FUTURE (GOING TO)

*Wherever she is **I am going to smell** her out!*
Dovunque sia, la scoverò!

■ USED TO ≠ TO BE USED TO + -ING

*She **used to smell** of stale cigarrettes but not anymore.*
Una volta puzzava sempre di fumo stantio, ma ora non più.

*He **is used to** her **smelling** of stale cigarrettes.*
È abituato al fatto che lei puzza di fumo.

■ FIRST CONDITIONAL

*If your feet **smell**, I will tell you.*
Se i tuoi piedi puzzeranno, te lo dirò.

■ SECOND CONDITIONAL

*If your feet **smelt (smelled)**, I would tell you.*
Se i tuoi piedi puzzassero, te lo direi.

■ THIRD CONDITIONAL

*If your feet **had smelt (smelled)**, I would have told you.*
Se i tuoi piedi avessero puzzato, te lo avrei detto.

PHRASAL VERB

◆ **smell out** **scovare, scoprire**
*The police will **smell out** his hideaway.*
La polizia scoverà il suo nascondiglio.

SPEAK (spi:k) **spoke** (spəʊk) **spoken** (spəʊkn)

1 parlare **2** dire, esprimere **3** tenere un discorso

■ SIMPLE PRESENT

I speak, you speak, we speak, they speak, he speaks, she speaks, it speaks

He always ***speaks*** *his mind.*
Dice sempre quello che pensa.

■ PRESENT CONTINUOUS

I am speaking, you are speaking, we are speaking, they are speaking, he (she, it) is speaking

Is *he* ***speaking*** *to her right now?*
Sta parlando con lei proprio adesso?

■ SIMPLE PAST

I spoke, you spoke, we spoke, they spoke, he (she, it) spoke

I ***spoke*** *to him about it only yesterday.*
Gliene ho parlato solo ieri.

■ PAST CONTINUOUS

I was speaking, you were speaking, we were speaking, they were speaking, he (she, it) was speaking

She ***was speaking*** *to him but he wasn't listening to her.*
Gli stava parlando, ma lui non la stava ascoltando.

■ PRESENT PERFECT

I have spoken, you have spoken, we have spoken, they have spoken, he (she, it) has spoken

The President ***has spoken*** *already on this matter.*
Il Presidente ha già parlato di questo tema.

■ PAST PERFECT

Had *you* ***spoken*** *to him about the problem before?*
Gli avevi già parlato del problema?

■ FUTURE (WILL)

What terrible behaviour! I ***will speak*** *to him immediately.*
Che modo di fare! Gli farò un discorsino subito.

■ FUTURE (GOING TO)

The Sovereign ***is going to speak*** *to the nation today.*
Oggi il Sovrano terrà un discorso alla nazione.

■ USED TO ≠ TO BE USED TO + -ING

*He **used to speak** in public but not any more.*
Una volta parlava in pubblico, ma ora non più.

*She went on a speciale course and now **is used to speaking** in public.*
Ha fatto un corso apposta e ora è abituata a parlare in pubblico.

■ FIRST CONDITIONAL

*If he **speaks**, the meeting will never end.*
Se parlerà lui, la riunione non finirà mai.

■ SECOND CONDITIONAL

*If he **spoke**, the meeting would never end.*
Se parlasse lui, la riunione non finirebbe mai.

■ THIRD CONDITIONAL

*If he **had spoken**, the meeting would never have ended.*
Se avesse parlato lui, la riunione non sarebbe mai finita.

PHRASAL VERBS

◆ **speak for (1)** — **parlare a nome di**
*I **am speaking for** my family.*
Sto parlando a nome della mia famiglia.

◆ **speak for (2)** — **parlare per se stesso**
*On this point I **am speaking for** myself.*
Su questo punto sto parlando per me stesso.

◆ **speak for** — **essere significativo, parlare da solo**
*The problem **speaks for** itself.*
Il problema parla da sé.

◆ **speak out** — **parlare chiaro**
*The opposition didn't **speak out** about the scandal.*
L'opposizione non parlò chiaro a proposito dello scandalo.

◆ **speak up** — **parlare forte**
*I can't hear, **speak up**!*
Non riesco a sentire, parla più forte!

SPEND (spend) **spent** (spent) **spent** (spent)

1 spendere **2** consumare, consumarsi **3** trascorrere

■ SIMPLE PRESENT

I spend, you spend, we spend, they spend, he spends, she spends, it spends

*He **spends** all his time and energy on his job.*

Spende tutto il suo tempo e la sua energia nel lavoro.

■ PRESENT CONTINUOUS

I am spending, you are spending, we are spending, they are spending, he (she, it) is spending

*He **is spending** some time at his brother's house.*

Sta trascorrendo un po' di tempo a casa di suo fratello.

■ SIMPLE PAST

I spent, you spent, we spent, they spent, he (she, it) spent

*Who **spent** the fire?*

Chi ha spento il fuoco?

■ PAST CONTINUOUS

I was spending, you were spending, we were spending, they were spending, he (she, it) was spending

*He **was spending** his holidays alone.*

Stava trascorrendo le vacanze da solo.

■ PRESENT PERFECT

I have spent, you have spent, we have spent, they have spent, he (she, it) has spent

*She **has spent** much of her life abroad.*

Ha trascorso gran parte della sua vita all'estero.

■ PAST PERFECT

*He **had spent** all his money on a present for her.*

Aveva speso tutti i suoi soldi per un regalo per lei.

■ FUTURE (WILL)

*You **will spend** some time with us, won't you?*

Passerai un po' di tempo con noi, vero?

■ FUTURE (GOING TO)

***Are** we **going to spend** a lot of energy on this project?*

Impiegheremo parecchie forze su questo progetto?

■ USED TO ≠ TO BE USED TO + -ING

*He **used to spend** a lot of money on buying books.*
In passato spendeva un sacco di soldi nel comperare libri.

*She **is used to spending** hours in dreaming about nothing.*
È solita trascorrere ore a sognare.

■ FIRST CONDITIONAL

*If I **spend** some effort in preparing the project, will you present it to the committee?*
Se farò uno sforzo per stendere il progetto, lo presenterai all'assemblea?

■ SECOND CONDITIONAL

*If I **spent** some effort in preparing the project, would you present it to the committee?*
Se facessi uno sforzo per stendere il progetto, lo presenteresti all'assemblea?

■ THIRD CONDITIONAL

*If I **had spent** some effort in preparing the project, would you have presented it to the committee?*
Se avessi fatto uno sforzo per stendere il progetto, lo avresti presentato all'assemblea?

STAND (stænd) **stood** (stʊd) **stood** (stʊd)

1 stare in piedi **2** stare; trovarsi **3** resistere **4** sopportare

■ SIMPLE PRESENT

I stand, you stand, we stand, they stand, he stand<u>s</u>, she stand<u>s</u>, it stand<u>s</u>

*Every day he **stands** at the corner and sells newspapers.*

Ogni giorno sta all'angolo della strada a vendere giornali.

■ PRESENT CONTINUOUS

I am standing, you are standing, we are standing, they are standing, he (she, it) is standing

*She **is standing** by the window.*

Se ne sta in piedi vicino alla finestra.

■ SIMPLE PAST

I stood, you stood, we stood, they stood, he (she, it) stood

*The boy **stood** alone in the courtyard.*

Il ragazzo si trovò da solo nel cortile.

■ PAST CONTINUOUS

I was standing, you were standing, we were standing, they were standing, he (she, it) was standing

*They **were standing** at the station, waiting for their father.*

Si trovavano alla stazione ad aspettare il padre.

■ PRESENT PERFECT

I have stood, you have stood, we have stood, they have stood, he (she, it) has stood

*He **has stood** three times for Parliament.*

Si è candidato tre volte per il Parlamento.

■ PAST PERFECT

*That oak tree **had stood** in the field for centuries.*

Quella quercia era rimasta in piedi nel campo per secoli.

■ FUTURE (WILL)

*He **will stand** by and do nothing.*

Se ne starà in disparte senza far nulla.

■ FUTURE (GOING TO)

*I **am going to stand** up and scream!*

Mi alzerò e urlerò!

■ USED TO ≠ TO BE USED TO + -ING

*An ancient castle **used to stand** here once.*
Un tempo qui si ergeva un antico castello.

*I **am used to standing** up to just about any disappointment.*
Sono abituata a sopportare qualsiasi delusione.

■ FIRST CONDITIONAL

*If he **stands** for that, he will stand anything!*
Se sopporterà quello, sopporterà qualsiasi cosa!

■ SECOND CONDITIONAL

*If he **stood** for that, he would stand anything!*
Se sopportasse quello, sopporterebbe qualsiasi cosa!

■ THIRD CONDITIONAL

*If he **had stood** for that, he would have stood anything!*
Se avesse sopportato quello, avrebbe sopportato qualsiasi cosa.

PHRASAL VERBS

- **stand about** — **bighellonare**
  *Don't **stand about**!*
  Non bighellonare!

- **stand alone** — **affrontare da solo**
  *He **is standing alone** on this problem.*
  Sta affrontando da solo questo problema.

- **stand aside** — **mettersi da parte, stare fuori**
  *I **stood aside** from this discussion.*
  Stetti fuori dalla discussione.

- **stand back (1)** — **farsi indietro**
  *Please, **stand back**.*
  Per cortesia, fatevi indietro.

- **stand back (2)** — **staccarsi/fermarsi per riflettere**
  *Shall we **stand back** a minute and think?*
  Vogliamo fermarci un minuto a riflettere?

- **stand back (3)** — **stare/sorgere in posizione defilata**
  *The house **stands back** from the road.*
  La casa sorge in posizione defilata rispetto alla strada.

- **stand between** **frapporsi**
  *What **stands between** me and a good job?*
  Cosa si frappone fra me e un buon lavoro?

- **stand by (1)** **restare in disparte**
  *You **stood by** during the meeting.*
  Durante la riunione sei restato in disparte.

- **stand by (2)** **essere/stare in attesa**
  *We **are standing by** for instructions.*
  Siamo in attesa di istruzioni.

- **stand by (3)** **essere/rimanere fedele**
  *My friends always **stand by** me.*
  I miei amici mi sono sempre fedeli.

- **stand by (4)** **mantenere fede**
  *I **stand by** my word!*
  Mantengo fede alla mia parola!

- **stand by (5)** **stare in piedi (vicino a qualcosa)**
  *They **stood by** the door.*
  Stettero in piedi vicino alla porta.

- **stand down** **dare le dimissioni**
  *Our chief executive **stood down** last week.*
  Il nostro direttore generale ha dato le dimissioni la settimana scorsa.

- **stand for (1)** **rappresentare, significare**
  *What does this symbol **stand for**?*
  Che cosa rappresenta questo simbolo?

- **stand for (2)** **tollerare**
  *I won't **stand for** this terrible behaviour!*
  Non tollererò questo comportamento!

- **stand in for** **sostituire**
  *Can you **stand in for** me?*
  Mi puoi sostituire?

- **stand off from** **starsene lontano**
  *He **was standing off** from the crowd.*
  Se ne stava lontano dalla folla.

- **stand out (1)** **risaltare**
  *That colour certainly **stands out**.*
  Quel colore risalta certamente.

- **stand out against** **resistere**
  *The castle **stood out against** the attacks.*
  Il castello resistette agli attacchi.

- **stand over** **sorvegliare**
  *The teacher **stood over** the students.*
  La professoressa sorvegliava gli studenti.

- **stand up (1)** **alzarsi**
  ***Stand up**! The headmaster is coming into the room.*
  Alzatevi! Il preside sta entrando nell'aula.

- **stand up (2)** **reggere, essere accettato**
  *The evidence will **stand up** to examination.*
  La prova reggerà all'esame.

- **stand up (3)** **mancare a un appuntamento**
  *I never **stand** people **up**.*
  Non manco mai a un appuntamento con qualcuno.

- **stand up for** **difendere**
  *He **stands up for** his rights.*
  Difende i suoi diritti.

- **stand up to (5)** **resistere**
  *He **stood up** well **to** the pressure.*
  Resisteva bene alla pressione.

STEAL (stiːl) **stole** (stəʊl) **stolen** (ˈstəʊlən)

rubare

■ SIMPLE PRESENT

I steal, you steal, we steal, they steal, he steals, she steals, it steals

*He **steals** like only a professional thief knows how.*
Ruba come solo un ladro professionista sa fare.

■ PRESENT CONTINUOUS

I am stealing, you are stealing, we are stealing, they are stealing, he (she, it) is stealing.

*I **am stealing** your time.*
Sto rubando il tuo tempo.

■ SIMPLE PAST

I stole, you stole, we stole, they stole, he (she, it) stole

*He **stole** my heart!*
Mi ha rubato il cuore!

■ PAST CONTINUOUS

I was stealing, you were stealing, we were stealing, they were stealing, he (she, it) was stealing

*He **was stealing** the car when the police arrived.*
Stava rubando l'auto quando è arrivata la polizia.

■ PRESENT PERFECT

I have stolen, you have stolen, we have stolen, they have stolen, he (she, it) has stolen

*She **has stolen** many kisses from me!*
Mi ha rubato un sacco di baci!

■ PAST PERFECT

*Someone **had stolen** all the jewels and money from the safe.*
Qualcuno aveva sottratto tutti i gioielli e i soldi dalla cassaforte.

■ FUTURE (WILL)

*Time **will steal** by, believe you me!*
Il tempo volerà via, credimi!

■ FUTURE (GOING TO)

*I **am going to steal** some cake from the kitchen.*
Ruberò un po' di dolce dalla cucina.

*He **used to steal** cars but now he concentrates on lorries.*
Un tempo rubava autovetture mentre ora si dedica ai camion.

*Thieves **are used to stealing** anything from anywhere at anytime.*
I ladri sono abituati a portar via qualsiasi cosa, sempre e ovunque.

■ FIRST CONDITIONAL

*If you **steal** a glance through the door, you will see her.*
Se lancerai un'occhiata furtiva dalla porta, la vedrai.

■ SECOND CONDITIONAL

*If you **stole** a glance through the door, you would see her.*
Se lanciassi un'occhiata dalla porta, la vedresti.

■ THIRD CONDITIONAL

*If you **had stolen** a glance through the door, you would have seen her.*
Se avessi lanciato un'occhiata attraverso la porta, l'avresti vista.

PHRASAL VERB

- **steal away** — **svignarsela**
  *He slowly **stole away**.*
  Se la svignò piano piano.

STICK (stɪk) **stuck** (stʌk) **stuck** (stʌk)

1 incollare, incollarsi; attaccare, attaccarsi **2** ficcare, ficcarsi

■ SIMPLE PRESENT

I stick, you stick, we stick, they stick, he sticks, she sticks, it sticks

*She **sticks** to him like glue.*
Gli si appiccica come la colla.

■ PRESENT CONTINUOUS

I am sticking, you are sticking, we are sticking, they are sticking, he (she, it) is sticking

*I **am** not **sticking** up with this anymore.*
Non ho intenzione di sopportare oltre.

■ SIMPLE PAST

I stuck, you stuck, we stuck, they stuck, he (she, it) stuck

*The baby **stuck** out its tongue.*
Il bambino tirò fuori la lingua.

■ PAST CONTINUOUS

I was sticking, you were sticking, we were sticking, they were sticking, he (she, it) was sticking

*We **were sticking** out for a rise.*
Stavamo tenendo duro per ottenere un aumento.

■ PRESENT PERFECT

I have stuck, you have stuck, we have stuck, they have stuck, he (she, it) has stuck

*He **has stuck** the stake into the ground.*
Ha conficcato il palo nel terreno.

■ PAST PERFECT

*Although he **had stuck** to the agreement his partner didn't.*
Anche se era stata fedele all'accordo, non lo era stato il suo partner.

■ FUTURE (WILL)

*He **will stick** at nothing to achieve his desires.*
Sarà capace di tutto pur di realizzare i suoi desideri.

■ FUTURE (GOING TO)

*I'**m not going to stick** up with this behaviour anymore.*
Non sopporterò oltre questo comportamento.

■ USED TO ≠ TO BE USED TO + -ING

*He **used to stick** by his friends but not anymore.*
Una volta si appoggiava ai suoi amici, ma ora non più.

*She **is used to** him **sticking** around her.*
È abituata al fatto che lui le stia sempre incollato.

■ FIRST CONDITIONAL

*If I **stick** on the stamps, will you post the letters?*
Se attaccherò i francobolli, spedirai le lettere?

■ SECOND CONDITIONAL

*If I **stuck** on the stamps, would you post the letters?*
Se attaccassi i francobolli, spediresti le lettere?

■ THIRD CONDITIONAL

*If I **had stuck** on the stamps, would you have posted the letters?*
Se avessi attaccato i francobolli, avresti spedito le lettere?

PHRASAL VERBS

- **stick around** — **rimanere intorno/nei paraggi**
  ***Stick around** for a couple of hours.*
  Rimani qui intorno per un paio d'ore.

- **stick at** — **stare incollato/inchiodato**
  *He'**s been sticking at** that job for a long time.*
  Sta inchiodato a quel lavoro da un sacco di tempo.

- **stick back** — **riattaccare**
  *Please, **stick** this **back** on the wall.*
  Per favore, riattacca questo sul muro.

- **stick by (1)** — **appoggiare**
  *He **stuck by** her in a difficult period.*
  La appoggiò in un periodo difficile.

- **stick by (2)** — **credere fermamente**
  *He **sticks by** his principles.*
  Crede fermamente ai suoi prinicpi.

- **stick down (1)** — **incollare**
  *Can you **stick down** this photograph?*
  Puoi incollare questa fotografia?

- **stick down (2)** **posare, mettere giù**
  Stick down *the book.*
  Metti giù il libro.

- **stick in (1)** **metter via**
  Stick *it* ***in*** *your pocket.*
  Mettilo via nella tua tasca

- **stick in (2)** **conficcare**
  The knife ***stuck in*** *the wall.*
  Il coltello si conficcò nel muro.

- **stick in (3)** **essere vivo, rimanere impresso**
  Her face ***stuck in*** *my mind.*
  Il suo volto rimase impresso nella mia mente.

- **stick on** **attaccare**
  He ***stuck*** *the picture* ***on*** *the wall.*
  Attaccò il quadro alla parete.

- **stick out (1)** **sporgere, mettere fuori**
  His head ***stuck out*** *of the window.*
  La sua testa sporgeva dal finestrino.

- **stick out (2)** **spiccare**
  His face ***sticks out*** *in a crowd.*
  Il suo volto spicca tra la folla.

- **stick out for** **tener duro, battersi**
  He ***stuck out for*** *his rights.*
  Si è battuto per sostenere i propri diritti.

- **stick to (1)** **stare incollato**
  He ***is*** *always* ***stuck to*** *the television.*
  Sta sempre incollato alla televisione.

- **stick to (2)** **tener fede, essere fedele**
  He always ***sticks to*** *his word.*
  Tiene sempre fede alla sua parola.

- **stick to (3)** **appoggiare**
  He ***stuck to*** *me in a difficult moment.*
  Mi appoggiò in un momento difficile.

- **stick together (1)** **incollare assieme**
  Stick *those pieces of paper* ***together****.*
  Incolla assieme quei pezzi di carta.

- **stick together (2)** **sostenersi**
  *We **stuck together** in the war.*
  Ci sostenevamo a vicenda durante la guerra.

- **stick up (1)** **attaccare**
  *Who **stuck** that poster **up** on the wall?*
  Chi ha attaccato quel manifesto sul muro?

- **stick up (2)** **alzarsi, stagliarsi**
  *Look at that tree **sticking up** on the horizon.*
  Guarda quell'albero che si staglia all'orizzonte.

- **stick up (3)** **rapinare**
  *Three banks **have been stuck up** today.*
  Oggi sono state rapinate tre banche.

- **stick up for** **difendere**
  *John **stuck up for** Tom.*
  Giovanni difese Tommaso.

- **stick with** **stare vicino**
  *I will **stick with** her.*
  Le starò vicino.

STING (stɪŋ) **stung** (stʌŋ) **stung** (stʌŋ)

1 pungere **2** incitare; provocare **3** bruciare

■ SIMPLE PRESENT

I sting, you sting, we sting, they sting, he stings, she stings, it stings

Both wasps and bees ***sting.***
Sia le vespe sia le api pungono.

■ PRESENT CONTINUOUS

I am stinging, you are stinging, we are stinging, they are stinging, he (she, it) is stinging

The smoke ***is stinging*** *our eyes.*
Il fumo ci sta facendo bruciare gli occhi.

■ SIMPLE PAST

I stung, you stung, we stung, they stung, he (she, it) stung

Your words ***stung*** *him.*
Le tue parole lo ferirono.

■ PAST CONTINUOUS

I was stinging, you were stinging, we were stinging, they were stinging, he (she, it) was stinging

A bee ***was stinging*** *her on her cheek.*
Un'ape la stava pungendo sulla guancia.

■ PRESENT PERFECT

I have stung, you have stung, we have stung, they have stung, he (she, it) has stung

He ***has stung*** *me for some money.*
Mi ha scucito del denaro.

■ PAST PERFECT

The command ***had stung*** *them into action.*
Il comando li aveva spronati all'azione.

■ FUTURE (WILL)

Your pride ***will sting*** *at his words.*
Il tuo orgoglio brucierà alle sue parole.

■ FUTURE (GOING TO)

The injection ***is going to sting*** *a bit.*
L'iniezione brucerà un po'.

■ USED TO ≠ TO BE USED TO + -ING

*Her comments **used to sting** but not anymore.*
Una volta i suoi commenti pungevano, ma adesso non più.

*She **is used to stinging** with her comments.*
È abituata al fatto che i suoi commenti sono pungenti.

■ FIRST CONDITIONAL

*If the wasp **stings** her, she will certainly not cry.*
Se la vespa la pungerà, certamente non piangerà.

■ SECOND CONDITIONAL

*If the wasp **stung** her, she would certainly not cry.*
Se la vespa la pungesse, certamente non piangerebbe.

■ THIRD CONDITIONAL

*If the wasp **had stung** her, she would certainly not have cried.*
Se la vespa l'avesse punta, certamente non avrebbe pianto.

STRIKE (straɪk) **struck** (strʌk) **struck** (strʌk)

1 colpire, battere, urtare **2** picchiare **3** scioperare

■ SIMPLE PRESENT

I strike, you strike, we strike, they strike, he strike<u>s</u>, she strike<u>s</u>, it strike<u>s</u>

*The clock always **strikes** on the hour.*
L'orologio batte sempre ogni ora.

■ PRESENT CONTINUOUS

I am striking, you are striking, we are striking, they are striking, he (she, it) is striking

*The musicians **are striking** up.*
I musicisti stanno iniziando.

■ SIMPLE PAST

I struck, you struck, we struck, they struck, he (she, it) struck

*He **struck** at the boy.*
Picchiò il ragazzo.

■ PAST CONTINUOUS

I was striking, you were striking, we were striking, they were striking, he (she, it) was striking

*While he **was striking** out the words I watched.*
Mentre lui stava cancellando le parole, io guardavo.

■ PRESENT PERFECT

I have struck, you have struck, we have struck, they have struck, he (she, it) has struck

*They **have struck** up an agreement.*
Hanno stipulato un accordo.

■ PAST PERFECT

*That thought **had struck** me as well.*
Quel pensiero era venuto anche a me.

■ FUTURE (WILL)

*The workers **will strike** next week.*
Gli operai sciopereranno la settimana prossima.

■ FUTURE (GOING TO)

*She **is going to strike** a strange impression.*
Darà una strana impressione.

■ USED TO ≠ TO BE USED TO + -ING

*She **used to strike** fear into him but not now.*
Una volta lei gli faceva paura, ma adesso no.

*He **is used to striking** terror into his opponents.*
È solito incutere paura ai suoi avversari.

■ FIRST CONDITIONAL

*If we **strike** the right road, I will tell you.*
Se troveremo la strada giusta, te lo dirò.

■ SECOND CONDITIONAL

*If we **struck** the right road, I would tell you.*
Se trovassimo la strada giusta, te lo direi.

■ THIRD CONDITIONAL

*If we **had struck** the right road, I would have told you.*
Se avessimo trovato la strada giusta, te lo avrei detto.

PHRASAL VERBS

- **strike back** — **reagire**
  *The government will **strike back** at organised crime.*
  Il governo reagirà al crimine organizzato.

- **strike down** — **uccidere**
  *The Mafia **struck** him **down**.*
  Lo uccise la Mafia.

- **strike on** — **scoprire all'improvviso**
  *I **have struck on** to the answer.*
  Ho improvvisamente trovato la risposta.

- **strike off** — **cancellare**
  *Her name **was struck off** the list.*
  Il suo nome fu cancellato dalla lista.

- **strike up** — **iniziare**
  *He **struck up** a conversation with her.*
  Iniziò una conversazione con lei.

SWEAR (sweə[r]) **swore** (swɔː[r]) **sworn** (swɔːn)

1 giurare; far giurare **2** bestemmiare; imprecare

■ SIMPLE PRESENT

I swear, you swear, we swear, they swear, he swears, she swears, it swears

*He **swears** by his new program.*
Giura sulla validità del suo nuovo programma.

■ PRESENT CONTINUOUS

I am swearing, you are swearing, we are swearing, they are swearing, he (she, it) is swearing

*The president **is swearing** in the new minister.*
Il presidente sta ricevendo il giuramento del nuovo ministro.

■ SIMPLE PAST

I swore, you swore, we swore, they swore, he (she, it) swore

*He **swore** he didn't know her.*
Giurò che non la conosceva.

■ PAST CONTINUOUS

I was swearing, you were swearing, we were swearing, they were swearing, he (she, it) was swearing

*When I arrived he **was swearing** like a trooper.*
Quando arrivai stava bestemmiando come un turco.

■ PRESENT PERFECT

I have sworn, you have sworn, we have sworn, they have sworn, he (she, it) has sworn

*You **have sworn** on the Bible.*
Hai giurato sulla Bibbia.

■ PAST PERFECT

*We **had sworn** not to tell you the secret.*
Avevamo giurato di non rivelarvi il segreto.

■ FUTURE (WILL)

*Our boss **will swear** when he sees these sales figures.*
Il nostro principale imprecherà quando vedrà questi rendiconti.

■ FUTURE (GOING TO)

*I'm **not going to swear** at you this time, but...*
Non ti manderò al diavolo questa volta, ma...

■ USED TO ≠ TO BE USED TO + -ING

*He **used to swear** continuously but now he doesn't.*
Un tempo bestemmiava continuamente, ma ora ha smesso.

*She **is used to** her husband **swearing** all the time!*
È abituata a suo marito che impreca ogni momento!

■ FIRST CONDITIONAL

*If you **swear** on your honour, I'll believe you.*
Se giurerai sul tuo onore, ti crederò.

■ SECOND CONDITIONAL

*If you **swore** on your honour, I would believe you.*
Se tu giurassi sul tuo onore, ti crederei.

■ THIRD CONDITIONAL

*If you **had sworn** on your honour, I would have believed you.*
Se tu avessi giurato sul tuo onore, ti avrei creduto.

PHRASAL VERBS

- **swear by** — **giurare**
  *I **swear by** the Bible!*
  Giuro sulla Bibbia!

- **swear in** — **prestare giuramento**
  *The jurors will **be sworn in** this morning.*
  I giurati presteranno giuramento questa mattina.

- **swear off** — **rinunciare**
  *She **swore off** heroin.*
  Rinunciò all'eroina.

SWEEP (swi:p) **swept** (swept) **swept** (swept)

spazzare via, scopare

■ SIMPLE PRESENT

I sweep, you sweep, we sweep, they sweep, he sweeps, she sweeps, it sweeps

*She **sweeps** the stairs every day.*
Spazza le scale ogni giorno.

■ PRESENT CONTINUOUS

I am sweeping, you are sweeping, we are sweeping, they are sweeping, he (she, it) is sweeping

*The flood **is sweeping** away the houses.*
L'alluvione sta spazzando via le case.

■ SIMPLE PAST

I swept, you swept, we swept, they swept, he (she, it) swept

*The wind **swept** through the trees.*
Il vento soffiava tra gli alberi.

■ PAST CONTINUOUS

I was sweeping, you were sweeping, we were sweeping, they were sweeping, he (she, it) was sweeping

*She **was sweeping** gracefully down the street.*
Stava camminando con fare maestoso giù per la strada.

■ PRESENT PERFECT

I have swept, you have swept, we have swept, they have swept, he (she, it) has swept

*He **has swept** her off her feet.*
L'ha fatta innamorare follemente.

■ PAST PERFECT

*She **had swept** the whole house during the afternoon.*
Aveva scopato tutta la casa durante il pomeriggio.

■ FUTURE (WILL)

*The workmen **will sweep** out after the job is done.*
Gli operai spazzeranno dopo aver finito il lavoro.

■ FUTURE (GOING TO)

*The new government **is going to sweep** away many outdated laws.*
Il nuovo governo intende spazzar via molte leggi obsolete.

■ USED TO ≠ TO BE USED TO + -ING

*She **used to sweep** out the rubbish.*
Una volta spazzava via lo sporco.

*She **is used to sweeping** out the shop at the end of the day.*
È solita spazzare il negozio al termine della giornata.

■ FIRST CONDITIONAL

*If I **sweep** the floor, will you wash the dishes?*
Laverai i piatti, se io scoperò il pavimento?

■ SECOND CONDITIONAL

*If I **swept** the floor, would you wash the dishes?*
Laveresti i piatti, se io scopassi il pavimento?

■ THIRD CONDITIONAL

*If I **had swept** the floor, would you have washed the dishes?*
Avresti lavato i piatti, se io avessi scopato il pavimento?

PHRASAL VERBS

- **sweep along** — **trascinare via**
  *The car **was swept along** by the hurricane.*
  L'automobile fu trascianta via dall'uragano.

- **sweep aside** — **sbaragliare**
  *Stalin **swept aside** his opponents.*
  Stalin sbaragliò i suoi rivali.

- **sweep away** — **spazzare via, travolgere**
  *The war **swept away** their dreams.*
  La guerra spazzò via i loro sogni.

- **sweep in/out** — **entrare/uscire spettacolarmente**
  *She **swept in/out** like a queen.*
  Entrò/Uscì come se fosse una regina.

- **sweep out** — **spazzare, scopare**
  *Who **swept out** this room?*
  Chi ha scopato questa stanza?

- **sweep up** — **farsi coinvolgere**
  *She **was swept up** by his love.*
  Si era fatta coinvolgere dal suo amore.

SWIM (swɪm) **swam** (swæm) **swum** (swʌm)

nuotare; percorrere a nuoto

■ SIMPLE PRESENT

I swim, you swim, we swim, they swim, he swims, she swims, it swims

*She **swims** a mile a day.*

Nuota un miglio al giorno.

■ PRESENT CONTINUOUS

I am swimming, you are swimming, we are swimming, they are swimming, he (she, it) is swimming

*His heart **is swimming** with joy.*

Il suo cuore sta palpitando di gioia.

■ SIMPLE PAST

I swam, you swam, we swam, they swam, he (she, it) swam

*They **swam** across the river in the early morning light.*

Attraversarono il fiume a nuoto alla luce dell'alba.

■ PAST CONTINUOUS

I was swimming, you were swimming, we were swimming, they were swimming, he (she, it) was swimming

*He **was swimming** against the tide.*

Stava andando contro corrente.

■ PRESENT PERFECT

I have swum, you have swum, we have swum, they have swum, he (she, it) has swum

*They **have swum** in many different styles.*

Hanno nuotato in molti diversi stili.

■ PAST PERFECT

*Despite the heavy current he **had swum** slowly but surely across the river.*

Nonostante la forte corrente aveva nuotato lentamente ma con sicurezza attraverso il fiume.

■ FUTURE (WILL)

*Either he will sink or he **will swim**.*

O andrà a fondo oppure nuoterà.

■ FUTURE (GOING TO)

*Tomorrow I **am going to swim** in the lake.*

Domani farò il bagno nel lago.

■ USED TO ≠ TO BE USED TO + -ING

*He **used to swim** only in the pool but now he also swims in the river.*
Prima nuotava solo in piscina, ma adesso nuota anche nel fiume.

*She **is used to swimming** in any conditions.*
È abituata a nuotare in qualunque condizione.

■ FIRST CONDITIONAL

*If I **swim**, will you lend me your towel?*
Se farò il bagno, mi presterai il tuo asciugamano?

■ SECOND CONDITIONAL

*If I **swam**, would you lend me your towel?*
Se facessi il bagno, mi presteresti il tuo asciugamano?

■ THIRD CONDITIONAL

*If I **had swum**, would you have lent me your towel?*
Se avessi fatto il bagno, mi avresti prestato il tuo asciugamano?

TAKE (teɪk) **took** (tʊk) **taken** (ˈteɪkən)

1 prendere **2** portare (lontano da chi parla) **3** fare

■ SIMPLE PRESENT

I take, you take, we take, they take, he takes, she takes, it takes

*She **takes** after her father.*
Ha preso da suo padre.

■ PRESENT CONTINUOUS

I am taking, you are taking, we are taking, they are taking, he (she, it) is taking

*He **is taking** up tennis.*
Sta iniziando a giocare a tennis.

■ SIMPLE PAST

I took, you took, we took, they took, he (she, it) took

*They **took** to the hills with all their belongings.*
Fuggirono sulle colline con tutti i loro averi.

■ PAST CONTINUOUS

I was taking, you were taking, we were taking, they were taking, he (she, it) was taking

*She **was taking** her time to finish her homework.*
Se la stava prendendo comoda a finire i suoi compiti.

■ PRESENT PERFECT

I have taken, you have taken, we have taken, they have taken, he (she, it) has taken

*You **have taken** on a great responsibility.*
Vi siete presi una notevole responsabilità.

■ PAST PERFECT

*The long journey **had taken** it out of him.*
Il lungo viaggio lo aveva spossato.

■ FUTURE (WILL)

*The police **will take** the situation in hand.*
La polizia prenderà in pugno la situazione.

■ FUTURE (GOING TO)

*The government **is going to take** over the firm.*
Il governo intende assumere il controllo dell'azienda.

- USED TO ≠ TO BE USED TO + -ING

*He **used to take** back the library books but now his wife does.*
Una volta restituiva lui i libri alla biblioteca, ma ora lo fa sua moglie.

*His wife **is used to taking** back the books to the library.*
Sua moglie d'abitudine restituisce i libri alla biblioteca.

- FIRST CONDITIONAL

*If you **take** the pills, you will feel better.*
Se prenderai le pastiglie, ti sentirai meglio.

- SECOND CONDITIONAL

*If you **took** the pills, you would feel better.*
Se prendessi le pastiglie, ti sentiresti meglio.

- THIRD CONDITIONAL

*If you **had taken** the pills, you would have felt better.*
Se avessi preso le pastiglie, ti saresti sentito meglio.

PHRASAL VERBS

- **take aback** — **sorprendere**
  *I **was taken aback** by her.*
  Fui sorpreso da lei.

- **take after** — **assomigliare**
  *Henry **takes after** his father.*
  Enrico assomiglia a suo padre.

- **take against** — **prendersela**
  *Don't **take** it **against** me!*
  Non prendetevela con me!

- **take along** — **portare con sé**
  ***Take** the camera **along** with you.*
  Porta con te la macchina fotografica.

- **take apart** — **smontare**
  *We **took** the motorbike **apart**.*
  Abbiamo smontato la motocicletta.

- **take aside** — **prendere in disparte**
  *The boss **took** him **aside** and started complaining.*
  Il capo lo prese in dispare e cominciò a lamentarsi.

- **take away** **portare via**
*Please, **take** your clothes **away**.*
Per favore, porta via i tuoi vestiti.

- **take away from** **togliere, sottrarre**
*The child **wasn't taken away from** his father.*
Il bambino non fu tolto al padre.

- **take back (1)** **riportare**
***Take** this book **back** to the library.*
Riporta questo libro in biblioteca.

- **take back (2)** **far ricordare**
*This view **takes** me **back** to our first home.*
Questa vista mi fa ricordare la nostra prima casa.

- **take back (3)** **sconcertare**
*Your words **take** me **back**.*
Le vostre parole mi sconcertano.

- **take back (4)** **ritirare**
*His offer **was taken back**.*
La sua offerta fu ritirata.

- **take down (1)** **abbassare**
*They **took** the sign **down**.*
Abbassarono il segnale.

- **take down (2)** **smontare**
***Take down** the tent.*
Smontate la tenda.

- **take down (3)** **prendere nota, annotare**
***Did** you **take down** my words?*
Ha preso nota delle mie parole?

- **take down (4)** **sminuire**
*We **took** her **down** a little.*
L'abbiamo un po' sminuita.

- **take in (1)** **abbracciare**
*She **took** me **in** her arms and kissed me.*
Mi prese tra le sue braccia e mi baciò.

- **take in (2)** **ospitare**
*I **took in** your daughter.*
Ho ospitato tua figlia.

- **take in (3)** **arrestare**
  *The police **took** him **in**.*
  La polizia lo ha arrestato.

- **take in (4)** **ingannare**
  *I **was taken in** by your words.*
  Sono stato ingannato dalle tue parole.

- **take in (5)** **accettare**
  *The patient **took in** the doctor's advice.*
  Il paziente accettò il consiglio del medico.

- **take off (1)** **spostare**
  ***Take** those pencils **off** the table.*
  Sposta quelle matite dal tavolo.

- **take off (2)** **andarsene**
  *She suddenly **took off** and ran.*
  Se ne andò improvvisamente di corsa.

- **take off (3)** **spogliarsi, togliersi**
  *Please, **take off** your clothes.*
  Per favore, si tolga i vestiti.

- **take off (4)** **decollare**
  *When will the plane **take off**?*
  Quando decollerà l'aereo?

- **take off (5)** **detrarre**
  ***Take** the damages **off** the bill.*
  Detrai i danni dal conto.

- **take off (6)** **cancellare**
  *His name **was taken off** the list.*
  Il suo nome fu cancellato dalla lista.

- **take off (7)** **prendere una vacanza**
  ***Are** you **taking** a week **off**?*
  Ti stai prendendo una settimana di vacanza?

- **take on (1)** **assumere**
  *The firm **isn't taking** anyone **on**.*
  La ditta non sta assumendo nessuno.

- **take on (2)** **combattere**
  *I **am taking on** the world.*
  Sto combattendo contro tutto e tutti.

- **take on (3)** **caricare**
  *The bus **took on** ten passengers.*
  L'autobus caricò dieci passeggeri.

- **take out (1)** **mettere fuori**
  ***Take** the cat **out** of the house.*
  Metti il gatto fuori di casa.

- **take out (2)** **portare fuori**
  *We **took out** the customer to a restaurant.*
  Abbiamo portato fuori il cliente in un ristorante.

- **take out (3)** **prendere (un permesso, la patente)**
  ***I've taken out** a driving license.*
  Ho preso la patente.

- **take out (4)** **ottenere**
  *Can I **take out** a loan?*
  Posso avere un prestito?

- **take out of (1)** **spossare, sfinire**
  *This exercise **is taking** it **out of** me.*
  Questo esercizio mi sta sfinendo.

- **take out of (2)** **distogliere**
  *I want to **take** you **out of** the kitchen.*
  Voglio distoglierti dalle faccende domestiche.

- **take out on** **sfogarsi, prendersela**
  *Don't **take** it **out on** me!*
  Non prendertela con me!

- **take over (1)** **prendere/ottenere il controllo**
  *We **took over** our rivals firm.*
  Ottenemmo il controllo della ditta dei nostri rivali.

- **take over (2)** **prendere il controllo, occupare**
  *The army **took over** the government.*
  L'esercito occupò il governo.

- **take over (3)** **portare**
  ***Take** this jacket **over** to your brother.*
  Porta questa giacca a tuo fratello.

- **take over (4)** **lasciarsi prendere**
  *He **was taken over** by his anger.*
  Si lasciò prendere dalla rabbia.

- **take round** **accompagnare/portare in giro (a visitare)**
  *The group **was taken round** the palace.*
  Il gruppo fu accompagnato a visitare il palazzo.

- **take to (1)** **affezionarsi**
  *I **have taken to** her.*
  Mi sono affezionato a lei.

- **take up (1)** **prendere (su/in mano)**
  ***Take up** your bag.*
  Prendi su la tua borsa.

- **take up (2)** **iniziare (un'attività)**
  *He **took up** golf last year.*
  Ha iniziato a giocare a golf lo scorso anno.

- **take up (3)** **prendere in considerazione**
  *We **took up** your idea in the meeting.*
  All'assemblea abbiamo preso in considerazione la tua proposta.

- **take up (4)** **occupare, prendere**
  *The chairs **took up** the whole room.*
  Le sedie occupavano tutta la stanza.

- **take up on** **accettare**
  *I will **take** you **up on** your offer.*
  Accetterò la tua offerta.

- **take up with (1)** **cominciare a frequentare/uscire**
  *I **have taken up with** a new girlfriend.*
  Ho cominciato a uscire con una nuova ragazza.

- **take up with (2)** **essere occupato/impegnato**
  *I **am taken up with** my golf.*
  Sono impegnato con il golf.

TEACH (tiːtʃ) **taught** (tɔːt) **taught** (tɔːt)
insegnare

■ SIMPLE PRESENT
I teach, you teach, we teach, they teach, he teach<u>es</u>, she teach<u>es</u>, it teach<u>es</u>

She ***teaches*** *Spanish for a living.*
Per mantenersi insegna spagnolo.

■ PRESENT CONTINUOUS
I am teaching, you are teaching, we are teaching, they are teaching, he (she, it) is teaching

He ***is teaching*** *his son to play chess.*
Sta insegnando a suo figlio a giocare a scacchi.

■ SIMPLE PAST
I taught, you taught, we taught, they taught, he (she, it) taught

I ***taught*** *you everything you know, don't forget it!*
Ti ho insegnato tutto quello che sai, non te lo dimenticare!

■ PAST CONTINUOUS
I was teaching, you were teaching, we were teaching, they were teaching, he (she, it) was teaching

While she ***was teaching*** *the pupils listened carefully.*
Mentre stava insegnando gli alunni ascoltavano attentamente.

■ PRESENT PERFECT
I have taught, you have taught, we have taught, they have taught, he (she, it) has taught

The experience ***has taught*** *me an important lesson.*
L'esperienza mi ha dato una lezione importante.

■ PAST PERFECT

He ***had taught*** *her the value of the truth.*
Le aveva insegnato il valore della verità.

■ FUTURE (WILL)

Will you ***teach*** *me to dance?*
Mi insegnerai a ballare?

■ FUTURE (GOING TO)

*I'****m going to teach*** *you a lesson you'll never forget!.*
Ti darò una lezione che non ti dimenticherai mai!

■ USED TO ≠ TO BE USED TO + -ING

*She **used to teach** but now works in a bank.*
Una volta insegnava, ma ora lavora in banca.

*Her husband **is used to teaching** for more than eight hours a day.*
Suo marito è abituato a insegnare per più di otto ore al giorno.

■ FIRST CONDITIONAL

*If I **teach** English, I will insist on correct pronunciation.*
Se insegnerò inglese, insisterò sulla corretta pronuncia.

■ SECOND CONDITIONAL

*If I **taught** English, I would insist on correct pronunciation.*
Se io insegnassi inglese, insisterei sulla corretta pronuncia.

■ THIRD CONDITIONAL

*If I **had taught** English, I would have insisted on correct pronunciation.*
Se io avessi insegnato inglese, avrei insistito sulla corretta pronuncia.

TEAR (teə[r]) **tore** (tɔː[r]) **torn** (tɔːn)

stracciare, stracciarsi; strappare, strapparsi

■ SIMPLE PRESENT

I tear, you tear, we tear, they tear, he tears, she tears, it tears

He ***tears*** *into his students without pity.*
Aggredisce i suoi studenti senza pietà.

■ PRESENT CONTINUOUS

I am tearing, you are tearing, we are tearing, they are tearing, he (she, it) is tearing

She ***is tearing*** *up his letters.*
Sta stracciando le lettere di lui.

■ SIMPLE PAST

I tore, you tore, we tore, they tore, he (she, it) tore

The builders ***tore*** *down the building very quickly.*
I costruttori abbatterono molto velocemente la costruzione.

■ PAST CONTINUOUS

I was tearing, you were tearing, we were tearing, they were tearing, he (she, it) was tearing

He ***was tearing*** *along the road just before the accident.*
Stava correndo velocemente lungo la strada un attimo prima dell'incidente.

■ PRESENT PERFECT

I have torn, you have torn, we have torn, they have torn, he (she, it) has torn

She ***has torn*** *the children away from the television.*
Ha trascinato via i bambini dalla televisione.

■ PAST PERFECT

Although he ***had torn*** *a muscle he finished the race.*
Anche se si era strappato un muscolo, finì la gara.

■ FUTURE (WILL)

I ***will tear*** *you limb from limb.*
Ti farò a pezzi.

■ FUTURE (GOING TO)

He ***is going to tear*** *his hair out at the news.*
Si strapperà i capelli alla notizia.

■ USED TO ≠ TO BE USED TO + -ING

Our pet lion ***used to tear*** *into his meat but now he just slowly masticates it.*
Il nostro leoncino un tempo azzannava la carne, ma ora la mastica lentamente.

She ***is used to*** *her boss* ***tearing*** *into her daily.*
È abituata a farsi strapazzare ogni giorno dal suo capo.

■ FIRST CONDITIONAL

If you ***tear*** *your clothes, mum will be angry.*
Se ti strapperai i vestiti, la mamma si arrabbierà.

■ SECOND CONDITIONAL

If you ***tore*** *your clothes, mum would be angry.*
Se ti strappassi i vestiti, la mamma si arrabbierebbe.

■ THIRD CONDITIONAL

If you ***had torn*** *your clothes, mum would have been angry.*
Se ti fossi strappato i vestiti, la mamma si sarebbe arrabbiata.

PHRASAL VERBS

- **tear apart/out** — **stracciare**
  He ***tore apart*** *her clothes.*
  Le stracciò gli abiti.

- **tear at** — **attaccare**
  She ***tore at*** *him.*
  Lei lo attaccò.

- **tear away** — **aggredirsi**
  They ***tore away*** *at each other.*
  Si aggredirono reciprocamente.

- **tear down** — **demolire, abbattere**
  They ***tore*** *the house* ***down.***
  Hanno demolito la casa.

- **tear into** — **aggredire, strapazzare**
  Her boss ***tore into*** *her.*
  Il suo capo la aggredì violentemente.

- **tear off** — **strappare**
  They ***tore off*** *his shirt.*
  Gli strapparono la camicia.

TELL (tel) **told** (təʊld) **told** (təʊld)

1 dire **2** raccontare

■ SIMPLE PRESENT

I tell, you tell, we tell, they tell, he tells, she tells, it tells

*He always **tells** the truth.*
Dice sempre la verità.

■ PRESENT CONTINUOUS

I am telling, you are telling, we are telling, they are telling, he (she, it) is telling

*He **is telling** the children off.*
Sta rimproverando i bambini.

■ SIMPLE PAST

I told, you told, we told, they told, he (she, it) told

*I **told** him exactly what I thought.*
Dissi esattamente ciò che pensavo.

■ PAST CONTINUOUS

I was telling, you were telling, we were telling, they were telling, he (she, it) was telling

*She **was telling** me all about the accident when the police arrived.*
Mi stava raccontando tutto sull'incidente quando arrivò la polizia.

■ PRESENT PERFECT

I have told, you have told, we have told, they have told, he (she, it) has told

*His age **has told** against him.*
L'età ha giocato a suo sfavore.

■ PAST PERFECT

*He **had told** the truth but the jury didn't believe him.*
Aveva detto la verità, ma la giuria non gli credette.

■ FUTURE (WILL)

*Mummy **will tell** us off for the milk you spilt.*
La mamma ci sgriderà perchè hai rovesciato il latte.

■ FUTURE (GOING TO)

*I **am going to tell** the truth, the whole truth and nothing but the truth.*
Dirò la verità, solo la verità, nient'altro che la verità.

■ USED TO ≠ TO BE USED TO + -ING

*He **used to tell** tall stories but not anymore.*
Le raccontava grosse, ma adesso non lo fa più.

*The teachers **are used to telling** fairy stories to the children.*
La maestra di solito racconta ai bambini delle fiabe.

■ FIRST CONDITIONAL

*If I **tell** a story, will you listen carefully?*
Se ti racconterò una storia, ascoltarerai con attenzione?

■ SECOND CONDITIONAL

*If I **told** a story, would you listen carefully?*
Se ti raccontassi una storia, la ascolteresti con attenzione?

■ THIRD CONDITIONAL

*If I **had told** a story, would you have listened carefully?*
Se ti avessi raccontato una storia, l'avresti ascoltata con attenzione?

PHRASAL VERBS

- **tell again** — **ripetere, ridire**
  ***Tell** me that **again**!*
  Ripetimelo ancora!

- **tell against** — **parlare contro, nuocere**
  *These facts **tell against** your idea.*
  I fatti parlano contro le tue idee.

- **tell apart** — **distinguere**
  *I can't **tell** her brothers **apart**.*
  Non so distinguere i suoi fratelli.

- **tell off** — **sgridare, rimproverare**
  *His mother **told** him **off**.*
  Sua madre lo sgridò.

- **tell on (1)** — **fare la spia, denunciare**
  *The criminal **told on** his accomplices to the police.*
  Il criminale denunciò i suoi complici alla polizia.

- **tell on (2)** — **farsi sentire**
  *The stress **is telling on** me.*
  Lo stress si sta facendo sentire.

THINK (θɪŋk) **thought** (θɔːk) **thought** (θɔːk)

1 pensare, riflettere **2** credere; ritenere; immaginare

■ SIMPLE PRESENT

I think, you think, we think, they think, he thinks, she thinks, it thinks

*He **thinks** the world of her.*
Pensa un gran bene di lei.

■ PRESENT CONTINUOUS

I am thinking, you are thinking, we are thinking, they are thinking, he (she, it) is thinking

*She **is thinking** of changing her job.*
Sta pensando di cambiare lavoro.

■ SIMPLE PAST

I thought, you thought, we thought, they thought, he (she, it) thought

*I **thought** of you over the weekend.*
Ti ho pensato durante il fine settimana.

■ PAST CONTINUOUS

I was thinking, you were thinking, we were thinking, they were thinking, he (she, it) was thinking

*The management **wasn't thinking** through its price policy.*
La direzione non stava valutando a fondo la sua politica dei prezzi.

■ PRESENT PERFECT

I have thought, you have thought, we have thought, they have thought, he (she, it) has thought

*Unfortunately the boss **has thought** up a new idea.*
Sfortunatamente il capo aveva escogitato una nuova trovata.

■ PAST PERFECT

*He **had thought** a way out of the problem, hadn't he?*
Aveva trovato una scappatoia, vero?

■ FUTURE (WILL)

*I **will think** again about your proposal.*
Rifletterò di nuovo sulla tua proposta.

■ FUTURE (GOING TO)

*We **are going to think** a lot about what you said.*
Rifletteremo molto su quanto hai detto.

■ USED TO ≠ TO BE USED TO + -ING

*He **used to think** about his ex wife but not anymore.*
Una volta pensava sempre alla sua ex-moglie, ma ora non più.

*She **is used to thinking** over her problems before deciding what to do.*
Di solito riflette sui problemi prima di decidere che cosa fare.

■ FIRST CONDITIONAL

*If you **think** about my offer, I will consider yours.*
Se considererai la mia offerta, io prenderò in esame la tua.

■ SECOND CONDITIONAL

*If you **thought** about my offer, I would consider yours.*
Se tu considerassi la mia offerta, io prenderei in esame la tua.

■ THIRD CONDITIONAL

*If you **had thought** about my offer, I would have considered yours.*
Se tu avessi considerato la mia offerta, io avrei preso in esame la tua.

PHRASAL VERBS

- **think ahead** — **pensare in anticipo**
  *I'm **thinking ahead** to the holidays.*
  Sto pensando in anticipo alle vacanze.

- **think back** — **ripensare**
  *I never **think back** to the past.*
  Non ripenso mai al passato.

- **think out** — **pensare a tutto**
  *I **have thought** everything **out**.*
  Ho pensato a tutto.

- **think over** — **riflettere**
  ***Think over** my offer.*
  Rifletti sulla mia offerta.

- **think through** — **analizzare/valutare a fondo**
  ***Have** you **thought** my offer **through**?*
  Hai analizzato a fondo la mia proposta?

- **think up** — **escogitare**
  *He has **thought up** an interesting idea.*
  Ha escogitato una trovata interessante.

THROW (θrəʊ) **threw** (θruː) **thrown** (θrəʊn)

1 gettare; lanciare **2** proiettare

■ SIMPLE PRESENT

I throw, you throw, we throw, they throw, he throws, she throws, it throws

*That factory **throws** its waste into the river.*
Quella fabbrica scarica i rifiuti nel fiume.

■ PRESENT CONTINUOUS

I am throwing, you are throwing, we are throwing, they are throwing, he (she, it) is throwing

*They **are throwing** a party.*
Stanno dando un party.

■ SIMPLE PAST

I threw, you threw, we threw, they threw, he (she, it) threw

*She **threw** herself into the river.*
Si gettò nel fiume.

■ PAST CONTINUOUS

I was throwing, you were throwing, we were throwing, they were throwing, he (she, it) was throwing

*They **were throwing** insults at each other all evening.*
Era tutta la sera che si stavano lanciando insulti.

■ PRESENT PERFECT

I have thrown, you have thrown, we have thrown, they have thrown, he (she, it) has thrown

*He **has thrown** up his job.*
Ha abbandonato il suo lavoro.

■ PAST PERFECT

*She **had thrown** him out several times, but he always went back to her.*
L'aveva scacciato diverse volte, ma lui ritornava sempre da lei.

■ FUTURE (WILL)

*He **will throw** up before long.*
Prima o poi vomiterà.

■ FUTURE (GOING TO)

*He **is going to throw** his clothes on the floor, isn't he?*
Getterà i vestiti sul pavimento, non è vero?

■ USED TO ≠ TO BE USED TO + -ING

*He **used to throw** his money around but now he's more careful.*
Un tempo gettava via tutti i suoi soldi, ora però sta più attento.

*She **is used to** her husband **throwing** up his job for nothing.*
È abituata al fatto che suo marito si licenzi per nulla.

■ FIRST CONDITIONAL

*If you **throw** things out of the train, you will get fined.*
Se lancerete degli oggetti fuori dal treno, vorrete multati.

■ SECOND CONDITIONAL

*If you **threw** things out of the train, you would get fined.*
Se lanciaste degli oggetti fuori dal treno, verreste multati.

■ THIRD CONDITIONAL

*If you **had thrown** things out of the train, you would have got fined.*
Se aveste lanciato degli oggetti fuori dal treno, sareste stati multati.

PHRASAL VERBS

◆ **throw about (1)** — **buttar via, gettare**
*He **threw** the food **about** everywhere.*
Gettò la roba da mangiare dappertutto.

◆ **throw about (2)** — **agitare**
*She **threw** her arms **about** in the air.*
Agitò le braccia in aria.

◆ **throw around** — **gettare intorno**
*The soldier **threw** the rope **around** the tree.*
Il soldato gettò la corda intorno all'albero.

◆ **throw aside (1)** — **spostare, aprire**
*She **threw** the shutters **aside**.*
Aprì gli scuri.

◆ **throw aside (2)** — **scartare**
*The project **was thrown aside**.*
Il progetto fu scartato.

◆ **throw at (1)** — **tirare, scagliare**
*Who **threw** that rock **at** me?*
Chi mi ha tirato quella pietra?

◆ **throw at (2)** **gettare**
*Don't **throw** rubbish **at** the cat!*
Non gettate i rifiuti al gatto!

◆ **throw away** **gettare/buttare via**
*Who **threw** the box **away**?*
Chi ha buttato via la scatola?

◆ **throw back** **respingere**
*The Russians **threw back** the German Army.*
I Russi respinsero l'armata tedesca.

◆ **throw down** **buttare/far cadere per terra**
*The explosion **threw** him **down**.*
L'esplosione lo fece cadere per terra.

◆ **throw in/into (1)** **gettare in prigione**
*The police **threw** him **into** prison.*
La polizia lo gettò in prigione.

◆ **throw in/into (2)** **commentare**
*He **threw** a remark **into** the conversation.*
Fece un appunto durante la conversazione.

◆ **throw off (1)** **liberarsi**
*He **threw off** his doubts.*
Si liberò dei suoi dubbi.

◆ **throw off (2)** **emanare, emettere**
*The machine **threw off** a lot of heat.*
La macchina emanava molto calore.

◆ **throw out (1)** **scartare**
*We **have thrown** that idea **out**.*
Abbiamo scartato quell'idea.

◆ **throw out (2)** **espellere**
*He **was thrown out** of school.*
Fu espulso da scuola.

◆ **throw over (1)** **far passare**
***Throw** the books **over**!*
Fa passare i libri!

◆ **throw over (2)** **lasciare, terminare un rapporto**
*He **threw** her **over** for his secretary.*
Lui la lasciò per la sua segretaria.

- **throw together** **mettere insieme, organizzare alla buona**
  The meeting ***was thrown together*** *at the last minute.*
  L'incontro fu messo insieme all'ultimo minuto.

- **throw up (1)** **sollevare**
  The opposition ***threw up*** *a lot of exceptions to the bill.*
  L'opposizione sollevò un sacco di obiezioni al progetto di legge.

- **throw up (2)** **costituire, erigere**
  This building ***was thrown up*** *in one year.*
  L'edificio fu costruito in un anno.

- **throw up (3)** **produrre, causare**
  What ***threw up*** *that idea?*
  Che cosa ha prodoto quell'idea?

- **throw up (4)** **vomitare**
  She ***threw up*** *over him.*
  Gli vomitò addosso.

- **throw up (5)** **licenziarsi**
  He ***threw up*** *his job and went on holiday.*
  Si licenziò dal lavoro e se ne andò in vacanza.

WEAR (weə[r]) **wore** (wɔː[r]) **worn** (wɔːn)

1 indossare, portare; **2** logorare, logorarsi; stancare **3** durare

■ SIMPLE PRESENT

I wear, you wear, we wear, they wear, he wears, she wears, it wears,

Whatever the weather she always ***wears*** *woollen clothes.*
Qualunque tempo faccia lei si veste sempre di lana.

■ PRESENT CONTINUOUS

I am wearing, you are wearing, we are wearing, they are wearing, he (she, it) is wearing

The printer ***is*** *slowly* ***wearing*** *out.*
La stampante si sta pian piano logorando.

■ SIMPLE PAST

I wore, you wore, we wore, they wore, he (she, it) wore

His behaviour ***wore*** *me out.*
Il suo comportamento mi ha stancato.

■ PAST CONTINUOUS

I was wearing, you were wearing, we were wearing, they were wearing, he (she, it) was wearing

The lawyer's questions ***were wearing*** *down the accused.*
Le domande dell'avvocato stavano indebolendo l'accusa.

■ PRESENT PERFECT

I have worn, you have worn, we have worn, they have worn, he (she, it) has worn

Friction ***has worn*** *down that metal plate.*
La frizione ha consumato la superficie metallica.

■ PAST PERFECT

With all their playing the children ***had worn*** *down the grass.*
A furia di giocare i bambini avevano rovinato il prato.

■ FUTURE (WILL)

She ***will wear*** *white at her wedding.*
Si vestirà di bianco al suo matrimonio.

■ FUTURE (GOING TO)

They ***are going to wear*** *through their clothes in no time.*
Consumeranno presto i loro vestiti.

■ USED TO ≠ TO BE USED TO + -ING

*She **used to wear** only the colour black until recently.*
Fino a poco tempo fa si vestiva solo di nero.

*She **is used to wearing** the same style of clothes and has done so for years.*
Sono anni ormai che si veste con abiti dello stesso stile.

■ FIRST CONDITIONAL

*If the battery **wears** out, we will replace it.*
Se la batteria si consumerà, la sostituiremo.

■ SECOND CONDITIONAL

*If the battery **wore** out, we would replace it.*
Se la batteria si consumasse, la sostituiremmo.

■ THIRD CONDITIONAL

*If the battery **had worn** out, we would have replaced.*
Se la batteria si fosse consumata, l'avremmo sostituita.

PHRASAL VERBS

- **wear away** — **consumarsi, usurarsi**
  *The machine **was wearing away**.*
  La macchina si stava usurando.

- **wear off** — **scomparire**
  *The effects of the alcohol **were wearing off**.*
  Gli effetti dell'alcool stavano scomparendo.

- **wear on** — **trascorrere lentamente**
  *Time **wears** slowly **on**.*
  Il tempo trascorre lentamente.

- **wear out** — **logorare, stancare**
  *These exercises **are wearing** me **out**.*
  Questi esercizi mi stanno logorando.

- **wear through** — **bucare**
  *The soles of my shoes **are worn through**.*
  Le suole delle mie scarpe sono bucate.

WIN (wɪn) **won** (wʌn) **won** (wʌn)

vincere; conquistare

■ SIMPLE PRESENT

I win, you win, we win, they win, he wins, she wins, it wins

*He always **wins** the 100 metres race.*
Vince sempre la gara dei 100 metri.

■ PRESENT CONTINUOUS

I am winning, you are winning, we are winning, they are winning, he (she, it) is winning

*The team **is** slowly **winning** back its position in the league.*
La squadra sta lentamente riconquistando la sua posizione in classifica.

■ SIMPLE PAST

I won, you won, we won, they won, he (she, it) won

*He **won** me over with his arguments.*
Mi persuase con i suoi argomenti.

■ PAST CONTINUOUS

I was winning, you were winning, we were winning, they were winning, he (she, it) was winning

*I **was winning** his support until you started to speak!*
Mi stavo guadagnando il suo appoggio finché non hai cominciato a parlare tu!

■ PRESENT PERFECT

I have won, you have won, we have won, they have won, he (she, it) has won

*I **have won** his consensus to the project.*
Ho conquistto il suo consenso al progetto.

■ PAST PERFECT

***Had** we **won** the contract we could have paid our debts.*
Se avessi ottenuto il contratto, avremmo potuto pagare i debiti.

■ FUTURE (WILL)

*I **will win** the bet, come what may!*
Vincerò la scommessa, qualunque cosa succeda!

■ FUTURE (GOING TO)

*We **are going to win** the match hands down.*
Vinceremo la partita senza fatica.

■ USED TO ≠ TO BE USED TO + -ING

*She **used to win** every race but now she always comes last.*
Vinceva ogni corsa, ma ora arriva sempre ultima.

*That team **is used to winning** everything it goes in for.*
Quella squadra vince tutto ciò a cui partecipa.

■ FIRST CONDITIONAL

*If we **win** the cup, we will celebrate all night.*
Se vinceremo la coppa, celebreremo tutta la notte.

■ SECOND CONDITIONAL

*If we **won** the cup, we would celebrate all night.*
Se vincessimo la coppa, celebreremmo tutta la notte.

■ THIRD CONDITIONAL

*If we **had won** the cup, we would have celebrated all night.*
Se avessimo vinto la coppa, avremmo celebrato tutta la notte.

PHRASAL VERBS

- **win back** — **riconquistare**
  *Did she **win back** his love?*
  Riconquistò il suo amore?

- **win out** — **trionfare**
  *Their team didn't **win out**.*
  La loro squadra non trionfò.

- **win over** — **convincere, persuadere**
  *We eventually **won** him **over**.*
  Alla fine lo abbiamo convinto.

WRING (rɪŋ) **wrung** (rʌŋ) **wrung** (rʌŋ)

1 torcere; stringere **2** strappare, estorcere

■ SIMPLE PRESENT

I wring, you wring, we wring, they wring, he wrings, she wrings, it wrings

*She always **wrings** her washing by hand.*
Strizza sempre il bucato a mano.

■ PRESENT CONTINUOUS

I am wringing, you are wringing, we are wringing, they are wringing, he (she, it) is wringing

*You**'re wringing** tears out of my eyes.*
Mi stai spremendo delle lacrimucce dagli occhi.

■ SIMPLE PAST

I wrung, you wrung, we wrung, they wrung, he (she, it) wrung

*Who **wrung** the chicken's neck?*
Chi tirò il collo al pollo?

■ PAST CONTINUOUS

I was wringing, you were wringing, we were wringing, they were wringing, he (she, it) was wringing

*The police **were wringing** information out of him.*
La polizia gli stava estorcendo delle informazioni.

■ PRESENT PERFECT

I have wrung, you have wrung, we have wrung, they have wrung, he (she, it) has wrung

*They **have wrung** it dry.*
Lo hanno strizzato completamente.

■ PAST PERFECT

*Despite everything they **hadn't wrung** anything out of him.*
Nonostante tutto, non gli avevano estorto nulla.

■ FUTURE (WILL)

*He **will wring** your neck at the terrible news.*
Ti torcerà il collo alla terribile notizia.

■ FUTURE (GOING TO)

*His story **is going to wring** your heart.*
Il suo racconto ti stringerà il cuore.

■ USED TO ≠ TO BE USED TO + -ING

*He **used to wring** chicken necks but now he uses a knife.*
Una volta tirava il collo ai polli, ma ora usa un coltello.

*He **is** well **used to wringing** chicken necks.*
È ben abituato a tirare il collo ai polli.

■ FIRST CONDITIONAL

*If he **wrings** the truth out of the spy, they will be arrested.*
Se estorcerà la verità alla spia, saranno arrestati.

■ SECOND CONDITIONAL

*If he **wrung** the truth out of the spy, they would be arrested.*
Se estorcesse la verità alla spia, sarebbero arrestati.

■ THIRD CONDITIONAL

*If he **had wrung** the truth out of the spy, they would have been arrested.*
Se avesse estorto la verità alla spia, sarebbero stati arrestati.

PHRASAL VERBS

◆ **wring out (1)** **strizzare, torcere**
*She **wrung** the water **out** of the towel.*
Strizzò l'acqua dall'asciugamano.

◆ **wring out (2)** **estorcere**
*They **wrung** the truth **out** of him using torture.*
Gli strapparono la verità con la tortura.

WRITE (raɪt) **wrote** (rəʊt) **written** (ˈrɪtn)
scrivere

■ SIMPLE PRESENT
I write, you write, we write, they write, he writes, she writes, it writes

*He never **writes** her love letters.*
Non le scrive mai lettere d'amore.

■ PRESENT CONTINUOUS
I am writing, you are writing, we are writing, they are writing, he (she, it) is writing

*She **is writing** in her appointments diary.*
Sta scrivendo sulla sua agenda.

■ SIMPLE PAST
I wrote, you wrote, we wrote, they wrote, he (she, it) wrote

*I **wrote** a reply to her letter last week.*
Ho scritto in risposta alla sua lettera la settimana scorsa.

■ PAST CONTINUOUS
I was writing, you were writing, we were writing, they were writing, he (she, it) was writing

*He **was writing** a novel when I last saw him.*
Stava scrivendo un romanzo l'ultima volta che l'ho visto.

■ PRESENT PERFECT
I have written, you have written, we have written, thet have written, he (she, it) has written

*He **has written** to the newspapers to complain about the traffic.*
Ha scritto ai giornali per protestare contro il traffico.

■ PAST PERFECT

*The firm **had written** off the debt many years ago.*
La ditta aveva cancellato il debito molti anni fa.

■ FUTURE (WILL)

*They **will write** to us, won't they?*
Ci scriveranno, non è vero?

■ FUTURE (GOING TO)

*I'**m not going to write** another word.*
Non scriverò una parola di più.

■ USED TO ≠ TO BE USED TO + -ING

*She **used to write** him a long letter every day.*
Una volta gli scriveva una lunga lettera ogni giorno.

*He **is used to writing** commercial letters to business people all over the world.*
Scrive abitualmente lettere commerciali a gente d'affari di tutto il mondo.

■ FIRST CONDITIONAL

*If you **write** down my words, you will remember them.*
Se metterai per iscritto le mie parole, te le ricorderai.

■ SECOND CONDITIONAL

*If you **wrote** down my words, you would remember them.*
Se tu mettessi per iscritto le mie parole, te le ricorderesti.

■ THIRD CONDITIONAL

*If you **had written** down my words, you would have remembered them.*
Se tu avessi messo per iscritto le mie parole, te le saresti ricordate.

PHRASAL VERBS

- **write away** — **scrivere una lettera**
  *He **wrote away** to the newspaper.*
  Scrisse una lettera al giornale.

- **write back** — **rispondere (per iscritto)**
  *The newspaper **wrote back** to him.*
  Il giornale gli rispose.

- **write down** — **annotare, mettere per iscritto**
  *Please, **write down** these words.*
  Per favore, mettete queste parole per iscritto.

- **write in** — **inserire**
  *I want to **write in** a clause to the contract.*
  Voglio inserire una clausola nel contratto.

- **write off** — **cancellare**
  *The bank will not **write off** your debts.*
  La banca non cancellerà i tuoi debiti.

- **write up** — **trascrivere**
  *The journalist quickly **wrote up** his report.*
  Il giornalista trascrisse rapidamente il suo servizio.

Elenco dei verbi irregolari

Questo elenco contiene una lista dei verbi irregolari presenti nella lingua inglese, fatta eccezione per i verbi modali (*can*, *could*, *may*, *might*, *must*, *ought to*, *shall*, *should*, *used to*, *will*, *would*) trattati nella sezione grammaticale. I numeri di pagina accanto ad alcuni verbi rimandano all'esposizione dettagliata del verbo (coniugazione, *phrasal verbs*, trattazione specifica nella sezione grammaticale).

ABIDE (ə'baɪd)	**ABIDED** **ABODE** (ə'bəud)	**ABIDED** **ABODE** (ə'bəud) *nel senso 2*	

1 sopportare **2** abitare **3** osservare

I can't ***abide*** *him.* • Non posso sopportarlo.

Once she ***abode*** *in an old palace.* • Un tempo abitò in un vecchio palazzo.

Will he ***abide*** *by the rules?* • Osserverà le regole?

ARISE (ə'raɪz)	**AROSE** (ə'rəuz)	**ARISEN** (ə'rɪzn)	56

1 alzarsi, levarsi; sorgere **2** nascere; presentarsi **3** provenire, derivare

AWAKE (ə'weɪk)	**AWOKE** (ə'wəuk)	**AWOKEN** (ə'wəukən)	58

svegliare, svegliarsi; destare, destarsi

■ phrasal verb 59

BACKBITE (bækbaɪt)	**BACKBITTEN** (bæk'bɪtn)	**BACKBITTEN** (bæk'bɪtn)	

sparlare, calunniare

She did nothing but ***backbite*** *all evening.* • Non fece altro che sparlare tutta la sera.

BACKSLIDE (bækslaɪd)	**BACKSLID** (bækslɪd)	**BACKSLID** (bækslɪd)	

ricadere nell'errore/nelle vecchie abitudini

He slowly ***backslid*** *into his bad habits.* • Lentamente ricadde nelle sue cattive abitudini.

BE (biː)	**WAS, WERE** (wɒz, wɜː[r])	**BEEN** (biːn)	60

1 essere; esistere **2** stare

□ *be* + infinito 29

□ *be able*/*unable to* 30

□ *be* con l'ausiliare *do* 30

□ *be willing to* 31

□ costruzioni con il verbo *be* 31

BEAR (beər)	**BORE** (bɔːr)	**BORNE** (bɔːn) **BORN** (bɔːn) *nel senso 3 solo al passivo*	62

1 portare; sorreggere **2** sopportare, tollerare **3** generare, produrre; partorire **4** girare, voltare

■ phrasal verbs 63

BEAT (biːt)	BEAT (biːt)	BEATEN ('biːtn)	64

1 picchiare, percuotere **2** vincere, battere **3** pulsare

▪ phrasal verbs 65

BECOME (bɪ'kʌm)	BECAME (bɪ'keɪm)	BECOME (bɪ'kʌm)	66

1 diventare, divenire **2** accadere; avvenire **3** addirsi, star bene; essere adatto

BEFALL (bɪ'fɔːl)	BEFELL (bɪ'fel)	BEFALLEN (bɪ'fɔːlən)

accadere, capitare

*What **befell** him?* • Cosa gli è capitato?

BEGET (bɪ'get)	BEGOT (bɪ'gɒt) BEGAT (bɪ'gæt)	BEGOTTEN (bɪ'gɒtn)

1 generare **2** causare
[Usato nel linguaggio arcaico]

*War **begets** death and destruction.* • La guerra genera morte e distruzione.
*The economic crisis **begot** much suffering.* • La crisi economica causò un diffuso malessere.

BEGIN (bɪ'gɪn)	BEGAN (bɪ'gæn)	BEGUN (bɪ'gʌn)	68

cominciare, incominciare, iniziare

▪ phrasal verbs 69

BEHOLD (bɪ'həuld)	BEHELD (bɪ'held)	BEHELD (bɪ'held)

vedere, guardare; osservare
[Usato nel linguaggio arcaico]

***Behold** the king!* • Guardate il re!

BEND (bend)	BENT (bent)	BENT (bent)	70

1 curvare, curvarsi; piegare, piegarsi; chinare, chinarsi **2** volgere; dirigere

▪ phrasal verbs 71

BESEECH (bɪ'siːtʃ)	BESOUGHT (bɪ'sɔːt) BESEECHED	BESOUGHT (bɪ'sɔːt) BESEECHED

supplicare, implorare
[Usato nel linguaggio formale]

*She **besought** him for forgiveness.* • Lo supplicò di perdonarla.

BESET (bɪ'set)	BESET (bɪ'set)	BESET (bɪ'set)

1 attaccare, assalire **2** tormentare
*We **have been beset** by many difficulties.* • Siamo stati assaliti da molte difficoltà.
*She **was beset** by financial problems.* • Era tormentata da problemi finanziari.

BESPEAK (bɪ'spiːk)	**BESPOKE** (bɪ'spəʊk)	**BESPOKE** (bɪ'spəʊk) **BESPOKEN** (bɪ'spəʊkən)

rivelare, essere segno
[Usato nel linguaggio formale]

*His manners **bespoke** well of his ideas.* • Il suo modo di fare era un chiaro segno delle sue idee.

BESTRIDE (bɪ'straɪd)	**BESTRODE** (bɪ'strəʊd)	**BESTRIDDEN** (bɪ'strɪdn)

cavalcare; montare, stare a cavallo
[Usato nel linguaggio arcaico]

*He **bestrode** the horse.* • Montava a cavallo.

BET (bet)	**BET** (bet) **BETTED**	**BET** (bet) **BETTED**

scommettere

*He always **bets** on horses.* • Scommette sempre sui cavalli

BETAKE (bɪteɪk)	**BETOOK** (bɪtʊk)	**BETAKEN** (bɪteɪkən)

recarsi, dirigersi
[Usato in letteratura]

*She **betook** herself to the palace.* • Si recò a palazzo.

BETHINK (bɪθɪŋk)	**BETHOUGHT** (bɪθɔːt)	**BETHOUGHT** (bɪθɔːt)

riflettere; ricordarsi
[Usato in letteratura]

*I **bethought** myself of times past.* • Mi ricordai dei tempi passati.

BID (bɪd)	**BID** (bɪd) **BADE** (bæd)	**BID** (bɪd) **BIDDEN** ('bɪdn) *nel senso 3*

1 offrire (a un'asta) **2** dichiarare (al gioco) **3** dire; augurare; invitare

*Our group **has bid** for the building contract.* • Il nostro gruppo ha fatto un'offerta per l'appalto.
*She's going to **bid** diamonds, I can feel it!* • Sta per dichiarare quadri, lo sento!
*He **hadn't bidden** her goodby and for this reason she was angry.* • Non le aveva detto addio e per questo era arrabbiata.

BIND (baɪnd)	**BOUND** (baʊnd)	**BOUND** (baʊnd)	72

1 legare; fasciare; bendare **2** rilegare **3** obbligare, vincolare

- phrasal verbs 73

BITE (baɪt)	**BIT** (bɪt)	**BITTEN** ('bɪtn)	74

1 mordere, morsicare; addentare **2** abboccare **3** fare presa **4** corrodere

- phrasal verbs 75

BLEED (bliːd)	**BLED** (bled)	**BLED** (bled)

1 sanguinare **2** dissanguare, salassare

Her nose ***was bleeding*** *for a long time.* • Il suo naso stava sanguinando da tanto tempo.

The man ***bled*** *to death.* • L'uomo morì dissanguato.

BLESS (bles)	**BLESSED** **BLEST** (blest)	**BLESSED** **BLEST** (blest) *nel senso 2*

1 benedire, consacrare **2** esclamare, mostrare sorpresa

The vicar ***blessed*** *the congregation.* • Il vicario benedì la congregazione.

*I'****m blest*** *if I understand!* • Sa Dio se capisco!

BLOW (bləʊ)	**BLEW** (bluː)	**BLOWN** (bləʊn)	76

1 soffiare; soffiarsi (il naso) **2** suonare (strumento a fiato) **3** scoppiare (di pneumatico) **4** saltare (di valvole)

▪ phrasal verbs 77

BREAK (breɪk)	**BROKE** (brəʊk)	**BROKEN** (ˈbrəʊkən)	78

1 rompere, rompersi; spezzare, spezzarsi **2** interrompere **3** venire meno **4** risolvere; decifrare **5** domare, addomesticare **6** far fallire, rovinare **7** avere un collasso, crollare **8** spuntare, sorgere

▪ phrasal verbs 79

BREED (briːd)	**BRED** (bred)	**BRED** (bred)

1 allevare **2** generare, causare

He ***bred*** *dogs once.* • Una volta allevava cani.

Unemployment ***breeds*** *unrest.* • La disoccupazione genera scontento.

BRING (brɪŋ)	**BROUGHT** (brɔːt)	**BROUGHT** (brɔːt)	82

1 portare; condurre; recare, procurare **2** indurre, persuadere **3** promuovere, intentare (una causa)

▪ phrasal verbs 83

□ *bring* vs *take* 47

BROADCAST (ˈbrɔːdkɑːst)	**BROADCAST** (ˈbrɔːdkɑːst) **BROADCASTED**	**BROADCAST** (ˈbrɔːdkɑːst) **BROADCASTED**

1 trasmettere, diffondere **2** divulgare

The programme ***was broadcast*** *on television.* • Il programma venne trasmesso in televisione.

Somebody ***has been broadcasting*** *my secrets about.* • Qualcuno ha divulgato i miei segreti.

BROWBEAT (ˈbraʊbiːt)	**BROWBEAT** (ˈbraʊbiːt)	**BROWBEATEN** (ˈbraʊbiːtn)

intimidire, intimorire

The judge ***browbeat*** *the witness during the trial.* • Il giudice intimorì il testimone durante il processo.

BUILD (bɪld)	**BUILT** (bɪld)	**BUILT** (bɪld)	86

1 costruire; fabbricare **2** basare, fondare

▪ phrasal verbs 87

BURN (bɜːn)	**BURNT** (bɜːnt) **BURNED**	**BURNT** (bɜːnt) **BURNED**	88

1 bruciare, incendiare; scottare, scottarsi **2** uccidere

▪ phrasal verbs 89

BURST (bɜːst)	**BURST** (bɜːst)	**BURST** (bɜːst)	90

1 far scoppiare, scoppiare; far esplodere, esplodere **2** sfondare **3** sbocciare (di germogli)

▪ phrasal verbs 91

BUST (bʌst)	**BUST** (bʌst) **BUSTED**	**BUST** (bʌst) **BUSTED**

1 rompere **2** arrestare, irrompere

*Who **bust** my computer?* • Chi ha rotto il mio computer?
*The police **bust** in on the party.* • La polizia irruppe nella festa.

BUY (baɪ)	**BOUGHT** (bɔːt)	**BOUGHT** (bɔːt)	92

1 comprare, acquistare **2** conquistare, ottenere

▪ phrasal verbs 93

CAST (kɑːst)	**CAST** (kɑːst)	**CAST** (kɑːst)	94

1 gettare, lanciare, proiettare **2** fondere 3 distribuire, assegnare (le parti agli attori)

▪ phrasal verbs 95

CATCH (kætʃ)	**CAUGHT** (kɔːt)	**CAUGHT** (kɔːt)	96

1 afferrare; prendere; cogliere **2** sorprendere **3** attrarre l'attenzione **4** impigliarsi; aggrovigliarsi

▪ phrasal verbs 97

CHIDE ('tʃaɪd)	**CHIDED** **CHID** (tʃɪd)	**CHIDED** **CHID** (tʃɪd) **CHIDDEN** ('tʃɪdn)

rimproverare
[Usato raramente nel linguaggio moderno]

*Don't **chide** the child.* • Non rimproverare il bambino.

CHOOSE (tʃuːz)	**CHOSE** (tʃəʊz)	**CHOSEN** ('tʃəʊzn)	98

1 scegliere; fare una scelta **2** volere; preferire

CLEAVE (1) (kliːv)	**CLEAVED** **CLOVE** (kləʊv) **CLEFT** (kleft)	**CLEAVED** **CLOVEN** (kləʊvn) **CLEFT** (kleft)	

spaccare, spaccarsi

*He **clove** the piece of wood in two.* • Spaccò in due il pezzo di legno.

CLEAVE (2) (kliːv)	**CLEAVED** **CLAVE** (kleɪv)	**CLEAVED**	

essere attaccato o fedele

[Verbo arcaico]

*My desires always **cleaved** to evil.* • I miei desideri rimasero sempre fedeli al male.

CLING (klɪŋ)	**CLUNG** (klʌŋ)	**CLUNG** (klʌŋ)	100

aggrapparsi, stare aggrappato; aderire strettamente; stringersi

COME (kʌm)	**CAME** (keɪm)	**COME** (kʌm)	102

1 venire, arrivare, giungere **2** accadere **3** derivare; provenire

▪ phrasal verbs 103

COST (kɒst)	**COST** (kɒst) **COSTED**	**COST** (kɒst) **COSTED** *nel senso 3*	112

1 costare **2** stabilire (di prezzo) **3** valutare

COUNTERSINK (ˈkaʊntəsɪŋk)	**COUNTERSANK** (ˈkaʊntəsæŋk)	**COUNTERSUNK** (ˈkaʊntəsʌŋk)	

1 accecare (una vite) **2** svasare (un foro)

*All the bolts **were countersunk**.* • Tutti i bulloni erano accecati.
*The hole **has** already **been countersunk**.* • Il foro è già stato svasato.

CREEP (kriːp)	**CREPT** (krept)	**CREPT** (krept)	114

1 strisciare; arrampicarsi **2** muoversi lentamente; insinuarsi **3** rabbrividire **4** avere un atteggiamento servile

▪ phrasal verbs 115

CROW (krəʊ)	**CROWED** **CREW** (kruː)	**CROWED**	

1 esultare **2** cantare **3** vantarsi

*After the victory the soldiers **crew** with joy.* • Dopo la vittoria i soldati esultarono di gioia.
*The cock **has** just **crowed**.* • Il gallo ha appena cantato.
*He always **crows** over his victories.* • Si vanta sempre delle sue vittorie.

CUT (kʌt)	**CUT** (kʌt)	**CUT** (kʌt)	116

1 tagliare **2** incidere; intagliare **3** sferzare

▪ phrasal verbs 117

DEAL (diːl) **DEALT** (delt) **DEALT** (delt) 120

1 trattare; occuparsi; commerciare **2** distribuire (carte) **3** assestare (un colpo)

■ phrasal verbs 121

DIG (dɪg) **DUG** (dʌg) **DUG** (dʌg)

zappare, vangare, scavare

Peter ***dug*** *the garden yesterday.* • Pietro ha zappato ieri il giardino.

DIVE (daɪv) **DIVED** / **DOVE** (dəʊv) *Am.* **DIVED**

1 tuffarsi, buttarsi **2** lanciarsi in picchiata

Who ***has dived*** *into the swimming pool?* • Chi si è tuffato in piscina?
The plane ***dove*** *out of the sky.* • L'aeroplano si lanciò in picchiata giù dal cielo.

DO (duː) **DID** (dɪd) **DONE** (dʌn) 122

1 fare **2** agire; comportarsi **3** bastare **4** andare bene **5** mettere in ordine; rifare **6** visitare **7** ingannare

■ phrasal verbs 123
□ *do* vs *make* 48

DRAW (drɔː) **DREW** (druː) **DRAWN** (drɔːn) 126

1 tirare; attirare; trarre; estrarre **2** disegnare; tracciare **3** allungare, stendere **4** prelevare

■ phrasal verbs 127

DREAM (driːm) **DREAMT** (dremt) / **DREAMED** **DREAMT** (dremt) / **DREAMED** 130

sognare, sognarsi

■ phrasal verbs 131

DRINK (drɪŋk) **DRANK** (dræŋk) **DRUNK** (drʌŋk) 132

bere

■ phrasal verbs 133

DRIVE (draɪv) **DROVE** (drəʊv) **DRIVEN** (ˈdrɪvn) 134

1 guidare **2** portare; andare (in un veicolo) **3** spingere, conficcare **4** trascinare; comandare **5** fare, esercitare con successo (un commercio) **6** avanzare, spingersi

DWELL (dwel) **DWELT** (dwelt) / **DWELLED** **DWELT** (dwelt) / **DWELLED**

1 abitare, dimorare **2** soffermarsi, indugiare

How long ***have*** *you* ***dwelt*** *there?* • Da quanto tempo abiti lì?
He ***dwells*** *on all the tiniest details.* • Si sofferma sui minimi dettagli.

EAT (iːt) | **ATE** (et) | **EATEN** (ˈiːtn) 136

mangiare

■ phrasal verbs 137

FALL (fɔːl) | **FELL** (fel) | **FALLEN** (ˈfɔːlən) 138

1 cadere **2** diminuire, abbassarsi

■ phrasal verbs 139

FEED (fiːd) | **FED** (fed) | **FED** (fed) 142

1 nutrire, dare da mangiare **2** nutrirsi, mangiare; pascolare **3** fornire, alimentare

■ phrasal verbs 143

FEEL (fiːl) | **FELT** (felt) | **FELT** (felt) 144

1 sentire, sentirsi; provare **2** pensare **3** sembrare

■ phrasal verbs 145

FIGHT (faɪt) | **FOUGHT** (fɔːt) | **FOUGHT** (fɔːt) 146

1 combattere, battersi **2** litigare; disputare

■ phrasal verbs 147

FIND (faɪnd) | **FOUND** (faʊnd) | **FOUND** (faʊnd) 148

1 trovare; ritrovare **2** ottenere **3** giudicare (in campo giuridico)

■ phrasal verbs 149

FIT (fɪt) | **FITTED**, **FIT** (fɪt) *Am.* | **FITTED**, **FIT** (fɪt) *Am.*

addirsi; adattarsi; andare bene

*He **isn't fit** for that job.* • Non è adatto per quel lavoro.

FLEE (fliː) | **FLED** (fled) | **FLED** (fled)

fuggire

*She **fled** from her family.* • Scappò dalla sua famiglia.

FLING (flɪŋ) | **FLUNG** (flʌŋ) | **FLUNG** (flʌŋ) 150

gettare, gettarsi; lanciare, lanciarsi

■ phrasal verbs 151

FLOODLIGHT (ˈflʌdlaɪt) | **FLOODLIGHTED**, **FLOODLIT** (ˈflʌdlɪt) | **FLOODLIGHTED**, **FLOODLIT** (ˈflʌdlɪt)

illuminare con riflettori; illuminare a giorno

*The castle **is floodlit** in the evenings.* • Di sera il castello è illuminato con riflettori.

FLY (flaɪ) | **FLEW** (fluː) | **FLOWN** (fləʊn) 152

1 volare; andare in aereo **2** correre velocemente; precipitarsi

■ phrasal verbs 153

FORBEAR (fɔː'beə[r])	**FORBORE** (fɔː'bɔː[r])	**FORBORNE** (fɔː'bɔːn)

astenersi; trattenersi (contiene l'idea di "non reagire dimostrando così padronanza di sé")

[Usato nel linguaggio formale]

*Please try to **forbear** from replying to her absurd accusations.* • Per favore cerca di astenerti dal replicare alle sue accuse assurde.

FORBID (fə'bɪd)	**FORBADE** (fə'bæd) **FORBAD** (fə'bæd)	**FORBIDDEN** (fə'bɪdn)

vietare, proibire; impedire

*She **was forbidden** to marry.* • Le fu proibito di sposarsi.

FORECAST ('fɔːkaːst)	**FORECAST** ('fɔːkaːst) **FORECASTED**	**FORECAST** ('fɔːkaːst) **FORECASTED**

prevedere; predire; pronosticare

*Nobody **forecast** all this rain.* • Nessuno previde tutta questa pioggia.

FOREGO (fɔː'gəʊ) **FORGO** (fɔː'gəʊ)	**FOREWENT** (fɔː'went) **FORWENT** (fɔː'went)	**FOREGONE** (fɔː'gɒn) **FORGONE** (fɔː'gɒn)

rinunciare; privarsi

*He **has foregone** many pleasures to earn money.* • Ha rinunciato a molti divertimenti per guadagnare soldi.

FORESEE (fɔː'siː)	**FORESAW** (fɔː'sɔː)	**FORESEEN** (fɔː'siːn)

prevedere

*I **foresaw** that difficulty.* • Prevedevo quella difficoltà.

FORETELL (fɔː'tel)	**FORETOLD** (fɔː'təʊld)	**FORETOLD** (fɔː'təʊld)

1 predire; pronosticare **2** presagire

*The doctors didn't **foretell** twins!* • I dottori non avevano previsto dei gemelli!

*Many dark things **have been foretold** about you.* • Sono stati fatti molti presagi oscuri su di te.

FORGET (fə'get)	**FORGOT** (fə'gɒt)	**FORGOTTEN** (fə'gɒtn)	154

dimenticare, dimenticarsi

FORGIVE (fə'gɪv)	**FORGAVE** (fə'geɪv)	**FORGIVEN** (fə'gɪvn)	156

perdonare; rimettere; condonare

FORSAKE (fə'seɪk)	**FORSOOK** (fə'sʊk)	**FORSAKEN** (fə'seɪkən)

1 abbandonare **2** rinunciare

[Usato nel linguaggio formale]

*She **forsook** her child and husband.* • Abbandonò suo figlio e suo marito.

***Forsake** your vices!* • Rinuncia ai tuoi vizi!

FORSWEAR (fɔːˈsweə[r]) **FORSWORE** (fɔːˈswɔː[r]) **FORSWORN** (fɔːˈswɔːn)

1 rinunciare **2** spergiurare

[Usato nei giuramenti o in espressioni solenni]

*I **have foresworn** everything except women, alcohol and tobacco.* • Ho rinunciato a tutto tranne che alle donne, all'alcool e al fumo.
*He **forswore** himself in front of the judge.* • Spergiurò di fronte al giudice.

FREEZE (friːz) **FROZE** (frəʊz) **FROZEN** (ˈfrəʊzn) 158

1 gelare, gelarsi; congelare, congelarsi; surgelare **2** bloccarsi, fermarsi di colpo

▪ phrasal verbs 159

GAINSAY (ˌgeɪnˈsəɪ) **GAINSAID** (ˌgeɪnˈsed) **GAINSAID** (ˌgeɪnˈsed)

1 negare **2** contraddire

[Usato in letteratura]

*There's no **gainsaying** his ability.* • Non puoi negare la sua abilità.
*Don't **gainsay** me!* • Non mi contraddire!

GET (get) **GOT** (gɒt) **GOT** (gɒt) 160
GOTTEN (ˈgɒtn) *Am.*

1 ottenere; ricevere; guadagnare **2** prendere; afferrare; catturare **3** indurre, persuadere **4** fare, farsi **5** diventare **6** arrivare, giungere **7** mettersi

▪ phrasal verbs 161

GIRD (gɜːd) **GIRDED** **GIRDED**
GIRT (gɜːt) **GIRT** (gɜːt)

1 cingere **2** circondare

[Usato in letteratura]

***Gird** your sword!* • Cingete la vostra spada!
*The city **had been girded** about by the army.* • La città era stata circondata dall'esercito.

GIVE (gɪv) **GAVE** (geɪv) **GIVEN** (ˈgɪvn) 170

1 dare **2** cedere

▪ phrasal verbs 171

GO (gəʊ) **WENT** (went) **GONE** (gɒn) 174

1 andare, andarsene; partire; passare **2** divenire, farsi **3** seguire **4** fare

▪ phrasal verbs 175

GRIND (graɪnd) **GROUND** (graʊnd) **GROUND** (graʊnd)

1 affilare **2** sgobbare

*The butcher **ground** his knife.* • Il macellaio affilò il suo coltello.
***Are** you **grinding** away at your exams?* • Stai sgobbando per i tuoi esami?

GROW (grəʊ)	GREW (gruː)	GROWN (grəʊn)	184

1 crescere; far crescere; aumentare **2** diventare **3** coltivare

▪ phrasal verbs 185

HAMSTRING ('hæmstrɪŋ)	HAMSTRINGED	HAMSTRINGED
	HAMSTRUNG ('hæmstrʌŋ)	HAMSTRUNG ('hæmstrʌŋ)

1 azzoppare, azzopparsi **2** ostacolare

The horse ***was hamstrung*** *by the fall.* • Il cavallo si era azzoppato per la caduta.
Government budget cuts ***have hamstrung*** *our budget.* • I tagli nella spesa pubblica hanno ostacolato il nostro budget.

HANG (hæŋ)	HUNG (hʌŋ)	HUNG (hʌŋ)
	HANGED	HANGED *nel senso 2*

1 appendere; sospendere; pendere **2** impiccare, essere impiccato

He ***hung*** *his jacket on the coathook.* • Appese la sua giacca all'appendiabiti.
He ***was hanged*** *at dawn.* • Venne impiccato all'alba.

HAVE (hæv)	HAD (hæd)	HAD (hæd)	186

1 avere; possedere **2** prendere; ricevere

▪ phrasal verbs 187

□ *have* 37

□ *have got* 38

□ *have to* 39

□ costruzioni particolari con il verbo *have* 37

HEAR (hɪə[r])	HEARD (hɜːd)	HEARD (hɜːd)

udire, sentire; ascoltare

I ***have heard*** *that you have a new job.* • Ho sentito che hai un nuovo lavoro.

HEAVE (hiːv)	HEAVED	HEAVED
	HOVE (həʊv)	HOVE (həʊv)

1 sollevare **2** virare e accostare

They ***heaved*** *the weight onto the lorry.* • Sollevarono il peso sul camion.
The ship ***hove*** *alongside us.* • La nave virò e accostò verso di noi.

HEW (hjuː)	HEWED	HEWED
		HEWN (hjuːn)

1 tagliare, tagliarsi **2** spaccare, abbattere (con l'ascia) **3** aprire/aprirsi un varco

Who ***had*** *his finger* ***hewn*** *off?* • Chi si era tagliato via il dito?
They ***hewed*** *the tree down.* • Abbatterono l'albero a colpi d'ascia.
He ***has hewed*** *out a career for himself.* • Si è fatto strada nella vita da solo.

HIDE (haɪd) **HID** (hɪd) **HIDDEN** ('hɪdn)

nascondere, nascondersi

*The sun **was hidden** in the clouds.* • Il sole si era nascosto tra le nuvole.

HIT (hɪt) **HIT** (hɪt) **HIT** (hɪt) 188

colpire; battere, urtare

■ phrasal verbs 189

HOLD (həʊld) **HELD** (held) **HELD** (held) 190

1 tenere; reggere **2** sostenere **3** contenere **4** possedere **5** credere, ritenere **6** resistere

■ phrasal verbs 191

HURT (hɜːt) **HURT** (hɜːt) **HURT** (hɜːt) 194

1 dolere, far male **2** ferire, ferirsi **3** danneggiare

INLAY (ˌɪn'leɪ) **INLAID** (ˌɪn'leɪd) **INLAID** (ˌɪn'leɪd)

intarsiare

*He **inlaid** the surface with ivory.* • Intarsiò il piano d'avorio.

INPUT ('ɪnpʊt) **INPUT** ('ɪnpʊt) / **INPUTTED** **INPUT** ('ɪnpʊt) / **INPUTTED**

introdurre (informazioni in un computer)

*Who **inputted** the data?* • Chi ha introdotto i dati nel computer?

INSET ('ɪnset) **INSET** ('ɪnset) **INSET** ('ɪnset)

inserire; aggiungere

*The explanation **was inset** at the bottom of the page.* • La spiegazione è stata inserita a fondo pagina.

INTERWEAVE (ˌɪnte'wiːv) **INTERWOVE** (ˌɪnte'wəʊv) **INTERWOVEN** (ˌɪnte'wəʊvn)

intessere, intrecciare

*Our destinies **have interwoven**.* • I nostri destini si sono intrecciati.

KEEP (hiːp) **KEPT** (hept) **KEPT** (hept) 196

1 tenere; mantenere, conservare, custodire **2** gestire; amministrare **3** trattenere, trattenersi **4** osservare, tener fede

■ phrasal verbs 197

KNEEL (niːl) **KNELT** (nelt) / **KNEELED** *Am.* **KNELT** (nelt) / **KNEELED** *Am.*

inginnochiarsi

*He **knelt** down beside her.* • Si inginocchiò accanto a lei.

KNIT (nɪt)	KNITTED KNIT (nɪt)	KNITTED KNIT (nɪt) *nel senso 3*	

1 lavorare a maglia **2** aggrottare **3** legare, saldare

She often ***knits*** *while watching television.* • Spesso lavora a maglia mentre guarda la televisione.

Sherlock Holmes ***knitted*** *his brows in concentration.* • Sherlock Holmes aggrottò le sopracciglia concentrandosi.

The two families ***are*** *closely* ***knit.*** • Le due famiglie sono profondamente legate.

KNOW (nəʊ)	KNEW (njuː)	KNOWN (nəʊn)	

1 conoscere **2** sapere

He ***knows*** *the book by heart.* • Conosce il libro a memoria.

I ***knew*** *she wouldn't come, I just* ***knew*** *it!* • Lo sapevo che non sarebbe venuta, lo sapevo proprio!

LAY (leɪ)	LAID (leɪd)	LAID (leɪd)	200

1 posare, collocare; stendere **2** gettare **3** deporre (uova)

▪ phrasal verbs 201

LEAD (liːd)	LED (led)	LED (led)	204

1 condurre, guidare; indurre **2** giocare per primo (a carte)

▪ phrasal verbs 205

LEAN (liːn)	LEANT (lent) LEANED	LEANT (lent) LEANED	

1 appoggiare, appoggiarsi **2** pendere; inclinare, inclinarsi; propendere

The boy ***leant*** *his elbows on the table.* • Il ragazzo appoggiò il gomito sul tavolo.

The government ***is leaning*** *towards war.* • Il governo sta propendendo per la guerra.

LEAP (liːp)	LEAPT (lept) LEAPED	LEAPT (lept) LEAPED	206

saltare; far saltare; lanciarsi

LEARN (lɜːn)	LEARNT (lɜːnt) LEARNED	LEARNT (lɜːnt) LEARNED	208

1 imparare, studiare **2** venire a sapere, sentire

LEAVE (liːv)	LEFT (left)	LEFT (left)	210

1 lasciare **2** partire; uscire

▪ phrasal verbs 211

LEND (lend)	LENT (lent)	LENT (lent)	212

1 prestare **2** concedere prestiti

□ *lend* vs *borrow* 47

LET (let)	LET (let)	LET (let)	

1 lasciare **2** permettere **3** affittare

Let *me go!* • Lasciami andare!
Will you ***let*** *me come tonight?* • Mi permetterai di venire stasera?
He ***let*** *his flat yesterday.* • Ieri ha affittato il suo appartamento.

Il verbo *let* ha un uso molto particolare:

□ equivale in italiano all'imperativo esortativo:
Let *each soldier do his duty!* • Che ogni soldato faccia il suo dovere!

□ introduce un avvertimento:
Let *him try and hit me!* • Lascia che provi a colpirmi!

□ nella costruzione *let's* (= *let us*) + *forma base del verbo* indica che si vuole proporre all'interlocutore di fare qualcosa assieme:
Let's go *swimming.* • Andiamo a nuotare.
Tale struttura è comune nel linguaggio colloquiale e spesso è seguita dalla "tag question" *shall we?*
Let's call *James,* ***shall we****?* • Dai chiamiamo Giacomo, d'accordo?

LIE (laɪ)	LAY (lei)	LAIN (leɪn)	214

1 giacere **2** trovarsi **3** estendersi
[Da non confondere con il verbo regolare *lie*, *lied*, *lied* = mentire, ingannare]

▪ phrasal verbs 215

LIGHT (laɪt)	LIGHTED LIT (lɪt)	LIGHTED LIT (lɪt)	

1 accendere, accendersi **2** illuminare, illuminarsi

Her face ***lit*** *up with pleasure.* • Il suo volto si illuminò di gioia.
Who ***has lit*** *the fire?* • Chi ha acceso il fuoco?

LOSE (lu:z)	LOST (lɒst)	LOST (lɒst)	216

perdere, far perdere; smarrire

▪ phrasal verbs 217

MAKE (meɪk)	MADE (meɪd)	MADE (meɪd)	218

fare; creare; fabbricare, produrre

▪ phrasal verbs 219
□ *make* vs *do* 48

MEAN (mi:n)	MEANT (ment)	MEANT (ment)	

1 intendere **2** significare, voler dire

He ***means*** *what he says.* • Intende proprio ciò che dice.
What did he ***mean****?* • Che cosa voleva dire?

MEET (miːt) **MET** (met) **MET** (met) 222

1 incontrare, incontrarsi; trovarsi **2** fare conoscenza, conoscersi

■ phrasal verbs 223

MISCAST (ˌmɪsˈkɑːst) **MISCAST** (ˌmɪsˈkɑːst) **MISCAST** (ˌmɪsˈkɑːst)

assegnare (a un attore, a un'attrice) un ruolo inadatto

*He always **miscasts** actors.* • Distribuisce sempre agli attori delle parti inadatte.

MISDEAL (ˌmɪsˈdiːl) **MISDEALT** (ˌmɪsˈdelt) **MISDEALT** (ˌmɪsˈdelt)

distribuire male, dare male (nel gioco delle carte)

*You **have misdealt** the cards again!* • Hai di nuovo dato male le carte!

MISHEAR (ˌmɪsˈhɪə[r]) **MISHEARD** (ˌmɪsˈhɜːd) **MISHEARD** (ˌmɪsˈhɜːd)

udire male; fraintendere

*She deliberately **misheard** my words.* • Fraintese volutamente le mie parole.

MISHIT (ˌmɪsˈhɪt) **MISHIT** (ˌmɪsˈhɪt) **MISHIT** (ˌmɪsˈhɪt)

colpire male (una palla)

*The player **mishit** the ball.* • Il giocatore colpì male la palla.

MISLAY (ˌmɪsˈleɪ) **MISLAID** (ˌmɪsˈleɪd) **MISLAID** (ˌmɪsˈleɪd)

smarrire (temporaneamente)

*I **mislaid** my passport somewhere yesterday.* • Ieri ho smarrito il passaporto da qualche parte.

MISLEAD (ˌmɪsˈliːd) **MISLED** (ˌmɪsˈleɪd) **MISLED** (ˌmɪsˈleɪd)

1 ingannare **2** sviare

*Her good looks **misled** me.* • Il suo bell'aspetto mi ingannò.

*The detective **was misled** by the false clues.* • L'investigatore era stato sviato dai falsi indizi.

MISREAD (ˌmɪsˈriːd) **MISREAD** (ˌmɪsˈred) **MISREAD** (ˌmɪsˈred)

1 leggere erroneamente **2** interpretare erroneamente

*He **misreads** everything.* • Legge ogni cosa in modo sbagliato.

*She totally **misread** the situation.* • Ha interpretato la situazione in modo completamente erroneo.

MISSPELL (ˌmɪsˈspel) **MISSPELLED** / **MISSPELT** (ˌmɪsˈspelt) **MISSPELLED** / **MISSPELT** (ˌmɪsˈspelt)

fare errori di ortografia

*That child **misspells** everything!* • Quel bambino fa un sacco di errori di ortografia!

MISSPEND (ˌmɪsˈspend) **MISSPENT** (ˌmɪsˈspent) **MISSPENT** (ˌmɪsˈspent)

sprecare, dissipare

*He **misspends** all his money.* • Dissipa tutti i suoi soldi.

MISTAKE (mɪ'steɪk)	MISTOOK (mɪ'stʊk)	MISTAKEN (mɪs'teɪkən)

1 scambiare, confondere **2** sbagliare, sbagliarsi **3** fraintendere

*She **mistook** me for her brother.* • Mi scambiò per suo fratello.

*Claudia **was** not **mistaken** about Marco.* • Claudia non si era sbagliata su Marco.

*Don't **mistake** my meaning!* • Non fraintendere quel che dico!

MISUNDERSTAND (ˌmɪsˌʌndə'stænd)	MISUNDERSTOOD (ˌmɪsˌʌndə'stʊd)	MISUNDERSTOOD (ˌmɪsˌʌndə'stʊd)

fraintendere

*You **misunderstand** my motives.* • Voi fraintendete le mie ragioni.

MOW (məʊ)	MOWED	MOWN (məʊn) MOWED

1 falciare, mietere

*Sunday morning he **mowed** the grass.* • Domenica mattina ha tagliato l'erba.

OUTBID (ˌaʊt'bɪd)	OUTBID (ˌaʊt'bɪd) OUTBIDDED	OUTBID (ˌaʊt'bɪd) OUTBIDDED

offrire di più, rilanciare

*Who **outbid** you?* • Chi ha fatto un'offerta superiore alla tua?

OUTDO (ˌaʊt'duː)	OUTDID (ˌaʊt'dɪd)	OUTDONE (ˌaʊt'dʌn)

superare

*She **has outdone** herself in cunning.* • Ha superato se stessa in furbizia.

OUTFIGHT (ˌaʊt'faɪt)	OUTFOUGHT (ˌaʊt'fɔːt)	OUTFOUGHT (ˌaʊt'fɔːt)

battere in combattimento

*We **outfought** our enemies.* • Abbiamo battuto i nostri nemici.

OUTGROW (ˌaʊt'grəʊ)	OUTGREW (ˌaʊt'gruː)	OUTGROWN (ˌaʊt'grəʊn)

diventare troppo grande

*Our children quickly **outgrow** their clothes.* • I nostri figli stanno diventando troppo grandi per i loro vestiti.

OUTPUT ('aʊtpʊt)	OUTPUT ('aʊtpʊt) OUTPUTTED	OUTPUT ('aʊtpʊt) OUTPUTTED

estrarre, fornire (dati)

*Our computer **outputs** a lot of data.* • Il nostro computer fornisce una quantità di dati.

OUTRIDE ('aʊtraɪdə)	OUTRODE ('aʊtrəʊd)	OUTRIDDEN (ˌaʊt'rɪdn)

superare a cavallo

*Your horse will never **outride** mine.* • Il vostro cavallo non supererà mai il mio.

OUTRUN (ˌaʊt'rʌn) **OUTRAN** (ˌaʊt'ræn) **OUTRUN** (ˌaʊt'rʌn)

superare

Our athletes won't ***outrun*** *yours.* • I nostri atleti non supereranno i vostri.

OUTSELL (ˌaʊt'sel) **OUTSOLD** (ˌaʊt'səʊld) **OUTSOLD** (ˌaʊt'səʊld)

vendere in quantità superiore (alla concorrenza)

Our product ***outsells*** *all our competitors.* • Il nostro prodotto vende di più rispetto a tutti i nostri concorrenti.

OUTSHINE (ˌaʊt'ʃaɪn) **OUTSHONE** (ˌaʊt'ʃɒn) **OUTSHONE** (ˌaʊt'ʃɒn)

superare di gran lunga

Your son ***outshines*** *all the other children.* • Vostro figlio supera di gran lunga tutti gli altri bambini.

OVERBEAR (ˌəʊvə'beə[r]) **OVERBORE** (ˌəʊvə'bɔː[r]) **OVERBORNE** (ˌəʊvə'bɔːn)

sopraffare; dominare

She always ***overbears*** *people.* • Lei domina sempre sugli altri.

OVERBID (ˌəʊvə'bɪd) **OVERBID** (ˌəʊvə'bɪd) **OVERBID** (ˌəʊvə'bɪd)

rilanciare (a un'asta)

Our rival ***has overbid*** *our offer.* • Il nostro rivale ha rilanciato la nostra offerta.

OVERCAST (ˌəʊvə'kaːst) **OVERCAST** (ˌəʊvə'kaːst) **OVERCAST** (ˌəʊvə'kaːst)

offuscare; rannuvolare

The sky ***was overcast*** *with clouds.* • Il cielo era coperto di nuvole.

OVERCOME (ˌəʊvə'kʌm) **OVERCAME** (ˌəʊvə'keɪm) **OVERCOME** (ˌəʊvə'kʌm)

superare

Their team ***overcame*** *its difficulties.* • La loro squadra superò le difficoltà.

OVERDO (ˌəʊvə'duː) **OVERDID** (ˌəʊvə'dɪd) **OVERDONE** (ˌəʊvə'dʌn)

1 esagerare **2** affaticarsi troppo **3** cuocere troppo

They ***overdid*** *it with the beer Saturday evening.* • Sabato sera hanno esagerato con la birra.

You are tired because you ***overdid*** *it at work.* • Sei stanco perché ti sei affaticato troppo al lavoro.

The meat ***has been overdone.*** • La carne è stata cotta troppo.

OVERDRAW (ˌəʊvə'drɔː) **OVERDREW** (ˌəʊvə'druː) **OVERDRAWN** (ˌəʊvə'drɔːn)

andare in rosso (sul proprio conto)

Why did you ***overdraw*** *on your account?* • Perché sei andato in rosso sul tuo conto in banca?

OVEREAT (ˌəʊvər'iːt) **OVERATE** (ˌəʊvər'et) **OVEREATEN** (ˌəʊvər'iːtn)

mangiare troppo o in eccesso

You ***overate*** *at lunch.* • Hai mangiato troppo a pranzo.

OVERFEED (ˌəʊvəˈfiːd) **OVERFED** (ˌəʊvəˈfed) **OVERFED** (ˌəʊvəˈfed)

nutrire, nutrirsi eccessivamente

The livestock ***has been overfed****.* • Il bestiame è stato nutrito eccessivamente.

OVERFLY (ˌəʊvəˈflaɪ) **OVERFLEW** (ˌəʊvəˈfluː) **OVERFLOWN** (ˌəʊvəˈfləʊn)

sorvolare

Flocks of birds ***overflew*** *our fields the other day.* • Stormi di uccelli sorvolarono i nostri campi l'altro giorno.

OVERHANG (ˌəʊvəˈhæŋ) **OVERHUNG** (ˌəʊvəˈhʌŋ) **OVERHUNG** (ˌəʊvəˈhʌŋ)

1 sovrastare **2** minacciare **3** pendere

The cliff ***overhung*** *the sea.* • La scogliera sovrastava il mare.

A disaster ***has overhung*** *us for months.* • Per mesi ci ha minacciato una catastrofe.

A large portrait ***overhung*** *the entrance.* • Un grande ritratto pendeva all'ingresso.

OVERHEAR (ˌəʊvəˈhɪə[r]) **OVERHEARD** (ˌəʊvəˈhɜːd) **OVERHEARD** (ˌəʊvəˈhɜːd)

udire per caso o di nascosto

I ***overheard*** *a little secret yesterday.* • Ieri ho udito per caso un piccolo segreto.

OVERLAY (ˌəʊvəˈleɪ) **OVERLAID** (ˌəʊvəˈleɪd) **OVERLAID** (ˌəʊvəˈleɪd)

coprire, ricoprire

The old surface ***has been*** *newly* ***overlaid****.* • La vecchia superficie è stata ricoperta da poco.

OVERLEAP (ˌəʊvəˈliːp) **OVERLEAPT** (ˌəʊvəˈlept) **OVERLEAPT** (ˌəʊvəˈlept)
OVERLEAPED **OVERLEAPED**

andare al di là, oltrepassare

He ***overleapt*** *himself in ambition.* • Ha superato se stesso per ambizione.

OVERPAY (ˌəʊvəˈpeɪ) **OVERPAID** (ˌəʊvəˈpeɪd) **OVERPAID** (ˌəʊvəˈpeɪd)

superpagare; pagare più del dovuto

He ***overpays*** *his workers.* • Paga più del dovuto i suoi dipendenti.

OVERRIDE (ˌəʊvəˈraɪd) **OVERRODE** (ˌəʊvəˈrəʊd) **OVERRIDDEN** (ˌəʊvəˈrɪdn)

1 annullare **2** calpestare

Who ***overrode*** *your decisions?* • Chi annullò le tue decisioni?

They ***have overridden*** *my wishes.* • Hanno calpestato i miei desideri.

OVERRUN (ˌəʊvəˈrʌn) **OVERRAN** (ˌəʊvəˈræn) **OVERRUN** (ˌəʊvəˈrʌn)

1 invadere; infestare **2** devastare

The cellar ***has been overrun*** *by rats.* • La cantina è infestata dai topi.

The village ***was overrun*** *by the enemy this morning.* • Il villaggio è stato devastato dal nemico questa mattina.

OVERSEE (ˌəʊvəˈsiː) **OVERSAW** (ˌəʊvəˈsɔː) **OVERSEEN** (ˌəʊvəˈsiːn)

sovrintendere; sorvegliare

The architect ***has overseen*** *everything.* • L'architetto ha sovrinteso ogni cosa.

OVERSHOOT (ˌəʊvəˈʃuːt) **OVERSHOT** (ˌəʊvəˈʃɒt) **OVERSHOT** (ˌəʊvəˈʃɒt)

1 oltrepassare **2** tirare al di là del bersaglio

The aeroplane ***has overshot*** *the runway.* • L'aeroplano ha oltrepassato la pista di decollo.

The arrow ***overshot*** *the target.* • La freccia andò oltre il bersaglio.

OVERSLEEP (ˌəʊvəˈsliːp) **OVERSLEPT** (ˌəʊvəˈslept) **OVERSLEPT** (ˌəʊvəˈslept)

dormire oltre l'ora stabilita

She ***has overslept*** *again.* • Si è di nuovo svegliata troppo tardi.

OVERTAKE (ˌəʊvəˈteɪk) **OVERTOOK** (ˌəʊvəˈtʊk) **OVERTAKEN** (ˌəʊvəˈteɪkən)

1 sorpassare **2** sorprendere

Other cars ***overtook*** *us on the road.* • Sulla strada ci sorpassarono altre automobili.

We ***have been overtaken*** *by events.* • Siamo stati sopresi dagli eventi.

OVERTHROW (ˌəʊvəˈθrəʊ) **OVERTHREW** (ˌəʊvəˈθruː) **OVERTHROWN** (ˌəʊvəˈθrəʊn)

rovesciare, capovolgere, abbattere

Who ***overthrew*** *the government?* • Chi ha rovesciato il governo?

PARTAKE (pɑːˈteɪk) **PARTOOK** (pɑːˈtʊk) **PARTAKEN** (pɑːˈteɪkən)

partecipare, prendere parte

[Usato nel linguaggio formale]

They ***partook*** *of our victory.* • Hanno partecipato alla nostra vittoria.

PAY (peɪ) **PAID** (peɪd) **PAID** (peɪd) 224

pagare, versare, sborsare; liquidare

▪ phrasal verbs 225

PLEAD (pliːd) **PLEADED** / **PLED** (pled) *Am.* **PLEADED** / **PLED** (pled) *Am.*

1 appellarsi, supplicare **2** difendersi; fare il difensore, patrocinare (una causa)

She ***pleaded*** *with her parents for more pocket money.* • Supplicò i genitori per avere più denaro per le piccole spese.

A famous lawyer ***pled*** *our cause.* • Un famoso avvocato patrocinò la nostra causa.

PREPAY (ˌpriːˈpeɪ) **PREPAID** (ˌpriːˈpeɪd) **PREPAID** (ˌpriːˈpeɪd)

pagare in anticipo

Who ***prepaid*** *this delivery?* • Chi ha pagato in anticipo questa fornitura?

PROVE (pruːv)	**PROVED**	**PROVED** **PROVEN** (ˈpruːvn) *Am.*	

provare, dimostrare; verificare

*She **has proven** to be really incapable.* • Ha dimostrato di essere veramente un'incapace.

PUT (pʊt)	**PUT** (pʊt)	**PUT** (pʊt)	226

mettere, porre

▪ phrasal verbs 227

QUIT (kwɪt)	**QUIT** (kwɪt) **QUITTED**˙	**QUIT** (kwɪt) **QUITTED**	

1 abbandonare **2** smettere

*He **quit** the room.* • Abbandonò la stanza.
*I **have quit** smoking.* • Ho proprio smesso di fumare.

READ (riːd)	**READ** (red)	**READ** (red)	234

leggere

▪ phrasal verbs 235

REBIND (ˌriːˈbaɪnd)	**REBOUND** (ˌriːˈbaʊnd)	**REBOUND** (ˌriːˈbaʊnd)

rilegare di nuovo

*The old book **was** lovingly **rebound**.* • Il vecchio libro era stato amorevolmente rilegato ancora una volta.

REBUILD (ˌriːˈbɪld)	**REBUILT** (ˌriːˈbɪlt)	**REBUILT** (ˌriːˈbɪlt)

ricostruire

*The house **was** completely **rebuilt** last year.* • La casa fu interamente ricostruita lo scorso anno.

RECAST (ˌriːˈkaːst)	**RECAST** (ˌriːˈkaːst)	**RECAST** (ˌriːˈkaːst)

1 allestire con nuovi attori **2** rifondere

*The play **has been** completely **recast**.* • La commedia è stata totalmente riallestita.
***Has** this metal been **recast**?* • Questo metallo è stato rifuso?

REDO (ˌriːˈduː)	**REDID** (ˌriːˈdɪd)	**REDONE** (ˌriːˈdʌn)

rifare

*We **redid** the roof last year.* • L'anno scorso abbiamo rifatto il tetto.

REHEAR (ˌriːˈhɪə[r])	**REHEARD** (ˌriːˈhɜːd)	**REHEARD** (ˌriːˈhɜːd)

riesaminare (una causa)

*The case **was reheard** by a new judge.* • Il caso è stato riesaminato da un altro giudice.

RELAY (ˌriːˈleɪ)	RELAID (ˌriːˈleɪd)	RELAID (ˌriːˈleɪd)

posare di nuovo

*They **relaid** the pavement outside.* • Hanno rifatto il marciapiede all'esterno.

REMAKE (ˌriːˈmeɪk)	REMADE (ˌriːˈmeɪd)	REMADE (ˌriːˈmeɪd)

rifare

*They **remade** the film last year.* • Rifecero il film l'anno scorso.

REND (rend)	RENT (rent)	RENT (rent)

strappare, strapparasi; lacerare, lacerarsi

*You **rent** my dress.* • Mi hai strappato l'abito.

REPAY (rɪˈpeɪ)	REPAID (rɪˈpeɪd)	REPAID (rɪˈpeɪd)

ripagare; ricompensare

*Who **repaid** you?* • Chi ti ha ricompensato?

RERUN (ˌriːˈrʌn)	RERAN (ˌriːˈræn)	RERUN (ˌriːˈrʌn)

1 ridare, riproiettare **2** ripetere

*The cine club **reran** the film last night.* • Il cineforum ha ridato il film ieri sera.

*The race **was rerun** twice.* • La corsa fu ripetuta due volte.

RESELL (ˌriːˈsel)	RESOLD (ˌriːˈsəʊld)	RESOLD (ˌriːˈsəʊld)

rivendere

*He **resold** the house at a profit.* • Rivendette la casa guadagnandoci.

RESET (ˌriːˈset)	RESET (ˌriːˈset)	RESET (ˌriːˈset)

rimettere a punto

*I **reset** the machine.* • Ho messo a punto la macchina.

RESIT (ˌriːˈsɪt)	RESAT (ˌriːˈsæt)	RESAT (ˌriːˈsæt)

ridare, ripetere (un esame)

*He **resat** the examination several times.* • Ridiede l'esame parecchie volte.

RETAKE (ˌriːˈteɪk)	RETOOK (ˌriːˈtʊk)	RETAKEN (ˌriːˈteɪkən)

1 riprendere, riconquistare **2** ripetere la ripresa di una scena

*The police easily **retook** the prisoner.* • La polizia riprese facilmente il prigioniero.

*The director **is retaking** most of the film.* • Il regista sta ripetendo le riprese di gran parte del film.

RETELL (ˌriːˈtel)	RETOLD (ˌriːˈtəʊld)	RETOLD (ˌriːˈtəʊld)

ripetere, ridire

*I told and **retold** the police the whole story.* • Ho detto e ridetto l'intera storia alla polizia.

REWRITE (ˌriːˈraɪt)	**REWROTE** (ˌriːˈrəʊt)	**REWRITTEN** (ˌriːˈrɪtn)	

riscrivere; rimaneggiare

*I **rewrote** his biography in some places.* • Ho riscritto la sua biografia in alcuni punti.

RID (rɪd)	**RID** (rɪd) **RIDDED**	**RID** (rɪd) **RIDDED**	

liberare, liberarsi; sbarazzare, sbarazzarsi

*He **rid** himself of his wife.* • Si sbarazzò di sua moglie.

RIDE (raɪd)	**RODE** (rəʊd)	**RIDDEN** (ˈrɪdn)	

1 andare in bicicletta, in moto **2** cavalcare

*We **rode** on our bikes for an hour.* • Andammo in bicicletta per un'ora.
*He **rides** horses very well.* • Cavalca molto bene.

RING (rɪŋ)	**RANG** (ræŋ)	**RUNG** (rʌŋ)	236

1 suonare, risuonare **2** telefonare, chiamare (al telefono)

▪ phrasal verbs 237

RISE (raɪz)	**ROSE** (rəʊz)	**RISEN** (ˈrɪzn)	238

1 sorgere; alzarsi **2** aumentare **3** insorgere

▪ phrasal verbs 239

RUN (rʌn)	**RAN** (ræn)	**RUN** (rʌn)	240

1 correre **2** concorrere, partecipare **3** scorrere **4** gestire, dirigere

▪ phrasal verbs 241

SAW (sɔː)	**SAWED**	**SAWN** (sɔːn) **SAWED** *Am.*	

segare

*He **sawed** the tree in two.* • Tagliò in due l'albero.

SAY (seɪ)	**SAID** (sed)	**SAID** (sed)	246

dire; affermare; sostenere

SEE (siː)	**SAW** (sɔː)	**SEEN** (siːn)	248

1 vedere, osservare **2** capire

▪ phrasal verbs 249

SEEK (siːk)	**SOUGHT** (sɔːt)	**SOUGHT** (sɔːt)	252

1 cercare; tentare **2** domandare; ricorrere

▪ phrasal verb 253

SELL (sel)	**SOLD** (səʊld)	**SOLD** (səʊld)	254

1 vendere **2** commerciare

▪ phrasal verbs 255

SEND (send)	**SENT** (sent)	**SENT** (sent)	256

mandare, inviare, spedire

▪ phrasal verbs 257

SET (set)	**SET** (set)	**SET** (set)	260

1 mettere, porre **2** sistemare, collocare

▪ phrasal verbs 261

SEW (səʊ)	**SEWED**	**SEWN** (səʊn) **SEWED**	

cucire, attaccare (bottoni ecc.)

She ***has sewn*** *the button on the jacket.* • Ha attaccato il bottone alla giacca.

SHAKE (ʃeɪk)	**SHOOK** (ʃʊk)	**SHAKEN** (ˈʃeɪkən)	264

1 scuotere, scuotersi **2** agitarsi; tremare

▪ phrasal verbs 265

SHEAR (ʃɪə[r])	**SHEARED**	**SHORN** (ʃɔːn) **SHEARED**	

tagliare con le cesoie; tosare

The sheep ***have been shorn****.* • Il gregge è stato tosato.

SHED (ʃed)	**SHED** (ʃed)	**SHED** (ʃed)	

1 perdere; disfarsi **2** lasciar cadere

He ***shed*** *his old habits.* • Perse le sue vecchie abitudini.
Our pet dog ***is shedding*** *its hair everywhere.* • Il nostro cane sta lasciando cadere peli dappertutto.

SHINE (ʃaɪn)	**SHONE** (ʃɒn) **SHINED**	**SHONE** (ʃɒn) **SHINED** *nel senso 2*	

1 brillare; risplendere **2** pulire; lucidare

Claudia ***shone*** *in the exam.* • Claudia ha fatto un esame brillante.
Antonella ***shined*** *the floor carefully.* • Antonella ha lucidato il pavimento con cura.

SHIT (ʃɪt)	**SHITTED** **SHAT** (ʃæt)	**SHITTED** **SHAT** (ʃæt)	

1 cacare, sporcare con escrementi; insozzare **2** farsela sotto

Madam! Your dog ***has shat*** *on my doormat!* • Signora! Il suo cane ha cacato sul mio zerbino!
Frightened? I nearly ***shat*** *myself.* • Spaventato? Me la sono quasi fatta sotto.

SHOE (ʃuː)	**SHOD** (ʃɒd)	**SHOD** (ʃɒd)	

ferrare (cavalli)

The horses ***have been shod****.* • I cavalli sono stati ferrati.

SHOOT (ʃuːt) | **SHOT** (ʃɒt) | **SHOT** (ʃɒt)

1 sparare; andare a caccia **2** proiettare **3** germogliare

*The snipers **shot** at the crowd.* • I cecchini spararono sulla folla.

*The impact **shot** the body out of the car window.* • L'urto proiettò il corpo attraverso il vetro dell'automobile.

*The flowers **are shooting** up.* • I fiori stanno germogliando velocemente.

SHOW (ʃəʊ) | **SHOWED** | **SHOWN** (ʃəʊn) **SHOWED** 266

1 mostrare, mostrarsi; far vedere **2** dimostrare

▪ phrasal verbs 267

SHRINK (ʃrɪŋk) | **SHRANK** (ʃræŋk) **SHRUNK** (ʃrʌŋk) | **SHRUNK** (ʃrʌŋk) 268

1 restringersi; contrarsi **2** ritirarsi, indietreggiare

▪ phrasal verbs 269

SHRIVE (ʃraɪv) | **SHRIVED** **SHROVE** (ʃrəʊv) | **SHRIVED** **SHRIVEN** ('ʃrɪvn)

confessare, confessarsi
[Verbo arcaico]

*The priest **shrove** him.* • Il prete lo confessò.

SHUT (ʃʌt) | **SHUT** (ʃʌt) | **SHUT** (ʃʌt)

chiudere, chiudersi

***Shut** the door!* • Chiudi la porta!

SING (sɪŋ) | **SANG** (sæŋ) | **SUNG** (sʌŋ) 270

cantare, intonare

▪ phrasal verbs 271

SINK (sɪŋk) | **SANK** (sæŋk) | **SUNK** (sʌŋk)

1 affondare **2** sprofondare

*The ship **has sunk**.* • La nave è affondata.

*The company **sank** into debt.* • La compagnia sprofondò nei debiti.

SIT (sɪt) | **SAT** (sæt) | **SAT** (sæt) 272

sedere, sedersi; star seduto; far sedere

▪ phrasal verbs 273

SLAY (sleɪ) | **SLEW** (sluː) | **SLAIN** (sleɪn)

uccidere; ammazzare

*Who **slew** the vampire?* • Chi uccise il vampiro?

SLEEP (sliːp) | **SLEPT** (slept) | **SLEPT** (slept) 276

dormire; riposare

■ phrasal verbs 277

SLIDE (slaɪd) | **SLID** (slɪd) | **SLID** (slɪd) 278

scivolare; far scivolare; scorrere; far scorrere

■ phrasal verbs 279

SLING (slɪŋ) | **SLUNG** (slʌŋ) | **SLUNG** (slʌŋ)

1 buttare, gettare via **2** sospendere; appendere

*Don't **sling** money away stupidly.* • Non buttare via i soldi stupidamente.

*He **slung** the binoculars around his neck.* • Si appese il binocolo al collo.

SLINK (slɪŋk) | **SLUNK** (slʌŋk) | **SLUNK** (slʌŋk)

1 muoversi furtivamente; svignarsela **2** ancheggiare

*They **slunk** away ashamedly.* • Se la svignarono dalla vergogna.

*The famous model **slunk** along the street.* • La famosa modella camminava ancheggiando per la strada.

SLIT (slɪt) | **SLIT** (slɪt) | **SLIT** (slɪt)

tagliare

*The murderer always **slit** his victim's throats.* • L'omicida tagliava sempre la gola alle sue vittime.

SMELL (smel) | **SMELT** (smelt) **SMELLED** | **SMELT** (smelt) **SMELLED** 280

1 annusare, fiutare **2** odorare **3** puzzare

■ phrasal verb 281

SMITE (smaɪt) | **SMOTE** (sməʊt) | **SMITTEN** ('smɪtn)

1 colpire duramente **2** castigare

*He **smote** the assailant with a stick.* • Colpì duramente l'aggressore con un bastone.

*The Lord will **smite** the wicked.* • Il Signore Iddio castigherà i malvagi.

SOW (səʊ) | **SOWED** | **SOWN** (səʊn) **SOWED**

seminare

*As you **sow** so shall you reap.* • Si raccoglie ciò che si semina.

SPEAK (spiːk) | **SPOKE** (spəʊk) | **SPOKEN** (spəʊkən) 282

1 parlare **2** dire, esprimere **3** tenere un discorso

■ phrasal verbs 283

SPEED (spi:d)	**SPED** (sped)	**SPED** (sped)
	SPEDEED	**SPEDEED**

1 accelerare; guidare velocemente **2** (far) muovere, muoversi velocemente

***Speed** up!* • Accelera!

*The car **sped** along the road.* • L'automobile si muoveva velocemente lungo la strada.

SPELL (spel)	**SPELT** (spelt)	**SPELT** (spelt)
	SPELLED	**SPELLED**

scrivere; compitare

*He **spelt** his name wrong.* • Sbagliò a scrivere il suo nome.

SPEND (spend)	**SPENT** (spent)	**SPENT** (spent)	284

1 spendere **2** consumare, consumarsi **3** trascorrere

SPILL (spɪl)	**SPILT** (spɪlt)	**SPILT** (spɪlt)
	SPILLED	**SPILLED**

rovesciare, rovesciarsi

*Who **spilt** the beer?* • Chi ha rovesciato la birra?

SPIN (spɪn)	**SPUN** (spʌn)	**SPUN** (spʌn)
	SPAN (spæn)	

1 filare **2** girare, ruotare

*The machine **is spinning** cotton.* • La macchina sta filando il cotone.

*The car **spun** off the road.* • La macchina sbandò fuori strada.

SPIT (spɪt)	**SPAT** (spæt)	**SPAT** (spæt)
	SPIT (spɪt) *Am.*	**SPIT** (spɪt) *Am.*

1 sputare, sputacchiare **2** piovigginare

*Who **has spat** on the carpet?* • Chi ha sputato sul tappeto?

*It **was spitting** a moment ago but now it isn't.* • Un attimo fa stava piovigginando, ora però no.

SPLIT (splɪt)	**SPLIT** (splɪt)	**SPLIT** (splɪt)

1 spaccare, spaccarsi **2** dividere, dividersi

*He **split** away the wood with an axe.* • Spaccò il legno con un'ascia.

*The group **split** up over the contract.* • Il gruppo si divise in due relativamente al contratto.

SPOIL (spɔɪl)	**SPOILT** (spɔɪlt)	**SPOILT** (spɔɪlt)
	SPOILED	**SPOILED**

1 rovinare, rovinarsi **2** viziare

*You **spoilt** the cake!* • Hai rovinato il dolce!

*They **have spoilt** their children terribly.* • Hanno viziato terribilmente i loro bambini.

SPOTLIGHT ('spɒtlaɪt)	**SPOTLIT** ('spɒtlɪt) **SPOTLIGHTED**	**SPOTLIT** ('spɒtlɪt) **SPOTLIGHTED** *nel senso 2*	

1 puntare le luci, illuminare **2** mettere in luce

*The stage **wasn't spotlit**.* • Il palcoscenico non era illuminato.
*The problem **was spotlighted** by a newspaper article.* • Il problema era stato messo in luce da un articolo di giornale.

SPREAD (spred)	**SPREAD** (spred)	**SPREAD** (spred)	

1 spalmare **2** spargere, spargersi; diffondere, diffondersi

*Mother **spread** butter on the bread.* • La mamma spalmava il burro sul pane.
*The news **spread** quickly.* • La notizia si diffuse velocemente.

SPRING (sprɪŋ)	**SPRANG** (spræŋ) **SPRUNG** (sprʌŋ)	**SPRUNG** (sprʌŋ)	

saltare

*She **sprang** back in suprise.* • Saltò indietro dalla sorpresa.

STAND (stænd)	**STOOD** (stʊd)	**STOOD** (stʊd)	286

1 stare in piedi **2** stare; trovarsi **3** resistere **4** sopportare

■ phrasal verbs 287

STAVE (steɪv)	**STAVED** **STOVE** (stəʊv)	**STAVED** **STOVE** (stəʊv)	

1 fare un foro, sfondare **2** allontanare, ritardare, tenere lontano

*The assassin **stove** in their heads.* • L'assassino sfondò loro la testa.
*We **have staved** off hunger for days.* • Abbiamo tenuto lontano la fame per giorni.

STEAL (stiːl)	**STOLE** (stəʊl)	**STOLEN** ('stəʊlən)	290

rubare

■ phrasal verb 291
□ *steal* vs *rob* 49

STICK (stɪk)	**STUCK** (stʌk)	**STUCK** (stʌk)	292

1 incollare, incollarsi; attaccare, attaccarsi **2** ficcare, ficcarsi

■ phrasal verbs 293

STING (stɪŋ)	**STUNG** (stʌŋ)	**STUNG** (stʌŋ)	296

1 pungere **2** incitare; provocare **3** bruciare

STINK (stɪŋk)	**STANK** (stæŋk) **STUNK** (stʌŋk)	**STUNK** (stʌŋk)	

puzzare, impuzzolentire

*You **stank** of beer last night.* • Puzzavi di birra ieri sera.

STREW (struː)	**STREWED**	**STREWED** **STREWN** (struːn)	

cospargere, coprire

*He **has strewn** her with money and flowers.* • La coprì di denaro e di fiori.

STRIDE (straɪd)	**STRODE** (strəʊd)	**STRIDDEN** ('strɪdn)	

camminare velocemente e a grandi passi

*The man **strode** angrily away.* • L'uomo si allontanò arrabbiato a grandi passi.

STRIKE (straɪk)	**STRUCK** (strʌk)	**STRUCK** (strʌk)	298

1 colpire; battere; urtare **2** picchiare **3** scioperare

▪ phrasal verbs 299

STRING (strɪŋ)	**STRUNG** (strʌŋ)	**STRUNG** (strʌŋ)	

legare; incordare

*He **strung** the tennis racket with care.* • Incordò la racchetta da tennis accuratamente.

STRIVE (straɪv)	**STROVE** (strəʊv)	**STRIVEN** ('strɪvn)	

sforzarsi

*He **has** really **striven** to improve himself.* • Ha fatto veramente ogni sforzo per migliorarsi.

SUBLET (ˌsʌb'let)	**SUBLET** (ˌsʌb'let)	**SUBLET** (ˌsʌb'let)	

subaffittare

*He **sublets** flats.* • Subaffitta appartamenti.

SWEAR (sweə[r])	**SWORE** (swɔː[r])	**SWORN** (swɔːn)	300

1 giurare, far giurare **2** bestemmiare; imprecare

▪ phrasal verbs 301

SWEEP (swiːp)	**SWEPT** (swept)	**SWEPT** (swept)	302

spazzare via, scopare

▪ phrasal verbs 303

SWELL (swel)	**SWELLED**	**SWOLLEN** ('swəʊlən) **SWELLED**	

gonfiare, gonfiarsi; crescere; aumentare

*His leg **has swollen** again recently* • La gamba gli si è gonfiata di nuovo recentemente.

SWIM (swɪm)	**SWAM** (swæm)	**SWUM** (swʌm)	304

nuotare; percorrere a nuoto

SWING (swɪŋ)	**SWUNG** (swʌŋ)	**SWUNG** (swʌŋ)	

1 dondolare, dondolarsi; penzolare, far penzolare **2** ruotare, girare; sterzare

*The hanged man **swung** in the breeze.* • L'impiccato penzolava al vento.
*The road **swung** to the left.* • La strada girava a sinistra.

TAKE (teɪk)	**TOOK** (tʊk)	**TAKEN** ('teɪkən)	306

1 prendere **2** portare (lontano da chi parla) **3** fare

▪ phrasal verbs 307
□ *take* vs *bring* 47

TEACH (tiːtʃ)	**TAUGHT** (tɔːt)	**TAUGHT** (tɔːt)	312

insegnare

TEAR (teə[r])	**TORE** (tɔː[r])	**TORN** (tɔːn)	314

stracciare, stracciarsi; strappare, strapparsi

▪ phrasal verbs 315

TELL (tel)	**TOLD** (təʊld)	**TOLD** (təʊld)	316

1 dire **2** raccontare

▪ phrasal verbs 317

THINK (θɪŋk)	**THOUGHT** (θɔːt)	**THOUGHT** (θɔːt)	318

1 pensare, riflettere **2** credere; ritenere; immaginare

▪ phrasal verbs 319

THRIVE (θraɪv)	**THRIVED** **THROVE** (θrəʊv)	**THRIVED** **THRIVEN** ('θrɪvn)	

fiorire, rifiorire; prosperare

*We **throve** on this diet.* • Con questa dieta siamo rifiorite.

THROW (θrəʊ)	**THREW** (θruː)	**THROWN** (θrəʊn)	320

1 gettare, lanciare **2** proiettare

▪ phrasal verbs 321

THRUST (θrʌst)	**THRUST** (θrʌst)	**THRUST** (θrʌst)	

spingere, spingersi; cacciare, cacciarsi; ficcare, ficcarsi

*He **thrust** his hand into his pocket.* • Si ficcò le mani in tasca.

TREAD (tred)	**TROD** (trɒd)	**TRODDEN** ('trɒdn) **TROD** (trɒd)	

1 camminare **2** calpestare; schiacciare **3** percorrere

*She **trod** lightly.* • Camminava con passo leggero.
*The police **trod** on his rights.* • La polizia calpestò i suoi diritti.
*He **is treading** the path to glory.* • Sta percorrendo il cammino verso la gloria.

UNBEND (ˌʌnˈbend) **UNBENT** (ˌʌnˈbent) **UNBENT** (ˌʌnˈbent)

raddrizzare, raddrizzarsi

*Who **unbent** that wire?* • Chi ha raddrizzato quel filo elettrico?

UNBIND (ˌʌnˈbaɪnd) **UNBOUND** (ˌʌnˈbaʊnd) **UNBOUND** (ˌʌnˈbaʊnd)

slegare, sciogliere

*They **unbound** the prisoners.* • Slegarono i prigionieri.

UNDERBID (ˌʌndəˈbɪd) **UNDERBID** (ˌʌndəˈbɪd) **UNDERBID** (ˌʌndəˈbɪd)

fare un'offerta insufficiente o troppo bassa

*We **underbid** at the auction.* • Abbiamo fatto un'offerta troppo bassa all'asta.

UNDERCUT (ˌʌndəˈkʌt) **UNDERCUT** (ˌʌndəˈkʌt) **UNDERCUT** (ˌʌndəˈkʌt)

offrire a minor prezzo

*They **undercut** their competitors.* • Hanno offerto un prezzo minore rispetto ai loro concorrenti.

UNDERGO (ˌʌndəˈgəʊ) **UNDERWENT** (ˌʌndəˈwent) **UNDERGONE** (ˌʌndəˈgɒn)

1 subire; essere sottoposto **2** sopportare

*He **has undergone** a lot of operations.* • Ha subito un mucchio di operazioni.
*I **underwent** a lot last year.* • Ho sopportato molto l'anno passato.

UNDERLIE (ˌʌndəˈlaɪ) **UNDERLAY** (ˌʌndəˈleɪ) **UNDERLAIN** (ˌʌndəˈleɪn)

essere alla base; stare sotto

*What **underlays** his actions?* • Che cosa c'è alla base delle sue azioni?

UNDERPAY (ˌʌndəˈpeɪ) **UNDERPAID** (ˌʌndəpeɪd) **UNDERPAID** (ˌʌndəpeɪd)

sottopagare, pagare inadeguatamente

*He **was** badly **underpaid**.* • È stato terribilmente sottopagato.

UNDERSELL (ˌʌndəˈsel) **UNDERSOLD** (ˌʌndəˈsəʊld) **UNDERSOLD** (ˌʌndəˈsəʊld)

vendere sottocosto; svendere

*Their goods **are** all **undersold**.* • La loro merce è venduta tutta sottocosto.

UNDERSTAND (ˌʌndəˈstænd) **UNDERSTOOD** (ˌʌndəˈstʊd) **UNDERSTOOD** (ˌʌndəˈstʊd)

1 capire, comprendere **2** sentir dire

*I **understood** his every word.* • Ho capito ogni sua singola parola.
*I **have understood** you were ill.* • Ho sentito dire che eri ammalato.

UNDERTAKE (ˌʌndəˈteɪk) **UNDERTOOK** (ˌʌndəˈtʊk) **UNDERTAKEN** (ˌʌndəˈteɪkən)

1 intraprendere **2** garantire, assumersi

*Who **undertook** the job?* • Chi ha intrapreso il lavoro?
*I **undertake** every responsability.* • Mi assumo ogni responsabilità.

UNDERWRITE (ˌʌndəˈraɪt) **UNDERWROTE** (ˌʌndəˈrəʊt) **UNDERWRITTEN** (ˌʌndəˈrɪtn)

1 sottoscrivere **2** assicurare

Nearly everyone ***underwrote*** *the petition.* • Quasi tutti sottoscrissero la petizione.

Lloyd's will ***underwrite*** *the players.* • Lloyd assicurerà i giocatori.

UNDO (ʌnˈdu) **UNDID** (ʌnˈdɪd) **UNDONE** (ʌnˈdʌn)

1 disfare, sciogliere; slacciare **2** cancellare, annullare

Who ***undid*** *the knot?* • Chi ha sciolto il nodo?

The contract ***has been undone.*** • Il contratto è stato annullato.

UNFREEZE (ˌʌnˈfriːz) **UNFROZE** (ˌʌnˈfrəʊz) **UNFROZEN** (ˌʌnˈfrəʊzn)

1 scongelare, scongelarsi **2** sbloccare (prezzi)

They ***unfroze*** *some food.* • Hanno scongelato del cibo.

The government ***has unfrozen*** *both wages and prices.* • Il governo ha sbloccato sia i salari sia i prezzi.

UNSAY (ˌʌnˈseɪ) **UNSAID** (ˌʌnsed) **UNSAID** (ˌʌnsed)

ritrattare; negare

To ***unsay*** *the said is sometimes difficult.* • Ritrattrare il già detto è qualche volta difficile.

UNWIND (ˌʌnˈwaɪnd) **UNWOUND** (ˌʌnˈwaʊnd) **UNWOUND** (ˌʌnˈwaʊnd)

srotolare, srotolarsi

Aladin ***unwound*** *the carpet and flew away.* • Aladino srotolò il tappeto e volò via.

UPHOLD (ˌʌpˈhəʊld) **UPHELD** (ˌʌpˈheld) **UPHELD** (ˌʌpˈheld)

1 sostenere **2** approvare

I ***upheld*** *you in the meeting.* • Alla riunione ti ho sostenuta.

The bill ***has been upheld*** *in parliament.* • Il decreto è stato approvato in parlamento.

UPSET (ˌʌpˈset) **UPSET** (ˌʌpˈset) **UPSET** (ˌʌpˈset)

1 irritare **2** rovesciare, rovesciaresi

Don't ***upset*** *your father.* • Non irritate vostro padre.

I've upset *the water jug.* • Ho rovesciato la caraffa dell'acqua.

WAKE (weɪk) **WOKE** (wəʊk) **WOKEN** (ˈwəʊkən)
WAKED **WAKED**

svegliare, svegliarsi; risvegliare

Wake *up! It's late.* • Svegliati! È tardi.

WAYLAY (ˌweɪˈleɪ) **WAYLAID** (ˌweɪˈleɪd) **WAYLAID** (ˌweɪˈleɪd)

1 tendere un agguato **2** abbordare

The bandits ***waylaid*** *them on their way home.* • I banditi tesero loro un agguato sulla strada di casa.

I wish she ***had waylaid*** *me.* • Vorrei che lei mi avesse abbordato.

WEAR (weə[r])	WORE (wɔː[r])	WORN (wɔːn)	324

1 indossare, portare **2** logorare, logorarsi; stancare **3** durare

▪ phrasal verbs 325

WEAVE (wiːv)	WOVE (wəʊv) WEAVED	WOVEN ('wəʊvn) WEAVED *nel senso 2*

1 tessere, ordire; intrecciare **2** serpeggiare, aprirsi un varco (nel traffico)

*She **has woven** a scarf for you.* • Ha tessuto per te una sciarpa.
*The bike **weaved** through the traffic.* • La bicicletta serpeggiava in mezzo al traffico.

WED (wed)	WEDDED WED (wed)	WEDDED WED (wed)

sposare, sposarsi; unire

*He **wed** her in the summer.* • La sposò durante l'estate.

WEEP (wiːp)	WEPT (wept)	WEPT (wept)

1 piangere **2** perdere
[Usato in letteratura e poesia, e *nel senso 2* nel linguaggio scientifico]

*She **wept** with both joy and anger.* • Pianse di gioia e di rabbia.
*The injury **was weeping** heavily.* • La ferita stava perdendo copiosamente.

WET (wet)	WET (wet) WETTED	WET (wet) WETTED

bagnare, inzuppare

*Did you **wet** the floor?* • Hai bagnato il pavimento?

WIN (wɪn)	WON (wʌn)	WON (wʌn)	326

vincere; conquistare

▪ phrasal verbs 327

WIND (waɪnd)	WOUND (waʊnd)	WOUND (waʊnd)

1 avvolgere, avvolgersi **2** serpeggiare

*He **wound** up the cable.* • Avvolse il cavo.
*The river **wound** slowly south.* • Il fiume serpeggiava lentamente verso sud.

WITHDRAW (wɪð'drɔː)	WITHDREW (wɪð'dru)	WITHDRAWN (wɪð'drɔːn)

ritirare, ritirarsi

*Who else **has withdrawn**?* • Chi altro si è ritirato?

WITHHOLD (wɪð'həʊld)	WITHHELD (wɪð'held)	WITHHELD (wɪð'held)

trattenere, non rivelare; rifiutare

*The spy **withheld** some information.* • La spia non rivelò alcune informazioni.

WITHSTAND (wɪð'stænd) **WITHSTOOD** (wɪð'stʊd) **WITHSTOOD** (wɪð'stʊd)

resistere, opporsi

*He **withstood** the pain very well.* • Ha resistito molto bene al dolore.

WORK (wɜːk) **WORKED** / **WROUGHT** (rɔːt) **WORKED** / **WROUGHT** (rɔːt) *nel senso 2*

1 lavorare **2** lavorare qualcosa martellando, impastando o pressando

*He **works** in the City.* • Lavora nel centro di Londra.
*Who **wrought** the iron?* • Chi ha lavorato il ferro?

WRING (rɪŋ) **WRUNG** (rʌŋ) **WRUNG** (rʌŋ) 328

1 torcere; stringere **2** strappare, estorcere

- phrasal verbs 329

WRITE (raɪt) **WROTE** (rəʊt) **WRITTEN** ('rɪtn) 330

scrivere

- phrasal verbs 331

NOTE

NOTE

NOTE

NELLE EDIZIONI HOEPLI

Augusto ARTHABER
Grammatica elementare della lingua tedesca, 8ª edizione
Pagine XII-316

Augusto ARTHABER
Grammatica elementare del tedesco commerciale, 5ª edizione
Pagine XXIV-312

Giuseppina BONTEMPI LO MARTIRE
Grammatica elementare della lingua francese, 12ª edizione
Pagine XVI-392

Concha M. BORRÁS DE GREGORIO
Español comercial
Pagine VIII-304, con numerose figure

Concha M. BORRÁS DE GREGORIO
Nuovo corso di spagnolo, 2ª edizione
Pagine 252, con numerose figure e 223 esercizi

Carlo BOSELLI ed Erasmo J. BUGHY
I verbi spagnoli
Pagine XX-348

Erasmo J. BUGHY
Grammatica elementare portoghese-brasiliana, 2ª edizione
Pagine XII-180

Sebastian CARBONELL
Dizionario fraseologico completo italiano-spagnolo e spagnolo-italiano
Parte italiana-spagnola: pagine XVI-840
Parte spagnola-italiana: pagine XII-1524

Marco DE GIORGI e Piero MANDRESSI
I verbi latini
Pagine X-346

Renzo DENTI
Dizionario tecnico italiano-francese e francese-italiano,
5ª edizione
Pagine XX-1304

Renzo DENTI
Dizionario tecnico italiano-inglese e inglese-italiano, 11ª edizione
Pagine XVI-2024

Carlo DOMPÈ
I verbi francesi regolari, irregolari e difettivi nella loro completa coniugazione, 24ª edizione
Pagine XII-164

Françoise ETIENNE
Dizionario dei modi di dire francese-italiano / italiano-francese
Pagine X-262

Gaetano FRISONI
Dizionario moderno italiano-spagnuolo e spagnuolo-italiano
Italiano-spagnuolo: Pagine XII-1120
Spagnuolo-italiano: Pagine VIII-748

Gaetano FRISONI ed Erasmo J. BUGHY
Nuovissimo metodo di grammatica spagnola, 10ª edizione
Pagine XIV-218

GRAN DICCIONARIO DE LA LENGUA ESPAÑOLA,
7ª edizione
Pagine XVI-1984

Enzo LA STELLA T.
Passe-partout
Dizionario essenziale in sei lingue: Italiano - English - Español - Français - Deutsch - Português
Pagine X-1038

Adriana LYANOWA e Nina KALMIKOVA
Avviamento alla conoscenza della lingua russa
Pagine 304

Giorgio MAROLLI
Dizionario tecnico inglese-italiano e italiano-inglese, 13ª edizione
Pagine XXII-1850

Alice MEYER e Salvatore ORLANDO
Dizionario tecnico italiano-tedesco e tedesco-italiano, 6ª edizione
Italiano-tedesco: Pagine XII-1348
Tedesco-italiano: Pagine XII-1568

Peter MÜLLER e Marco DONATI
I verbi tedeschi
Pagine X-442

Adele OLDANI e Vincenzo CHESSA
Elementi di sintassi russa
Pagine IV-236

Irene PERINI e Renate ROOS
Wirtschaftsdeutsch
Pagine XII-340, con 260 esercizi, antologia storica, resoconti e commenti della stampa tedesca, glossario e indice degli argomenti grammaticali

Irene PERINI e Renate ROOS
Wirtschaftsdeutsch
Schlüssel/Chiavi. Pagine IV-44

Libertà PICCOLI CALVI
Grammatica elementare della lingua inglese (Morfologia),
8ª edizione
Pagine XII-280

Vincenzo SPINELLI e Mario CASASANTA
Dizionario completo italiano-portoghese (brasiliano) e portoghese (brasiliano)-italiano
Parte I: Italiano-portoghese (brasiliano), pagine XXIV-896
Parte II: Portoghese (brasiliano)-italiano, pagine XII-1040

Alessandro TRENTINI
I verbi italiani, 8ª edizione
Pagine 88